누구나 전자공시를 읽고 분석할 수 있는

기업분석
처음공부

누구나 전자공시를 읽고 분석할 수 있는
기업분석 처음공부

초판 1쇄 발행 2023년 12월 8일
　　4쇄 발행 2024년 2월 12일

지은이　체리형부

펴낸곳　㈜이레미디어

전　화　031-908-8516(편집부), 031-919-8511(주문 및 관리)
팩　스　0303-0515-8907
주　소　경기도 파주시 문예로 21, 2층
홈페이지 www.iremedia.co.kr
이메일　mango@mangou.co.kr
등　록　제396-2004-35호

편집 김은혜, 이병철, 주혜란 | **디자인** 유어텍스트 | **마케팅** 김하경
재무총괄 이종미 | **경영지원** 김지선

저작권자 ⓒ 체리형부, 2023
이 책의 저작권은 저작권자에게 있습니다. 서면에 의한 허락 없이 내용의 전부 혹은 일부를 인용하거나
발췌하는 것을 금합니다.

ISBN 979-11-93394-08-3 (04320)

ISBN 979-11-91328-05-9(세트)

• 가격은 뒤표지에 있습니다.
• 잘못된 책은 구입하신 서점에서 교환해드립니다.
• 이 책은 투자 참고용이며, 투자 손실에 대해서는 법적 책임을 지지 않습니다.

Chapter 3 | 기업분석의 핵심: 정량적 분석

Chapter 4 | 기업분석에 전자공시 활용하기

Chapter 5 | 기업분석, 재무제표 분석 실전 투자 노하우

Chapter 6 | 개별 기업분석 실전 사례

기업분석 처음공부

체리형부 지음

누구나 전자공시를 읽고 분석할 수 있는

이레미디어

기업분석, 왜 해야 할까?

"내가 아는 한 가지는 내가 모른다는 것이다."

위의 하워드 막스의 말은 제가 가장 중요시하는 투자 대가의 문구 중 하나입니다. 주식 투자를 할 때는 내가 해당 기업에 대해 전혀 모른다는 가정에서 출발해야 합니다. 투자자는 기업에 투자할 때 아무리 사전조사를 많이 했더라도 항상 운에 기대어 기도하는 수밖에 없습니다. 그리고 성공 확률을 높이기 위하여 항상 최선의 노력을 기울여야만 합니다.

특정 기업에 투자하는 투자자는 망망대해에 홀로 난파된 조난자처럼 막막한 상황에 놓이곤 합니다. 그런 투자자에게는 오로지 구명보트만이 생명줄이죠. 육지가 전혀 보이지 않는 상황에 놓인 조난자는 너무나 절망스럽고 막막할 것입니다. 투자자는 끝이 보이지 않는 바다에 홀로 떠 있는 조난자와 같은 처지이며, 그에게 구명보트와 같은 역할을 하는 것은 주식을 매수할 수 있는 현금입니다. 조난자가 육지를 찾거나 생존하기란 절대적으로 운에 달려 있죠. 스스로 생존 확률을 높일 수 있는 조건도 매우 제한적입니다. 이를 투자자로 바꿔 말한다면, 틀릴 확률을 어떻게 낮춰야 하는지에 집중해야만 망망대해에서 생존할 수 있는 것이죠.

투자자는 틀릴 확률을 낮추기 위해서 (조난자라면 생존 확률을 높이기 위해서) 가장 유리한 조건에서 투자를 시작해야 합니다. 유리한 조건이란 조난자에게 가장 필요한 지도와 나침반에 해당하는 것, 즉 투자 대상 기업이 과거에 장기간 보여온 우수한 현금흐름이라고 할 수 있습니다. 현금흐름이 오랫동안 우수했다면 기업이 사업 성장을 위해 투자할 때 자금을 자체 조달할 수 있겠죠. 반면 현금이 부족한 기업들은 자금 조달을 위해 메자닌*을 발행(CB, BW)하거나 유상증자를 하는 등 총발행 주식 수를 증가시켜 EPS를 희석시키는 경우가 빈번합니다. 즉 현금흐름이 우수한 기업이라면 향후 발생할 부정적인 상황을 꽤 많이 피할 수 있습니다. 주가는 EPS(주당순이익)에 PER(주가 수익 비율)을 곱해서 나오니 EPS가 높을수록 주가는 상승할 수밖에 없습니다.

메자닌(mezzanine)
건물의 층과 층 사이에 있는 라운지 공간을 의미하는 이탈리아 건축용어로, 통상적으로 '중간'을 의미한다. 메자닌은 주식과 채권의 특성을 모두 가진 하이브리드 형태의 채권을 말하며 보통 전환사채(CB), 교환사채(EB), 신주인수권부사채(BW) 등으로 나뉜다. 가장 많이 발행되고 거래되는 것은 전환사채이며, 일반 채권에 비해 금리는 낮은 대신 주식으로 전환할 수 있는 권리가 있는 채권이다.

난파당한 조난자와 마찬가지인 투자자는 생존하는 데 가장 유리한 무기인 지도와 나침반을 소지한 채 투자를 시작해야 합니다. 투자자에게 지도와 나침반 역할을 하는 것이 장기간 우수한 현금흐름을 보여왔던 기업과의 동행입니다.

저는 대학생 때부터 중고차를 얻어서 운전을 시작했습니다. 운전을 갓 시작했을 때는 피 끓는 20대이기도 하고 스피드가 짜릿하게 느껴지던 시기라 도로에서 안전운전을 하는 차들을 추월하며 우쭐대곤 했습니다. 그러나 이제는 그러지 않습니다. 나이가 들고 노안이 오고 조심성이 많아지면서 사고에 관한 생각이 머릿속을 떠나지 않습니다. 그렇게 방어운전에 신경을 쓰면서 운전하는 습관이 익숙해졌습니다. 운전을 하는 분들은 아시겠지만, 방어운전은 나만 조심해서 되는 것이 아닙니다. 도로에서 만나는 예상치 못한 온갖 돌발 상황에 대처할 수 있어야 합니다. 주식 투자도 방어운전과 비슷하다고 생각합니다.

투자자는 망망대해에 홀로 남겨진 조난자와 같으며
언제 어디서 어떻게 사고가 발생할지 모르는 운전자와 같습니다.

투자를 한다는 것은 어떤 위험 상황에 놓일지 알 수 없는 망망대해에 있는 것과 같고, 생존하기 위하여 또는 사고가 나지 않기 위하여 최악의 상황을 피할 확률을 높이려는 노력의 과정입니다.

이런 정의에 따른다면 아무런 준비 없이 투자를 시작하려는 사람은 구명보트에 의지한 조난자이자 스피드를 즐기는 과속 운전자와 같습니다. 저는 가장 위험한 투자자의 유형이 겸손하지 않은 사람이라고 생각합니다.

워런 버핏이 강조하는 투자 원칙은 첫 번째도, 두 번째도 '잃지 않는 투자'

입니다. 잃지 않기 위해서는 틀릴 확률을 최대한 낮추기 위한 대비와 노력이 필요합니다. 투자는 매우 불확실한 미래를 홀로 헤매는 과정이나 다름없습니다. 그런데 이러한 과정에서 과신하고 확신하며 자만한다는 것은 높은 확률로 생존하지 못할 투자자가 될 수밖에 없는 운명이라고 생각합니다.

성공하거나 성공할 가능성이 높은 투자자는 언제나 겸손해야 합니다. 공부한 것이 아무리 많더라도 지금의 나는 투자하려는 회사, 분야에 대해 아무것도 알지 못하는 상태나 다름없다는 생각을 항시 하고, 생존을 위해서 지속적으로 노력을 기울여야 할 것입니다.

그렇다면 투자에 성공하기 위해서는 어떤 노력을 해야 할까요? 주식 투자에 있어서 이에 대한 확실한 정답은 없을 것입니다. 하지만 저는 '기업분석'에 길이 있다고 생각합니다. 기업분석은 조난자와 같이 망망대해에 홀로 던져진 상황에서 생존 확률을 높이려는 노력 중 가장 비중이 커야 하는 부분이라 생각합니다.

기업분석 중에서 개인적으로 가장 중요시하는 부분은 기업의 정량적 분석입니다.

기업분석은 크게 정량적 분석, 정성적 분석으로 나눌 수 있습니다. 정량적 분석은 기업분석이라고 하면 흔히 생각하는 재무제표의 분석이며, 정성적 분석은 해당 기업의 사업 성격과 매크로와 연계되는 기업의 미래를 합리적 추론으로 스토리화시키는 과정입니다. 또한 정량적 분석은 사업보고서내 재무제표 구성 요소들(재무상태표, 손익계산서, 현금흐름표)을 이용한 수치 기반 분석이며, 정성적 분석은 기업의 사업 내용을 토대로 한 스토리 기반 분석을 말합니다.

저는 정성적 분석을 얼마나 합리적으로 잘하느냐에 따라 수익률이 결정된다고 생각합니다. 이때 정량적 분석은 정성적 분석의 타당성을 뒷받침하기 위한 토대, 즉 건물로 비유하자면 땅 밑에 있는 보이지 않는 토대 역할을 합니다. 건물주가 임차인의 요구를 정확히 파악하여 건물을 가성비 있고 적정하게 짓는다면 성공적인 임대로 이어지겠죠. 이런 과정은 투자에서 정성적 분석에 비유할 수 있습니다.

즉 정성적 분석은 건물의 성공적인 임대를 위하여 임차인의 트렌드를 간파하여 합리적으로 건물을 짓는 과정과 같습니다. 정량적 분석은 외관상으로 드러나지는 않지만, 건물을 짓기 전에 건물을 튼튼하게 지지해 줄 수 있는 기초를 구축하는 과정으로 생각하면 될 것입니다.

따라서 성공적인 투자의 성패는 건물 구축 과정인 정성적 분석을 얼마나 잘하느냐에 따라 좌우된다고 말씀드릴 수 있습니다. 한편으로는 정성적 분석에 앞서서 기초를 다지는 과정인 정량적 분석을 제대로 하지 못했을 경우 어떤 결과가 발생할지도 예상이 가능할 겁니다. 건물의 기초가 매우 부실하다면 건물을 높게 지을수록, 즉 레버리지를 높게 발생시킬수록 해당 건물은 짓는 과정에서나 완공 후에 균열이나 하자가 발생할 겁니다. 이는 임대 실패나 보수 비용 발생 혹은 건물 붕괴를 일으킬 수도 있습니다.

즉 높은 수익률 달성에 대한 성패는 정성적 분석에서 갈릴 수 있지만, 그에 앞서 철저한 사전 검증이 생략되는 등 부족한 정량적 분석 위에 쌓아 올린 정성적 분석을 통한 투자 결정은 위험한 투자로 이어질 수 있습니다.

정보통신이 비약적으로 발달하면서 투자 세계에 스마트한 투자자들이 많이 유입되었습니다. 이는 현시점의 투자자들이 성공하기 위해서는 다른 투자자보다 더 많은 정보를 취합하고 걸러내는 과정을 거쳐야만 한다는 걸 의미입니다. 한편으로는 더욱 많은 기업에 대해 깊이 있는 분석을 실시한 뒤에 시장 진입을 해야 한다고 생각합니다. 투자자들은 많은 정보 가운데 유용한 정보만을 골라서 취득하는 동시에 수천 개의 기업 중에서 투자에 적합한 기업들을 빠른 시간 안에 걸러내고 분석하는 데 시간을 집중해야 합니다. 이는 한정된 시간 속에서 최적화된 투자의 토대를 만드는 매우 중요한 과정입니다. 성공을 희망하는 투자자라면 정량적 분석이라는 틀로 투자에 드는 시간을 줄이고 최적화시킬 수 있을 것입니다.

이 책을 통해 그동안 투자하면서 경험하고 체화한 노하우를 나누고, 어떤 방식으로 정량적 분석과 정성적 분석을 하면 효율적일지를 알려드리려 합니다.

투자자라면 뉴스, 분석 리포트, 카페, 블로그 등 많은 매체로부터 재무제표의 구성과 중요성에 대해 많이 접했을 것입니다. 가치 투자라는 단어 또한 들어봤을 것입니다.

가치 투자에 대한 정의는 너무나 폭이 넓기에 특정 개인이 '이것만이 정답'이라고 단정 지어 말씀드리기는 어렵습니다. 가치 투자자는 낮은 PER, 낮은

PBR, 높은 ROE, 낮은 부채비율, 높은 유동비율을 중요시하므로 해당 지표들과 관련한 내용이 많이 소개되고 있습니다. 개인적으로 해당 지표들을 어떻게 실제 투자와 접목하여 성공적인 투자를 할 수 있을까 많이 고민했습니다. 저PER, 저PBR 지표를 보유한 기업에 투자하자니 주가는 장기간 하락하고 있고 실적 감소가 지속된다면 투자 시 밸류 트랩*에 빠질 것이 우려됩니다. 반대로 고ROE 지표를 보유한 성장주에 투자하자니 고PBR과 고점 인근이거나 고점을 넘어선 주가로 인하여 사자마자 손실이 우려됩니다. 과연 어느 기준에 맞춰야 성공적인 투자가 될 수 있는지에 대해 많은 투자자들이 고민합니다.

밸류트랩(Value Trap)
특정 기업의 PER, PCR, PBR 등이 낮아서 '저평가되었다'고 생각해서 투자했는데, 계속해서 주가가 낮거나 더 하락해 이러지도 저러지도 못하는 상태에 빠진 것을 말한다.

개인적으로 생각하는 최적의 방식은 과거 몇 년간 우수한 현금흐름을 유지해온 기업을 선택하여 정량적 검증 과정을 거치는 것입니다. 이것이 기업 분석의 첫걸음이라고 판단합니다.

우수한 현금흐름이라는 명제를 설명하기 전에 조금 샛길로 새보겠습니다. 저는 현재 전업 투자자이지만 과거에 직장 생활을 했습니다. 직장인이라는 여건은 현금흐름이라는 측면으로만 보자면 전업 투자자와 비교 시 매우 유리합니다. 직장인 투자자의 불리한 점은 무엇보다도 시간의 부족에 따른 투자 공부의 미흡함을 꼽을 수 있을 것입니다. 직장에 다니는 이상 전업 투자자보다 많은 시간을 확보하는 건 사실상 불가능합니다. 반대로 정기적인 월급이라는 우수한 현금흐름이 있다는 것이 직장인 투자자의 가장 큰 장점입니다.

저는 투자자에게 가장 중요한 부분은 기질이라고 생각합니다. 아무리 기업분석을 거의 완벽하게 했더라도 진입 타이밍이 잘못되었거나, 또는 적정한 주가에 진입했더라도 투자자의 기질이 매우 불안정하고 인내력이 부족하다면 손실을 볼 확률이 매우 높아질 것입니다. 인간의 심리는 시장 상황에 따라 흔들리기 쉽고, 일반적으로 불안 심리가 낙관적인 심리보다 우위에 있곤 합니다. 이처럼 불안한 심리를 바탕으로 하는 투자자들에게 정기적으로 유입되는 현금은 매우 높은 심리적인 안정감을 줍니다. 만약 거액을 투자했는데 연이어 증시가 폭락한다면 정기적으로 유입되는 월급, 즉 현금흐름이 없는 전업 투자자는 직장인 투자자보다 훨씬 높은 심리적 불안감을 겪게 될 것입니다. 따라서 직장인 투자자는 비록 시간의 제약이란 단점은 분명 있지만, 한편으로는 투자의 성패를 좌우하는 심리의 안정성이란 측면에서 더욱 유리한 위치에 있을 수 있습니다.

안정적인 현금흐름은 기업에게도 마찬가지로 중요합니다. 기업 역시 장기간 이어진 우수한 현금흐름이 든든한 심리적 안정감을 줍니다. 그래서 장기간 유지해온 기업의 우수한 현금흐름이 투자 결정에 있어 핵심 포인트인 것입니다.

우수한 현금흐름이란 의미에는 아래와 같은 내용이 모두 포함되어 있습니다.

장기간에 걸쳐 높은 CAPEX(설비투자)를 필요로 하지 않는 기업

경제적 해자가 우수한, 즉 BM이 우수한 기업

높은 ROE를 유지할 가능성이 큰 기업

부채비율이 낮은 기업

주식 수를 희석하는 유증, 사채 발행 가능성이 낮은 기업

필요에 따라 자사주 매입, 고배당 정책을 시행할 수 있는 기업

일반적으로 낮은 밸류에이션, 고배당을 유지하는 기업을 두고 안전마진을 확보한 기업이라고 합니다. 하지만 저 개인적으로는 장기간 우수한 현금흐름을 보여온 기업을 안전마진을 확보한 기업이라고 정의합니다.

저는 투자자라면 정량적 분석을 우선해야 한다고 생각합니다. 그래서 정량적 분석을 어떻게 하는지에 대한 실전 방법을 하나씩 풀어나가겠습니다. 시장에서 지도와 나침반 역할을 하는 것은 재무제표 구성 요소들입니다. 이를 배제한 채 정성적 분석만 한 후 종목 매수를 한다면 망망대해에서 아무것도 없이 폭풍우를 만나는 격입니다. 앞서도 말했듯이 정량적 분석은 주식 투자에 있어서 기본 토대를 쌓는 일련의 과정이며, 정성적 분석은 이러한 기본 토대 위에 건물을 짓는 과정입니다. 토대가 없는 건물은 쉽사리 무너질 수밖에 없습니다. 따라서 정량적 분석은 기업분석 과정에서 우선시되어야만 합니다.

기업분석의 첫 번째 우선순위는 재무제표의 구성 요소들의 분석이며 그

중에서도 현금흐름표의 분석이야말로 기업분석의 핵심입니다.

이 책을 읽는 여러분이 주식 왕초보라고 생각한다면 다음 두 가지를 반드시 명심하기를 바랍니다.

첫 번째, 현재 기업분석을 할 줄 모른다면 주식 투자는 보류하자.
두 번째, 기업분석을 할 수 있는 기본 실력을 갖추자.

대부분의 초보 투자자들은 재무제표라는 것을 알기는 하지만 각 항목을 어떻게 분석해야 할지, 어떤 항목부터 봐야 할지, 낯선 용어들이 무엇을 의미하는지조차 혼란스러울 것입니다. 이 책을 통하여 초보 투자자들이 재무제표를 읽고, 자료를 활용하여 유망한 기업을 분석하는 방법을 터득할 수 있도록 안내하겠습니다. 이제 기업분석과 관련된 실전으로 넘어가보죠.

차례

Chapter 1 | 기업분석, 어떻게 해야 할까?

Chapter 2 | 기업분석 첫 단계: 스크리닝과 목록화

CHAPTER

1 기업분석, 어떻게 해야 할까?

COMPANY ANALYSIS

"기업분석을 도대체 어떻게 해야 하나요?"라는 질문을 정말 많이 받습니다. 그때마다 저는 이렇게 답변을 드립니다.

"해당 기업의 5년 이상 분기, 반기, 사업보고서에서 재무제표 구성 요소의 수치를 정리·작업하세요."

개별 기업을 분석하는 방법은 투자자에 따라 천차만별입니다. 무엇이 정석이라고, 이것만이 답이라고 단정 지을 수는 없습니다. 다만, 필자가 생각하는 기업분석의 정의는 위와 같습니다.

투자의 대가인 워런 버핏은 경제적 해자, 즉 장기간 훌륭한 비즈니스모델(BM)을 보유한 기업에 투자한다는 원칙을 갖고 있습니다. 재무적 지표 중 버핏이 말하는 경제적 해자란 장기간 유지해온 해당 기업의 ROE(Return On

Equity: 자기자본이익률)라고 여겨집니다. 저는 투자에 어떻게 하면 ROE를 적절히 활용할 수 있을까 고민해왔습니다. 국내 기업 대부분은 수출 중심의 시클리컬(Cyclical), 즉 경기 순환에 민감합니다. 대부분의 기업은 세계 경기 추세에 따라 실적이 민감하게 변화되기에 장기간 높은 ROE를 유지하기가 매우 어렵습니다.

국내 기업들의 PBR은 글로벌 선진국 기업들 대비 낮은데도 불구하고 왜 이렇게 주가 흐름이 좋지 않을까요? 여러 이유가 있겠지만, 국내 기업들의 낮은 ROE 때문이라고 설명할 수 있을 것입니다. 경기에 민감한 산업 구조이기에 불황 시기에는 공격적인 CAPEX(Capital Expenditure, 유·무형 자산 취득, 설비투자) 집행이 힘들고, 따라서 자기자본 대비 이익은 하락합니다. 그래서 PBR이 낮아지더라도 ROE의 구조적 하락에 따른 주가 하락이 발생하곤 합니다.

이러한 국내 기업들의 특성을 감안했을 때 특정 섹터의 설비투자 증가에 대한 예측은 매우 중요합니다. 특히, 증가하는 CAPEX의 혜택을 받을 수 있는 기업들에 집중하는 것이 매우 중요하다고 말씀드리겠습니다.

그러나 CAPEX 증가 수혜를 받는 기업이라 해도 동일 비율 또는 그 이상으로 CAPEX를 같이 높여야 하는 구조라면 온전한 수혜를 받기 어렵습니다. 왜냐하면 높은 CAPEX 비용은 높은 확률로 유상증자 또는 메자닌 발행으로 인한 EPS 감소를 불러일으키기 때문입니다(EPS란 주당순이익, 따라서 주식 수 증가는 EPS를 감소시킴).

그렇다면 국내 기업들의 시클리컬한 특성을 감안했을 때 실제 투자에 ROE를 어떻게 적용해야 할까요? 제가 내린 해답은 '장기간 우수한 현금흐름을 유지해온 기업에 투자하기'입니다.

ROE가 높다고 좋기만 한 것은 아닙니다. 높은 ROE에도 함정이 있을 수 있습니다. 높은 부채비율을 이용한 레버리지 구조여도 ROE가 높게 나올 수 있기 때문입니다. 따라서 투자하기에 적정한 고ROE 기업이란 낮은 부채비율, 즉 우수한 현금흐름이 지속적으로 유지되는 기업이어야 합니다. 또한 주식 수를 늘리지 않고도 EPS가 장기간 증가하는 점을 감안한다면 장기간 우수한 현금흐름의 중요성을 다시 한 번 체감할 수 있습니다.

재무제표에서는 정량적 지표뿐만 아니라 정성적 부분도 읽어낼 수 있습니다. 재무제표에는 투자자들이 원하는 정성적 부분에 대한 모든 것이 담겨 있다고 해도 과언이 아닙니다. 워런 버핏이 강조하는 경제적 해자, 즉 우수한 BM 또한 결국 해당 기업이 유지해온 장기간의 높은 ROE와 안정적으로 유지되어 온 EPS의 증가 추세로 인한 것이니 정량적 분석을 배제한 정성적 분석만으로는 의미가 퇴색될 것입니다. 그렇다면 어떤 방법으로 기업의 정량적 분석을 해야 할까요?

저는 아래와 같은 단계를 밟아 기업분석을 할 것을 제안합니다. 여기서는 간단히 소개하고 앞으로 단계별 방법을 상세히 다루도록 하겠습니다.

① 기업분석은 정량적 분석을 우선적으로 한다.

② 전자공시(Dart)를 통한 기업의 분기, 반기, 사업보고서를 열람하고 내용을 숙지한다.

③ 엑셀 프로그램을 이용하여 최소 5년 이상의 분기별 재무제표 수치들을 발췌하여 도표화한다.

④ 도표화한 엑셀 데이터를 이용한 조합 차트를 만들어 해당 기업 정량적 지표들의 추세를 시각화한다.

⑤ 투자용 개인 블로그를 개설한다.

⑥ 정량적 분석한 보고서를 작성한다.

⑦ 작성한 분석 보고서를 통하여 파악한 내용 중 주요 이슈를 정리하여 해당 기업의 주식 담당자와 통화하여 재확인 및 교류한다.

⑧ 최종적으로 다듬은 분석 보고서를 블로그를 통하여 대중에게 공개한다.

⑨ 본인이 분석한 기업들에 관해 자료를 올린 다른 투자자 혹은 뜻이 맞거나 투자 성향이 유사한 투자자들과 교류한다. 꾸준히 분석 후 보고서를 올리며 다른 투자자와 의견을 주고받는다.

위에서 제시한 기업분석 단계별 방법 중 ⑧ 본인의 블로그에서 분석 보고서를 공개하는 것은 권유 사항이지, 필수는 아닙니다. 다만, 저의 경험과 주변 투자자들의 의견에 따르면 보고서를 공개해서 다른 투자자와 의견을 나누는 과정이 투자 실력을 키우고 시야를 넓히는 데 큰 도움이 되었습니다. 특정 기업을 분석해보고 이를 보고서로 정리한다는 행위 자체도 매우 중요하고 기업분석의 최종 단계에 해당됩니다. 그러나 이에 그치지 않고 본인이 분석한 내용을 온라인에 공개하기 위해서는 비공개 상황에 비해 몇 배 이상의 집중력과 신중함이 들어가므로 투자 실력을 키우는 데 많은 도움이 됩니다.

위의 단계별 과정을 읽기만 해도 기업분석이고 뭐고 포기하고 싶은가요, 아니면 각 단계가 무슨 의미인지 감이 잡히지도 않고 어떻게 해야 할지 막막하게 느껴지나요?

걱정하지 마세요. 이 책은 아무리 초보자라 하더라도 위의 단계들을 쉽게 따라 할 수 있게 차근차근 풀어 설명했으며, 최종 단계인 기업분석 보고서를 스스로 작성하는 단계까지 갈 수 있도록 구성했습니다.

한편, 여기까지 책을 읽은 여러분의 마음 한편에 이런 궁금증이 생겼을지도 모릅니다.

'주식 투자를 하려면 굳이 이런 복잡한 과정을 거쳐야만 할까?'

'기업분석이나 재무제표를 보지 않고 주식 투자하는 사람도 많던데?'

물론 아무런 준비 없이 주식 투자를 시작하더라도 초심자의 행운으로 처음 몇 번은 수익을 얻을 수도 있습니다. 초심자의 행운(Beginner's Luck)은 어떤 일을 처음 시작하는 사람이 초반에 일반적인 확률 이상의 성공을 거두는 경우를 말합니다. 이 때문에 본인이 주식 투자를 잘한다고 착각하거나 계속해서 운이 좋을 것이라 생각하다가 결국은 큰 실패를 맛보죠. 주식 투자에서 성공하고, 특히 오랜 기간 시장에서 살아남으며 유의미한 수익을 거두기 위해서는 다음 두 가지 조건을 갖추어야 한다고 생각합니다.

하나는 기업 내면에 감춰진 모습을 판별할 수 있는 시각이고, 다른 하나는 투자 과정의 인내심입니다.

여러분이 기업의 정량적 분석을 할 수 없다면 해당 기업이 감추고 있는 재정 상황을 파악하기란 애초에 불가능할 것입니다. 그런 분석 과정 없이 해당 기업 주식을 매수했다면 증시에 악재가 발생하거나 주가가 급락할 때 해당 기업에 대한 확신이 없기에 손실을 보면서 매도할 확률이 매우 높을 것입니다. 반면 여러분이 어느 기업을 철저히 조사하고 분석했다면 해당 기업의 재정 상황이나 자금 흐름 등을 충분히 파악할 수 있을 것입니다. 이런 배경 지식을 갖춘 상황에서는 주가가 급락하더라도 인내하며 수익이 날 때까지 버틸 수 있을 것입니다.

시장의 온갖 풍파 속에서도 투자한 기업을 믿고 동행할 수 있는, 인내심을 유지한 투자자만이 주식시장에서 장기간 성공할 수 있습니다. 어쩌면 기업분석은 가치 투자자에게 가장 필요한 덕목인 인내를 얻기 위한 과정일 수 있습니다.

여러분은 이 책을 통해서 기업의 내면을 판별할 수 있는 시각과 인내심을 갖출 기회의 길에 첫걸음을 내딛게 될 것입니다. 그러니 내용이 다소 지루하고 어렵더라도 중간에 읽기를 그만두지 말고 끝까지 공부하는 자세로 완독해주기를 바랍니다. 완독했는데도 이해가 되지 않거나 궁금한 사항이 있다면 제가 운영하는 사이트인 밸류FS(www.Valuefs.com)로 찾아와 질의하시면 성의껏 답변드리겠습니다.

추가로, 저는 공대 엔지니어 출신입니다. 재무·회계에 관해서는 수업이나 강의 같은 정석 코스를 통해 지식을 쌓지 못했습니다. 이 책에 기술한 모든 재무·회계 관련 내용은 20년 이상 실전 투자를 통하여 얻은 개인적 노하우와 온라인 검색을 통하여 쌓아온 지식의 조합으로 이루어진 산물입니다. 재무·회계 전문가가 보기에는 이 책에서 설명하는 정량적 분석의 깊이가 얕을 수도 있습니다. 그리고 사업보고서 내 재무제표 내용의 조합 및 해석은 저의 실제 투자 경험과 노하우가 결합된 것이기에 독자 여러분은 이 점을 인지하고 읽어주시기 바랍니다.

이제부터 본격적으로 주식 투자를 위한 기업분석 방법을 알아보겠습니다. 또한 이를 적용하여 개별 기업들을 분석한 예제를 통해 실제로 기업분석을 어떻게 진행하는지를 자세히 살펴보겠습니다. 이 책의 마지막 장에는 기업분석의 마지막 단계로서 실제 몇몇 기업의 최근 분기 실적을 포함한 세부적인 정량적 분석 내용을 수록했습니다. 다만 예시로 든 기업들은 매수 혹은 매도 추천을 위하여 선택한 것이 아니기 때문에, 관련 내용을 읽은 후의 모든 투자 판단 및 책임은 당사자에게 있음을 알려드립니다. 또한 해당 기업의 선택과 분석은 오직 기업분석 과정을 보여드리기 위한 예시임을 알려드립니다.

만약 여러분이 주식 투자를 하고 싶고 기업을 어떻게 분석해야 하는지 막막하다면 이 책을 차근차근 따라오십시오. 최대한 쉽게 설명하고, 든든하게 가이드해드리겠습니다.

2 기업분석 첫 단계: 스크리닝과 목록화

COMPANY ANALYSIS

　　2023년 현재 국내 증시에 상장된 기업들은 거래소 930개, 코스닥 1,440개 등 총 2,370개이며, 누구나 어떤 종목이든 자유롭게 매수·매도할 수 있습니다. 수천 개에 이르는 기업 중 어떤 기업을, 어느 시점에, 어떤 투자 시각을 갖고 매수(투자)하느냐가 투자자에게는 매우 중요하고도 어려운 문제일 것입니다.

　　만약 매수할 기업을 선정했다고 해도 매수하는 시점의 주가에 따라서 해당 투자의 성공 여부가 달라질 수 있습니다(주가가 너무 높을 때 매수하면 이익보다는 손실 발생 확률이 높음). 또한 적정한 시점에 매수했더라도 해당 기업에 대한 사전조사와 믿음이 부족하다면 주가가 조금만 출렁여도 쉽게 매도를 하게 될 것입니다.

　　따라서 투자자는 투자 과정의 첫걸음이자 투자에서 가장 중요할 수 있는 결정, 즉 어떤 기업을 선택하고 어떤 투자적 관점에서 접근해야 하는지에 대한 방법을 익혀야 합니다. 이와 관련해 두 개 과정으로 나눠서 설명하려 합니다. 투자 가능한 기업 선정은 다음 과정을 순차적으로 거쳐서 결정할 수 있습니다.

첫 번째 과정은 기업 걸러내기, 즉 스크리닝(screening)이고, 두 번째 과정은 나만의 기업들을 목록화하는 것입니다.

① 매수할 기업, 어떻게 선정할까?

(1) 1차 스크리닝—매 분기 모든 상장사의 실적을 체크한다

투자 가능한 기업을 선택할 때 가장 먼저 봐야 할 부분은 실적(매출 및 이익)의 증가입니다. 특히 YoY(전년 동기 대비, Year on Year) 최근 분기 실적의 성장이 높게 발생하는 기업들만을 우선 선정하여 스크리닝합니다.

상장사들은 해마다 분기별 실적을 전자공시(Dart)를 통하여 공시해야 합니다. 그리고 이 정보는 공개되어 있으므로 전자공시 사이트에 접속하여 확인할 수도 있고, 포털사이트 증권 메뉴에서 확인할 수도 있습니다. 텔레그램 채널*처럼 실적 발표 시 실시간으로 전년 대비 실적 증감률을 알려주는 곳도 있습니다. 이를 활용하면 일일이 검색하고 확인하지 않아도 되어 편리합니다. 실시간 실적을 알려주는 텔레그램 채널은 여럿입니다. 스마트폰 또는 컴퓨터에 텔레그램을 설치한 후 링크를 통해 해당 채널에 들어가면 각 기업의 실시간 실적 공시를 볼 수 있습니다.

'모든' 기업의 실적을 스크리닝하라는 말에 의문이 들 겁니다. 실적이나

텔레그램 채널
AWAKE – 실시간 주식 공시 정리 채널
https://t.me/darthacking

매출만 살펴서 괜찮은 기업을 추려내도 될 텐데 말입니다. 답은 간단합니다. 투자자라면 자신이 투자하는, 또는 투자할 기업의 정보만을 보아서는 안 됩니다. 자칫 본인이 선택한 기업만이 최고인 것 같은 오류에 빠지기 쉽기 때문입니다. 따라서 투자자, 특히 초보 투자자라면 모든 상장사의 분기별 실적을 점검하겠다는 마음가짐으로 시작해야 합니다. 이런 과정을 거치지 않는다면 매우 제한된 종목만을 보유하게 될 것이며 적절한 매수·매도와 갈아타기 타이밍을 놓치기 쉽습니다. 그럴 경우 장기적인 투자 관점에서 성공 확률은 낮아질 수밖에 없습니다.

투자자라면 나만의 좋은(또는 훌륭한) 기업들을 목록화하여 평소에 해당 기업들을 철저히 분석해 놓았다가 해당 기업의 주가 하락 등 매수하기 좋은 여건이 됐을 때 즉시 매수를 단행할 수 있어야만 합니다. 그래야 성공적인 투자 결과를 장기간 얻을 수 있습니다. 따라서 최대한 많은 기업을 스크리닝하여 선별하고 목록화한 후 매 분기 실적이 발표되었을 때 정보를 업데이트하는 과정이 필요합니다.

모든 상장사를 살펴 YoY, QoQ 실적 성장이 우수한 기업들을 1차로 스크리닝하고 리스트에 등재합니다. 여기에서 중요한 부분은 YoY 대비 매출액 및 영업이익이 모두 증가한 기업만을 선별하는 것입니다. 간혹 매출액은 YoY 대비 감소했음에도 불구하고 영업이익 증가만 발생한 기업을 선별하는 경우가 있습니다. 물론 이는 개인별 투자 성향에 따라 다를 수 있지만, 필자 개인적인 관점에서는 투자 가능한 기업을 선정하기 위한 1차 스크리닝 조건에서 매출액의 증가는 필수입니다. 해당 기업의 장기적인 성장 추이라는 명제로 보았을 때 매출액의 성장 없는 이익만의 성장은 한계가 있다고 판단하기 때문입니다. 따라서 **1차 스크리닝 시 반드시 'YoY 매출액 및 영업이익의**

기업분석 하드캐리 | **1차 스크리닝 목록을 만들 때 작업 팁**

비공개 개인 텔레그램 채널을 생성하여 개인별 기준에 맞는 실적 증가 기업들을 선택한 후 그 기업들의 실적 발표 내용을 해당 개인 텔레그램 채널로 공유(forward)하여 목록화합니다. 개별적으로 만드는 것이 아직 어려울 경우, 참고할만한 텔레그램 채널이 있습니다. 세종기업데이터(https ://t.me/sejongdata2013) 텔레그램 채널에서 매 분기 '실적 스크리닝' 엑셀 파일을 무료로 제공해 줍니다. 이 파일을 활용하여 1차 스크리닝을 적용하면 편리하게 작업할 수 있습니다.

증가가 발생한' 기업들만 선별하여 목록으로 작성합니다.

여기에서 다음과 같은 궁금증이 생긴 독자도 있을 것입니다. '매출액 및 영업이익의 증가율은 과연 어느 정도 범위여야 적절한가'라는 궁금증입니다.

해당 사항은 개인별 기준에 맞게 설정하는 것이 합리적이겠지만 필자 개인적으로는 매출액과 영업이익이 각각 최소 10% 증가한 기업들을 선정하는 것이 적정하다고 봅니다. 특히 매출액이 10% 이상 증가한 기업 중에서 영업이익은 매출액 증가율 대비 몇 배—20% 또는 30%—인 기업을 선정할 것을 권합니다. 이런 결과는 뒤에 설명할 '영업 레버리지 효과'가 나타난 것으로, 투자 최선호 기업 유형에서 나타나는 지표 중 하나입니다. 좀 더 자세한 내용은 4장에서 설명하겠습니다.

(2) 2차 스크리닝–정량적 · 정성적 분석하기

이렇게 1차 스크리닝을 통하여 목록화한 기업들을 대상으로 정량적·정성적 분석을 합니다. 이것이 2차 스크리닝입니다. 앞서 강조했듯이 여러분은 모든 기업의 실적을 체크해야 합니다. 1차 스크리닝을 마친 후 여러분의 1차 목록에는 적게는 수십 개, 많게는 수백 개 기업들이 등재되었을 것입니다.

하지만 수백 개에 이르는 기업을 모두 심도 있게 조사하고 분석하는 것은 거의 불가능하기 때문에 유의미한 기업들을 추가로 선별하는 2차 스크리닝 과정을 거쳐야 합니다.

① 모든 기업을 선입견 없이 체크한다.
② 실시간 실적 공시를 통하여 매출과 영업이익이 모두 증가한 기업만을 골라낸다.

상기 두 가지 조건에 부합하는 모든 기업을 추린 뒤 정량적 분석 기준에 부합하는 기업만을 골라서 목록화 작업을 합니다. 이때의 정량적 분석 방법은 아래 필수 사항들의 적합 여부를 체크하면 됩니다.

ⓐ OCF(영업활동 현금흐름, Operation Activity Cash Flow) 정(+)
ⓑ FCF(잉여현금흐름, Free Cash Flow)는 될 수 있으면 정(+)(특별한 경우 부(-)의 수치도 투자 적합으로 간주)
ⓒ 매출채권회전율이 최근 몇 년 유사하거나 상승 추세
ⓓ 재고자산회전율이 최근 몇 년 유사하거나 상승 추세

이렇게 a, b, c, d 조건을 '모두' 만족하는 기업들만을 모아서 다시 목록으로 정리합니다. 만약 a, b를 만족했다 하더라도 c 또는 d 중 한 개의 조건이 만족하지 않는다면 해당 기업은 심도 있는 분석 대상 기업에서 제외합니다.

그럼 위의 조건들을 어떻게 해야 빠르게 체크할 수 있을까요? 다음의 방법을 참고하기 바랍니다.

처공용어 뽀개기

OCF와 FCF

OCF(영업활동 현금흐름, Operation Activity Cash Flow)는 기업이 제품 판매 등 영업을 통해 실제로 벌어들인 현금을 말한다. FCF(잉여현금흐름, Free Cash Flow)는 보유 중인 유·무형 자산을 유지하거나 확장하는 데 필요한 금액을 집행하고, 그 후에 남는 현금흐름을 의미한다.

1) OCF 및 FCF* 체크 방법

① 네이버 PC 버전을 통하여 네이버 증권을 클릭한 후 종목명을 검색합니다.

〈출처 : 네이버 증권〉

② 종목명 검색 후 아래와 같은 화면이 나오면 '종목분석'을 클릭합니다.

종합정보	시세	차트	투자자별 매매동향	뉴스·공시	종목분석	종목토론실	전자공시	공매도현황

투자자별 매매동향 거래원 정보 : 일별 상위 5위 거래원의 누적 정보 기준 (20분 지연)   더보기▶

거래원 정보				외국인 ·기관				
매도 상위	거래량	매수상위	거래량	날짜	종가	전일비	외국인	기관
삼성	12,285	삼성	9,517	09/30	15,600	▼250	-1,112	-1,822
미래에셋대우	9,337	키움증권	8,408	09/29	15,850	▼300	+6,155	+3,472
DB금융투자	6,803	미래에셋대우	7,833	09/28	16,150	▼850	-10,248	+870
키움증권	6,203	한국증권	6,109	09/27	17,000	▼250	-5,905	+796
신한금융투자	3,333	NH투자증권	2,903	09/24	17,250	▲950	-37	–
외국계추정합	0	+478	478	09/23	16,300	▼300	-453	+811

〈출처 : 네이버 증권〉

③ '종목분석' 클릭 후 옆과 같은 화면이 나오면 '연간'을 클릭합니다.

예로 든 기업의 영업활동 현금흐름(OCF)은 2016년 이후 장기간 정(+)을 유지하고 있습니다. FCF(Free Cash Flow) 또한 2016년 이후 장기간 정(+) 유지의 모습이 확인되어 투자 가능 기업으로 선정할 수 있겠네요.

Financial Summary 　주재무제표 ▾ 검색 IFRS ⑦ 산식 ⑦

	전체	연간	분기		
주요재무정보					연간
	2017/12 (IFRS연결)	2018/12 (IFRS연결)	2019/12 (IFRS연결)	2020/12 (IFRS연결)	2021/12 (IFRS연결)
매출액	3,187	3,286	2,500	2,950	3,598
영업이익	110	272	323	429	572
영업이익(발표기준)	110	272	323	429	572
세전계속사업이익	311	260	414	625	713
당기순이익	299	242	311	518	577
당기순이익(지배)	272	215	311	518	577
당기순이익(비지배)	27	27			
자산총계	2,901	2,455	2,807	3,290	3,724
부채총계	829	479	561	614	764
자본총계	2,072	1,977	2,246	2,676	2,960
자본총계(지배)	1,811	1,977	2,246	2,676	2,960
자본총계(비지배)	261				
자본금	80	80	67	67	67
영업활동현금흐름	306	374	197	551	551
투자활동현금흐름	-233	-158	-318	-323	-226
재무활동현금흐름	-221	-11	-17	-98	-330
CAPEX	255	310	421	427	288
FCF	50	64	-224	124	262

〈출처 : 네이버 증권〉

2) 매출채권회전율 및 재고자산회전율 확인 방법

① '종목분석' 클릭 후 아래와 같은 화면이 나오면 '투자지표'를 클릭합니다.

종합정보	시세	차트	투자자별 매매동향	뉴스·공시	종목분석	종목토론실	전자공시	공매도현황

기업현황	기업개요	재무분석	투자지표	컨센서스	업종분석	섹터분석	지분현황	🖨 인쇄

〈출처 : 네이버 증권〉

② '투자지표' 클릭 후 다음과 같은 화면이 나오면 '활동성'을 클릭합니다.

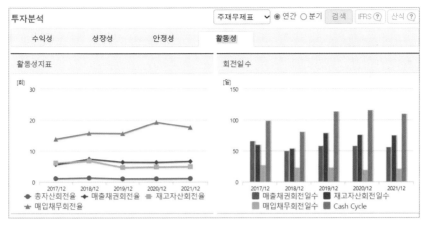

③ '매출채권회전율' 및 '재고자산회전율' 지표만 확인합니다.

예시의 기업은 '매출채권회전율' 및 '재고자산회전율'이 각각 상승 추세이며 몇 년간 유사한 흐름(박스권)을 유지하고 있기에 투자 관점에서 적정한 기업으로 간주할 수 있습니다.

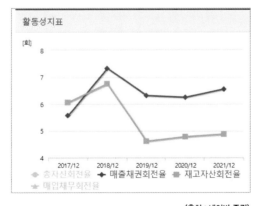

어떤가요, 그리 어렵지 않죠? 이것이 2차 스크리닝 방법입니다.

이제 여러분은 1차, 2차 스크리닝을 거쳐 선별된 투자 가능 기업들의 리스트를 보유하게 되었습니다.

그렇다면 이 기업들에 당장 투자해도 괜찮을까요?

아닙니다. 필자는 해당 기업들이 모두 좋은 기업이라고는 생각하지 않습니다.

투자와 관련된 리스크는 수도 없이 많습니다. 한두 개 기업에 투자하기 위해서는 추가적인 스크리닝이 필요합니다. 이를 통하여 최종적으로 좋은 기업들의 리스트를 확정하고, 이후에도 해당 기업들에 대해 심도 있는 조사와 분석을 진행해야 합니다. 추가 스크리닝 과정을 알아보겠습니다.

② 투자하기 좋은 기업 목록화하기

2차 스크리닝까지 마친 기업들 중에서 투자하기 좋은 기업과 피해야 할 기업들을 어떻게 다시 가려낼까요? 선정 기준을 알아보겠습니다.

1) 경영진(대주주)의 과거 이력을 반드시 고려한다

- 기업명 + 대주주 이름으로 최소 10년 동안의 뉴스와 이슈를 훑어본다.
- 과거 횡령·배임 또는 스캔들 등 사회적 물의를 일으킨 전력이 있는 경영진(대주주)이 경영하는 기업은 투자에서 배제한다. 현재 아무리 좋아 보이는 기업이라도 과거 전력이 있는 대주주가 있는 기업은 투자 관점에서 철저히 배제해야 한다. 언제 뒤통수를 맞을지 모른다.

- 과거부터 지속적으로 해온 기부 등 선행 이력은 플러스 요소이다.

2) 장기간 우수한 현금흐름 유지 기업만 투자 대상으로 간주한다

- OCF 및 FCF 모두 장기간 +(플러스) 현금흐름인 기업을 투자 최우선 대상 으로 간주한다.
- OCF 및 FCF가 장기간 플러스 현금흐름을 유지했어도 지속적인 외부 자 금 유입을 통한 부채 지속 증가 기업은 될 수 있으면 배제한다(현금흐름에 관해서는 뒤에서 상세하게 설명할 예정입니다. 여기서는 OCF와 FCF가 플러스 현 금흐름, 즉 영업활동을 통하여 현금이 유입되는 것은 좋은 상황이라는 정도로만 알 면 됩니다).

3) 과거 5년간 유상증자 또는 CB(전환사채), BW(신주인수권부사채) 발행 이력이 없어야 한다

- 부채비율이 높은 기업이라도 회사채 또는 차입금을 통하여 자금 조달하 는 기업을 투자 최우선 대상으로 선호한다.
- 부채비율이 낮음에도 불구하고 자주 유상증자나 CB, BW 발행을 남발 하는 기업은 투자 대상에서 배제한다. 이런 곳은 개인 주주를 호구로 보 는 기업일 가능성이 크다.
- 유통 가능한 주식 수가 증가하여 EPS(주당순이익)을 희석시킨다.

4) 대주주 포함 특수관계자 지분이 높을수록 장기 보유 관점에서 안 전하다

- 개인적으로는 40% 이상이면 안전하다고 판단한다. 회사 경영을 책임감

있게 진행할 가능성이 크다.

- 특히 대주주의 자녀와 친인척까지 줄줄이 회사 지분을 가지고 있는 기업은 특히 안전하다.

- 대주주 지분율이 20% 미만인 기업은 리스크가 높다고 판단한다. 대주주 지분이 낮기에 배당 성향도 낮을 가능성이 크며 경영보다는 엑시트에 관심이 있을 가능성이 있다.

5) 지속적인 배당 이력이 있는 기업을 투자 선호 대상으로 간주한다

- 해마다 배당금을 증가시키는 기업이 가장 좋다.
- 지속적인 배당 이력은 주주를 배려한다는 최소한의 시그널이다.

6) 자사주 매입을 적극적으로 시행하는 기업은 최선호 투자 대상이다

- 만약 자사주 매입을 지속적으로 하며 매입한 자사주를 소각까지 한다면 해당 기업은 국내에서 매우 드문 훌륭한 투자 대상 기업으로 간주할 수 있다.

- 개인적으로 배당과 자사주 매입 중 자사주 매입을 시행하는 기업을 더욱 선호한다. EPS가 증가하기 때문이다. 물론 소각이 뒤따라야만 진정한 EPS 증가가 된다.

7) 시장에서 투자자들에게 인기 없고 알려지지 않은 소외주를 선호한다

- 투자 심리와 연계되는 멀티플(PER)의 바닥권에 위치해 주가가 낮을 가능성이 크다.

8) 최근 분기에 실적 증가 모멘텀이 있는 기업만을 선정한다

- 위의 (7)과 반드시 연계해서 본다.
- 실적 성장의 기미가 보이지 않는 시장 소외주를 주가가 저렴하다고 덜 컥 매수할 경우 그 지점에서 지하 100층을 경험할 수도 있다.

9) 적자 기업은 투자 대상 기업에서 철저히 배제한다

- 가령 코로나 시국 같은 특수한 경우의 연도만 적자 발생하다가 최근 분기에 흑자 전환한 경우는 괜찮다.
- 그러나 코로나 이전에도 적자였고 코로나 시국에도 적자였고 최근에도 적자인데 적자 금액이 감소했다고 해서 기대감을 갖지 말자. 주가가 10년 저점이니 오를 것이라는 헛된 기대감도 갖지 말자. 현재 주가에서 더욱 깊은 지하를 경험할 수 있다.
- (8)과 연계하여 일시적인 적자는 감수할 수 있다. 그러나 반드시 최근 분기에 흑자 전환했거나 매출·이익 등이 지속 성장하는 기업을 선정하는 것이 중요하다.

10) 위의 조건을 두루 갖췄으나 주가는 꿈쩍하지 않는 기업은 보물이다

- 찾아보면 이런 기업들을 가끔 찾을 수 있다.
- 실적은 오랜 기간 꾸준히 증가하는데 주가는 장기간 정체하고 있는 기업들도 꽤 있다.

11) IR을 등한시하고 정보를 얻기 힘든 기업은 어쩌면 진국일 수도 있다

- 기업 홍보를 하지 않아 시장에 정보가 전혀 없으니 기대감이 바닥이다.
- 이런 유형에 실적이 꾸준히 증가하면서 주가가 소외된 기업은 어쩌면 보물일 수 있다.
- 요란한 수레는 기대감이 이미 높아진 기업일 수도 있다.

이상은 투자하기 좋은 기업과 피해야 할 기업의 11개 조건입니다. 그런데 시장에서 위의 모든 조건을 만족시키는 기업(종목)을 찾기는 매우 어렵습니다. 그래서 최대한 많은 조건을 만족시키는 기업들 위주로 찾기도 합니다. 다만, 추가적인 스크리닝 조건 중 과거 오명의 전력이 있는 대주주가 있는 기업은 가급적 투자 관점에서 배제하기를 바랍니다.

이제 3회에 걸친 스크리닝을 거쳐서 최종 선정된 나만의 소중한 기업들의 리스트가 만들어져 있을 것입니다.

이 기업들이라면 당장 투자해도 괜찮을까요?

아직 아닙니다. 필자는 해당 기업들이 투자하기에 좋은 기업이라고 생각하지 않습니다.

지금까지는 단지 몸풀기에 지나지 않습니다. 이제 3차에 걸쳐 선정된 기업들을 본격적으로 분석하여 최종적으로 투자 가능 여부를 판단하고자 합니다. 이에 대해서는 다음 장에서 살펴보겠습니다.

CHAPTER

3 기업분석의 핵심: 정량적 분석

COMPANY ANALYSIS

① 개요

본격적인 기업분석 과정에 들어가기 전에 정량적 분석의 기본에 대해서 먼저 알아보겠습니다.

정량적 분석을 속된 말로 금융 노가다라고 하기도 합니다. 그만큼 정량적 분석 과정이 시간과 노력이 많이 든다는 의미입니다.

정량적 분석은 특정 종목의 최소 5년, 20개 분기 이상의 각종 재무제표 관련 수치들이 조합된 자료를 기반으로 판단합니다. 오랜 기간의 각종 수치와 지표들을 가져와서 조합된 자료를 만들어야 하는 일련의 과정 때문에 금융 노가다라고 하는 것입니다.

요약하면, 정량적 분석의 시작은 특정 종목의 최소 5년 20개 분기 이상의 분기별 보고서를 전자공시 시스템(Dart)을 이용하여 열람하고, 그 안에서 분석에 필요한 수치들을 일일이 찾아내어 엑셀을 이용하여 도표로 작성하는 과정입니다. 그 후 많은(일반적으로 한 종목의 엑셀 도표만 해도 10~20개입니다)의 자료들을 분석하여 투자에 적당한 기업인지를 파악해야 합니다.

아래의 엑셀 도표는 어느 종목의 기본 자료 중 하나입니다.

도표 작성은 시작에 지나지 않습니다. 20여 개의 도표에 포함된 수치들을 가져와 해당 개별 종목의 특성(업황)에 맞추어서 수십 또는 수백 개의 시각화한 조합 차트를 만들어낸 뒤 그 차트들을 보면서 본격적인 분석 과정을 진행합니다.

요약한다면 '과거 장기간 추세(History or Track record)'의 작성은 정량적 분석의 시작점이 됩니다. 도표들은 수치들을 모아서 정리한 것에 불과합니다. 분석과 연계하기 위해서는 이를 시각화하지 않으면 안 되죠. 따라서 도표의 수치들을 적정하게 조합한 차트로 전환하는 과정이 반드시 필요합니다. 즉 정량적 분석의 성패는 해당 종목의 특성에 맞게, 조합한 차트들을 만들어내는가에 달려 있다고 할 수 있습니다.

따라서 정량적 분석을 단순히 기술적으로 정의한다면 엑셀 작업(금융 노가다)을 통해 준비한 기본 자료(수십 개의 도표)를 이용하여 종목 특성에 맞게 적정한 조합 차트로의 전환 작업(분석과 연계)이라고 말할 수 있습니다.

여기까지가 정량적 분석의 시작 단계입니다. 이제부터는 이 과정을 거쳐 준비한 자료들(수십 개의 도표)을 이용하여 본격적인 정량적 분석 과정으로 들어가겠습니다.

▶ 정량적 분석과 정성적 분석 이해하기

개별 종목의 분석 방법은 크게 정량적 분석, 정성적 분석으로 구분할 수 있습니다.

정량적 분석은 전자공시 시스템 내의 사업보고서에 기재된 수치들을 발췌하여 객관화된 분석 자료를 만들고 분석하는 과정입니다. 정성적 분석은 스토리텔링을 가미하여 미래 실적을 추론하는 과정입니다. 주관적인 성격이 강하기에 자칫 낙관적으로만 보다가 오류에 빠질 가능성이 높습니다.

높은 수익률의 달성을 기준점으로 삼는다면 정량적 분석보다는 정성적 분석을 얼마나 잘하느냐에 따라서 성패가 좌우된다고 여겨집니다. 이때 간과하면 안 되는 점이 있습니다. 객관적 데이터를 기반으로 한 정량적 분석이라는 튼튼한 기초 위에 쌓아 올린 정성적 분석이라는 건물이어야만 투자 과정에서 외부 여건의 변화 속에서도 흔들림 없이 인내할 수 있습니다.

정량적 분석의 목적과 필요성은 분명합니다. 해당 종목의 과거 재무적 지표를 분석함으로써 좋은 경영진에 의해서 운영되는 우수한 기업인지 여부를 간파하고, 이를 통해 잃지 않는 투자, 즉 손실을 최소화할 수 있는 리스크 헤지의 목적입니다.

한편, 정성적 분석은 정량적 분석을 기반으로 해당 종목의 숨겨진 스토리 (다수의 투자자가 인지하지 못하는 해당 기업만의 주가 상승 촉매), 가령 신제품을 통한 매출 증가 또는 기존 제품 중 급격한 Q의 확대, 신규 메이저 고객사 확보 등 허구가 아닌 실제 숫자로 찍히기 시작한 사실을 사업보고서에서 찾아내어 이를 각종 뉴스와 검색 결과물과의 조합을 통하여 최대한 객관화된 스토리 라인을 구축하는 과정입니다. 해당 종목의 업황 추론을 통해 미래 실적을 추정하는 것이 정성적 분석입니다. 정성적 분석에서 오류 발생 가능 성을 줄이기 위해서는 가급적 주관을 배제하고 객관적인 데이터를 기반으로 스토리 라인을 쌓아가야 합니다. 이 과정을 다음과 같이 도표로 요약했습니다.

정량적 분석의 기본 가정은 다음과 같습니다.

"과거 장기간 추세(히스토리 또는 트랙 레코드)를 기반으로 주가 상승 촉매를 간파하고 손실 회피 목적으로 리스크를 헤지한다."

위의 기본 가정을 기반으로 두 가지 과정으로 세분화합니다.

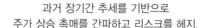

정량적 분석 기본 흐름

과거 장기간 추세를 기반으로
주가 상승 촉매를 간파하고 리스크를 헤지.

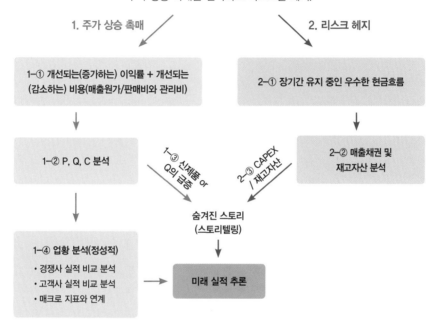

1. 주가 상승 촉매

2. 리스크 헤지

1-① 개선되는(증가하는) 이익률 + 개선되는
(감소하는) 비용(매출원가/판매비와 관리비)

2-① 장기간 유지 중인 우수한 현금흐름

1-② P, Q, C 분석

1-③ 신제품 or
Q의 증가

2-③ CAPEX
/ 재고자산

2-② 매출채권 및
재고자산 분석

숨겨진 스토리
(스토리텔링)

1-④ 업황 분석(정성적)
• 경쟁사 실적 비교 분석
• 고객사 실적 비교 분석
• 매크로 지표와 연계

미래 실적 추론

여기에서 여러분이 유념해야 할 점은 정량적 분석에서 한 가지 객관적 데이터를 얻었다는 데 안주하지 말고 최대한 많은 객관적 데이터들을 취득하여 객관성을 강화하여야 한다는 점입니다. 예를 든다면 일반적으로 어느 종목의 좋은 실적이란 전년 동기 대비(YoY) 높게 증가한 매출액과 영업이익을 의미합니다. 하지만 이는 일차원적인 객관적 데이터일 뿐이며 정량적 분석을 추구하는 투자자라면 여기에서 그치지 않고 한 단계 더 진입하여 증가한 매출액과 이익에 숨은 수치들을 분석하여 좀 더 세부적인 근거 자료를 확보해야 합니다.

매출액의 분석을 위하여 한 단계 더 진입한다면 매출액의 조합 함수는 P(제품 가격)와 Q(판매량)이기에 매출액의 증가를 P와 Q 측면으로 분리하여 이 중 어떤 요소로 인하여 매출액이 증가했는지를 파악하는 단계로 진입할 수 있습니다. 참고로 이는 단지 하나의 예시일 뿐입니다. 이제부터 앞의 〈정량적 분석 기본 흐름〉 도표의 순서대로 설명해 나가겠습니다.

② 주가 상승 촉매

전자공시를 통해 열람 가능한 재무제표 구성 항목은 크게 세 가지로 구분되는데 재무상태표, 손익계산서, 현금흐름표입니다. 이 세 가지 항목 중 정량적 분석에서 주가 상승 촉매를 간파할 수 있는 재무적 수치들은 바로 손익계산서에서 발췌할 수 있습니다. 다음과 같은 단계를 통해 진행합니다.

(1) 개선되는(증가하는) 이익률 + 개선되는(감소하는) 비용

손익계산서를 보면 아래와 같은 내역으로 구성되어 있음을 확인할 수 있습니다.

◎ 매출액

매출원가(비용)
- 매출총이익(이익) = 매출액 − 매출원가
- 매출총이익률(%, GPM) = 매출총이익 / 매출액

주가 상승 촉매의 기본 상수는 무엇일까?

투자자는 '주가 상승 촉매' 관점에서 가장 중요한 기본 상수를 반드시 전제해야 합니다. 그 기본 상수란, 아래의 예시 차트에서와 같이 '매출액이 늘어나는 종목만을 선정한다'입니다. 주가는 EPS와 PER의 조합에서 나오는 함수이기에 EPS 관점에서 매출액의 증가가 반드시 필요하기 때문입니다.

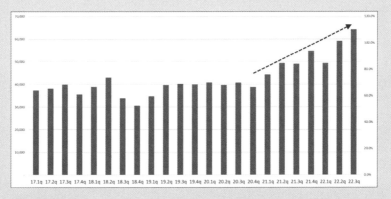

[매출액 분기 차트]

주가 상승 촉매는 성장형 기업에서 간파할 수 있으며 이를 위한 필수적인 상수는 바로 매출액의 성장(증가)입니다. 따라서 최근 분기 실적에서 반드시 YoY, QoQ 매출액 성장이 발생한 종목만을 대상으로 한다는 점을 명심하세요.

판매비와 관리비(비용)

- 영업이익(이익) = 매출총이익 − 판매비와 관리비
- 영업이익률(%, OPM) = 영업이익 / 매출액

위의 명세를 통하여 다음과 같은 가정을 해봅니다.

- 특정 종목의 이익 개선이란 결국 비용의 감소와 일맥상통한다.
- 매출액의 성장은 이익 증가를 위한 대전제이다.

이를 간단히 요약한다면 아래의 공식과 같습니다.

매출액의 증가(기본 상수) − 절감 가능한 비용(감소하는 비용) = 이익의 증가

그렇다면 주가의 상승 촉매라는 관점에서 필요한 '이익의 증가'가 일어나려면 두 가지 함수의 개선이 필요하다는 사실을 파악할 수 있습니다. 바로 매출액과 비용이죠.

왜 주가의 상승 촉매가 곧 이익의 증가일까요? 이와 관련하여 주가를 이루는 함수의 조합을 떠올려 보겠습니다. 많이들 아시죠.

주가 = EPS(주당순이익) × PER(멀티플)

맞습니다. 미래 주가를 결정지을 수 있는 함수는 정량적 지표인 EPS와 정성적 지표인 PER의 조합입니다. 이 중 EPS가 바로 이익과 연계됩니다. 따라서 정량적 분석의 (1) 단계를 통하여 주가 상승의 촉매는 손익계산서 내의 '매출액의 증가 가능성 유무'와 '비용의 개선(절감) 가능성 유무'에 의해 결정될 수 있다는 것을 알 수 있습니다. 다음 단계인 P, Q, C 분석으로 넘어가겠습니다.

(2) P, Q, C 분석

해당 분석 단계를 설명하기 전, 위에서 강조한 대전제인 매출액의 성장을 한 번 더 강조하고 넘어가겠습니다. 그에 앞서 P, Q, C를 설명하겠습니다. P는 제품 가격(Price)이고, Q는 제품 판매량(Quantity), C는 비용(Cost)입니다.

매출액의 조합 함수는 P와 Q입니다. 따라서 매출액의 증가 가능성 유무를 추론하기 위해서는 P와 Q를 세부적으로 분류해야 합니다.

특정 기업의 제품 구성은 단일 품목일 경우도 있지만 다수의 품목으로 구성된 경우가 더 많습니다. 따라서 'P와 Q의 세부 분류'라는 관점하에서 해당 종목의 모든 제품 구성 항목들의 분기별 매출액을 발췌하여 엑셀로 자료화하여야 하는데 다음은 그에 대한 예시입니다.

개별 종목의 보고서 내의 '매출 및 수주 상황 > 매출 실적'에 나와 있는 품목별 매출액을 분기별로 발췌한 뒤 엑셀을 이용하여 자료화시킵니다.

여기에서 다시금 서두에서 강조한, 객관적 자료를 많이 확보해야 한다는 점을 복기시켜 드립니다.

뒤에 나오는 예시는 다중 자료 확보라는 측면에서 추가적인 세부 분류 사항을 발견하는 과정을 보여주기 위함입니다. 품목별 분류를 비롯해 한 단계 더 진입하여 하나의 품목을 '내수'와 '수출'로 구분하여 표시했습니다. 주가 상승의 촉매라는 관점에서 내수에 한정된 영업활동을 보여주는 기업보다는 수출을 통하여 Q의 확장을 이루고 있는 기업이 당연히 유리하겠죠.

정량적 분석을 진행할 때는 언제나 주가 상승의 촉매라는 명제에서 '매출액의 성장'을 기본 전제로 가져가야 합니다. 더불어 '매출액의 성장'이라는 전제는 P와 Q의 확장이 선행되어야 한다는 것을 이 시점에서 간파하여야 합니다.

매출액은 곧 P와 Q의 조합입니다. 매출액이 지속적으로 성장 중인 특정 종목이 있습니다. 이 경우 P의 상승과 Q의 확장(증가)이 동시에 발생하는 종목이라면 베스트입니다. 그러나 국내 기업들의 실적 이면을 분석하면 매출

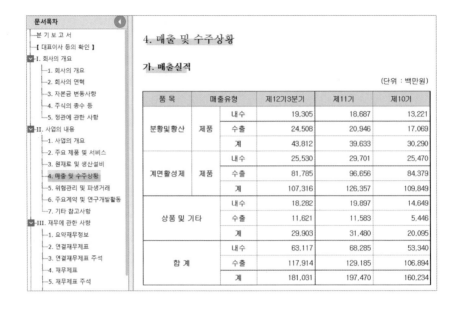

4. 매출 및 수주상황

가. 매출실적

(단위 : 백만원)

품 목	매출유형		제12기3분기	제11기	제10기
분황및황산	제품	내수	19,305	18,687	13,221
		수출	24,508	20,946	17,069
		계	43,812	39,633	30,290
계면활성제	제품	내수	25,530	29,701	25,470
		수출	81,785	96,656	84,379
		계	107,316	126,357	109,849
상품 및 기타		내수	18,282	19,897	14,649
		수출	11,621	11,583	5,446
		계	29,903	31,480	20,095
합 계		내수	63,117	68,285	53,340
		수출	117,914	129,185	106,894
		계	181,031	197,470	160,234

성장을 지속하는 대다수 국내 기업들의 사유는 Q의 정체와 이를 상쇄하는 P의 상승 때문입니다.

주가 상승 촉매의 대전제인 매출액의 성장, 그 내면을 이루고 있는 조합

기업분석 하드캐리

정량적 분석을 할 때 가급적 자료를 많이 확보하자

정량적 분석으로 세부 분류를 할 때 되도록 객관적 자료를 다중으로 많이 확보해두는 것이 중요합니다. 사업보고서 내에 기재된 객관적인 데이터를 기반으로 정량적 분석을 했다 하더라도 실전 투자에 적용했을 때 결과가 틀릴 확률이 높습니다. 따라서 정량적 분석을 통한 미래 실적 등을 추론할 때 단 하나의 분석 자료보다는 연관되는 분석 자료를 여러 개 확보함으로써 틀릴 확률을 최대한 낮추려고 노력해야 합니다.

함수인 P와 Q, 이 중 기업의 진정한 성장은 Q의 확장을 통해 이루어질 수 있습니다. 따라서 성장주는 바로 Q의 지속적인 확장을 이루는 기업을 의미합니다.

미국 테슬라와 국내 2차전지 섹터에 포함된 기업들을 그 적절한 예로 들수 있습니다. 최근 주가 조정기가 왔음에도 불구하고 이들 종목의 주가가 왜견조했는지를 살펴본다면 유일하게 Q의 확장을 지속해서 보여왔던 섹터였기 때문입니다. 따라서 매출액의 성장 = Q의 확장이라는 전제를 반드시 기억하세요. 이제 다시 정량적 분석 단계를 이어 나가겠습니다.

매출 실적표에서 왜 수출과 내수로 분류하여 분석해야 하는지에 대해 앞선 설명으로 충분히 이해했을 것입니다. 이와 관련해 최종적으로 자료화시킨 엑셀 도표를 샘플로 보여드리겠습니다.

품목별 매출액(백만원원) 매출액	17.1q	17.2q	17.3q	17.4q	18.1q	18.2q	18.3q	18.4q	19.1q	19.2q	19.3q	19.4q	20.1q	20.2q	20.3q	20.4q	21.1q	21.2q	21.3q	21.4q	22.1q	22.2q	22.3q
분황및황산(내수)매출액	4,781	4,611	4,388	4,709	4,821	4,617	3,790	3,746	3,661	4,227	4,122	3,468	3,594	3,026	3,226	3,375	3,978	2,530	6,385	5,794	5,236	6,689	6,380
분황및황산(수출)매출액	4,545	4,319	5,291	5,393	4,662	4,216	4,509	4,191	4,361	4,923	4,431	4,464	4,567	3,262	4,710	4,530	5,771	5,009	4,577	5,589	7,120	7,500	9,788
분황및황산 합계	9,426	8,930	9,679	10,102	9,483	8,833	8,299	7,937	8,222	9,150	8,553	7,952	8,161	6,288	7,936	7,905	9,749	7,539	10,962	11,383	13,358	14,289	16,168
계면활성제(내수)	7,030	6,768	7,590	6,474	5,804	5,828	5,268	5,952	5,815	6,161	6,564	6,613	6,064	6,961	6,530	6,115	6,118	6,791	7,789	9,023	7,822	8,293	9,415
계면활성제(수출)	17,256	18,827	18,936	16,174	18,792	20,779	14,425	10,758	15,684	16,984	20,029	19,975	21,586	22,061	21,964	18,738	21,056	26,392	24,579	24,629	28,099	28,360	29,326
계면활성제 합계	24,286	25,595	25,926	22,648	24,596	26,607	19,693	16,710	21,499	23,145	26,593	26,588	27,650	29,052	28,294	24,853	27,174	33,183	32,348	33,652	33,921	34,653	38,741
분황및황산 비중(%)	26.2%	23.4%	24.3%	28.3%	24.3%	20.5%	24.5%	26.0%	23.6%	23.1%	19.9%	20.0%	15.8%	19.4%	20.4%	22.0%	15.2%	22.4%	20.8%	27.1%	24.1%	25.2%	
수출 비중(%)	58.8%	60.7%	60.5%	60.5%	50.2%	58.1%	55.8%	48.9%	57.6%	55.2%	60.9%	61.1%	64.0%	63.8%	65.4%	60.0%	60.5%	63.6%	59.5%	55.2%	67.3%	57.3%	60.9%

위의 도표를 보면 이 기업의 주요 제품들의 수출 비중은 장기간에 걸쳐서 60%대를 유지 중이며 매출액 구성 중 주요 제품은 계면활성제인 점을 확인할 수 있습니다. 그러나 위의 도표를 통해 파악할 수 있는 정보는 제한적입니다. 해당 추이를 한눈에 알아볼 수 있도록 시각화된 차트로 변환시키는 과정이 필요합니다.

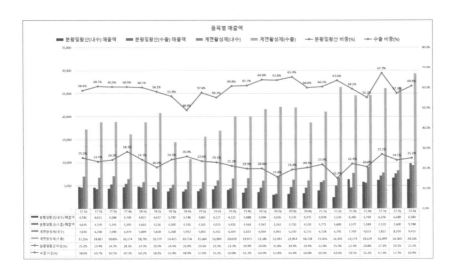

도표를 시각화한 차트를 공유합니다.

어떤가요? 차트로 보니 정보를 훨씬 쉽게 구별하여 볼 수 있죠? 차트에서 주요 품목 중 노란색 막대바에 해당하는 항목은 '계면활성제 수출'인데 증가세가 꾸준히 높아지는 것을 한눈에 확인할 수 있습니다. 주황색 막대바에 해당하는 '분황 및 황산 수출' 또한 증가하는 현황이 쉽게 인식됩니다. 또한 수출 비중은 초록색 선으로 별도로 표기하여 2017년 1분기부터 장기간 매출액 중 약 60%가 수출을 통해 이루어지고 있다는 현황을 쉽게 파악할 수 있습니다.

그렇다면 매출액의 성장이라는 대전제와 세부 진입 단계인 Q의 확장이라는 측면에서 어떤 품목을, 어떤 관점에서 집중적으로 조사하고 분석해야만 할까요?

시간은 유한합니다. 그리고 분석 대상인 상장 종목 수는 현재 2,400여 개에 이릅니다. 매 분기 실적 발표 시 호실적을 발표한 기업만을 스크리닝한다고 해도 전체 상장 종목 수의 10% 정도인 200여 개의 기업이 리스트에 포함됩니다. 투자자는 기본적으로 최대한 많은 수의 종목 풀(pool)을 갖춰야 하며, 가능성 있는 좋은 기업들을 발굴하여 깊이 있는 분석을 해야 합니다. 수많은 종목들 중에서 선정된 특정 종목의 중요 포인트를 분석하는 데에도 시간이 많이 걸립니다. 따라서 버릴 항목은 버리고 집중적으로 분석할 가치가 있는 항목만을 선정하여 집중하여야만 합니다.

시각화한 차트의 유용성은 이때 발휘됩니다. 차트를 통해 살펴보면 시간을 할애하여 집중적으로 분석해야 할 품목을 쉽게 선정할 수 있습니다. 위의 예시 기업에서 최근 분기에 뚜렷하게 성장세를 보이는 품목은 무엇일까요? 바로 '계면활성제 수출'과 '분황 및 황산 수출'입니다.

이제 '계면활성제 수출' 그리고 '분황 및 황산 수출'과 관련하여 P와 Q, C 측면으로 한 단계 더 깊이 있는 분석을 하면 됩니다.

P와 Q 분석과 관련해서는 '4장의 II-2. 주요 제품 및 서비스'에서, C 분석과 관련해서는 '4장의 II-3. 원재료 및 생산 설비'에서 자세히 설명하고, 여기에서는 간단히 필요한 내용을 정리하겠습니다.

C는 Cost의 약자이며 비용을 의미합니다. 앞서 설명한 손익계산서의 항목 구성 내역을 참조한다면 비용에 포함되는 내역은 매출원가와 판매비와 관리비(이하 '판관비'로 명칭)입니다. 따라서 C의 세부적인 분석은 '사업의 내용 > 3. 원재료 및 생산설비' 항목에서 주요 원재료의 분류와 과거 장기간 원재료 가격의 자료화를 통한 제품 가격과의 스프레드 확인 과정과 더불어 '매출원가와 판관비를 구성하는 주요 비용들의 세부 분류 및 자료화' 작업이 각각 필요합니다.

세부적인 매출원가와 판관비 내역은 사업(또는 분기/반기)보고서 내의 III. 재무에 관한 사항 > 3. 연결재무제표 주석(또는 5. 재무제표 주석 > 종속기업이

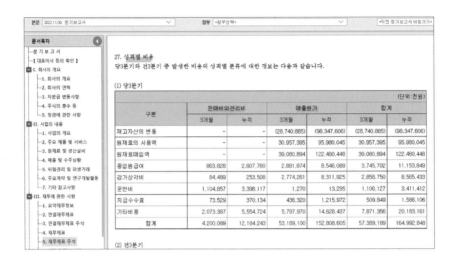

없는 개별 기업)에서 확인 가능하며, 아래와 같이 '비용의 성격별 비용'에는 해당 기업의 매출원가와 판관비의 모든 비용이 포함되어 있습니다.

　판관비와 매출원가를 확인했다면 엑셀을 이용하여 각각 도표로 자료화합니다. 그리고 시각화를 위해 차트로 변환하여 과거 장기간의 추세선상에서 가장 높은 비중을 차지하는 비용과 과거 추세 대비 튀는―높게 발생하는―비용을 확인합니다.

　다음 페이지의 차트는 매출원가를 구성하는 주요 비용들의 조합(막대바)과 GPM(노란색 선, 매출총이익률)을 조합한 차트입니다. 이를 통해서 해당 기

매출 원가	17.1q	17.2q	17.3q	17.4q	18.1q	18.2q	18.3q	18.4q	19.1q	19.2q	19.3q	19.4q	20.1q	20.2q	20.3q	20.4q	21.1q	21.2q	21.3q	21.4q	22.1q	22.2q	22.3q
재고자산의 변동	-19,342	-21,701	-17,870	-18,759	-25,429	-17,791	-12,193	-11,437	-19,833	-14,873	-23,561	-20,919	-19,092	-17,938	-18,792	-20,981	-22,360	-24,373	-30,694	-25,730	-32,812	-26,994	-28,746
원재료 사용액	19,599	19,716	18,844	18,239	23,342	20,482	14,815	13,003	17,595	18,700	20,065	18,548	19,157	17,498	18,958	18,485	21,942	25,359	27,662	20,554	30,275	34,742	30,957
원재료매입액	21,595	24,352	22,529	20,508	27,688	20,032	16,367	15,874	23,384	22,060	26,419	19,684	23,706	21,844	22,413	22,713	28,836	34,325	34,435	41,135	42,244		39,080
급여	2,050	1,994	1,964	2,059	2,289	2,330	1,965	2,732	2,280	2,328	2,366	3,961	2,952	2,555	2,528	4,223	2,670	2,701	2,758	4,140	2,782	2,901	2,881
감가상각비	1,020	1,295	1,132	1,089	1,125	1,291	1,408	1,444	1,488	1,535	1,315	1,518	1,820	2,368	2,736	2,854	2,882	2,877	2,760	2,778	2,739	2,774	2,774
운반비	2	1	2	3	4	1	2	1	1	1	1	0	1	0	1	1	4	1	1	11	1		
지급수수료	220	332	224	344	332	398	345	541	398	340	358	497	492	533	530	389	391	343	520	395	380	436	
기타비용	4,600	5,000	4,867	4,903	4,992	4,534	3,814	6,137	3,825	4,410	4,417	10,038	4,581	3,913	4,515	4,798	4,522	2,770	4,971	4,956	4,437	4,392	5,797
합계	28,670	30,760	31,877	28,680	33,488	37,493	29,287	27,980	28,593	32,650	32,273	33,419	33,104	31,530	32,780	33,535	37,494	42,100	42,587	47,564	49,175	50,427	53,189
원재료 사용액/비율(%)	68.4%	64.1%	59.3%	91.5%	99.7%	64.9%	49.9%	49.9%	60.7%	61.2%	62.2%	59.9%	57.9%	58.4%	57.9%	55.1%	58.2%	61.2%	55.7%	55.8%	61.0%	59.9%	59.2%

판관비	17.1q	17.2q	17.3q	17.4q	18.1q	18.2q	18.3q	18.4q	19.1q	19.2q	19.3q	19.4q	20.1q	20.2q	20.3q	20.4q	21.1q	21.2q	21.3q	21.4q	22.1q	22.2q	22.3q
급여	662	680	656	1,041	800	588	538	712	843	541	483	1,050	728	740	746	1,271	603	814	605	1,251	849	694	863
감가상각비	69	65	72	69	72	72	72	69	71	70	71	64	82	94	101	70	72	72	75	85	94	94	84
운반비	965	970	1,037	962	965	968	882	908	874	944	892	917	881	868	891	895	938	937	937	1,249	1,143	1,149	1,154
지급수수료	115	48	81	67	109	83	82	69	85	54	147	147	139	57	102	110	160	152	182	22	212	84	72
기타비용	1,729	1,875	2,372	1,879	1,153	1,125	865	853	1,360	1,051	1,094	1,226	1,504	1,640	1,509	1,259	1,567	1,479	1,475	1,846	1,715	1,780	2,073
합계	3,559	3,641	4,149	4,087	2,888	2,840	2,454	2,579	3,028	2,780	2,640	3,433	3,304	3,345	3,030	3,591	3,453	3,463	4,453	4,003	3,975	4,197	

업의 GPM과의 장기간 추이를 확인하여 어떤 비용이 이익률에 높은 영향을 끼치는지를 파악합니다. 이를 통해 이익률에 높은 영향을 주는 특정 비용을 확인했다면 해당 비용과 관련된 정보를 집중적으로 파악하여 해당 비용의 증감 여부에 대한 추론을 진행합니다.

추론의 예시를 들어보겠습니다. 차트에서 매출원가를 구성하는 비용 중 가장 높은 비중을 차지하고 있는 원재료 가격은 국제 유가(WTI)와 연동된다는 가정을 해봅니다. 이 경우 국제 유가와 관련한 뉴스를 검색하는 등 정보를 취합하여, 향후 유가가 하락할 가능성이 높은지 여부를 살펴봅니다. 만약 하락할 것 같다면 향후 C에 해당하는 해당 종목의 매출원가가 매출액 대비 감소할 가능성이 높다는 결론을 내릴 수 있습니다. 그러나 차트를 통해 확인한 실질적인 현황은 과거 장기간에 걸친 매출총이익률과 원재료 매입액의 상관관계는 불규칙하며 연동성은 낮다고 해석됩니다.

따라서 이 경우 C의 관점에서 이익률과 연동되는(순방향 또는 역방향) 다른 지표를 추가로 찾아내어 해당 지표에 영향을 미치는 주요 요인을 분석해보고 해당 종목의 향후 이익률 개선 가능성을 유추해야 합니다.

이는 정량적 분석 기본 흐름 (1)에 명기한 '개선되는(증가하는) 이익률은 주

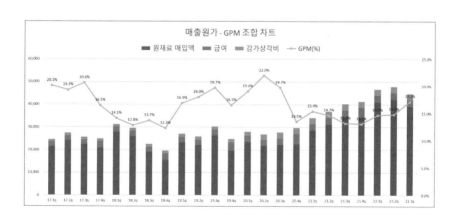

가 상승의 촉매로 작용 가능하다'라는 명제에 따르는 것이기도 합니다.

아래는 손익계산서를 구성하는 항목 중 두 번째 비용 항목인 판매비와 관리비에 포함되는 주요 비용들의 조합 차트입니다. 장기간 추이에서 가장 높은 비중을 차지하고 있는 비용은 운반비(회색)와 급여(파란색)임을 확인할 수 있습니다. 최근 분기별 판관비의 추이를 확인해보았더니 과거 대비 특별히 높게 발생하는 비용은 눈에 띄지 않았습니다. 이 경우 판관비에서는 이익률 개선이라는 관점에서 집중적으로 분석할 만한 비용 항목은 없는 것으로 판단하여 다음 단계로 넘어가겠습니다.

계속 강조하지만 투자자의 시간은 유한합니다. 또한 스크리닝을 거친다 해도 추려낸 기업의 수는 많을 수밖에 없습니다. 따라서 분석 기업으로 선정할 때는 반드시 분석 포인트의 경중을 따진 후에 중요도가 높다고 여겨지는 사안에 시간을 쏟아야 한다는 점을 유념하길 바랍니다.

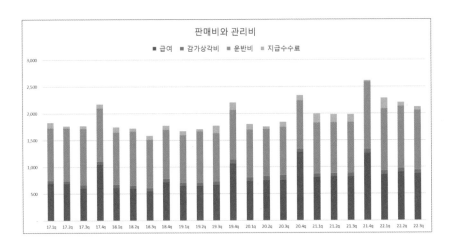

P, Q, C 분석을 통하여 아래와 같이 각각의 차트를 도출합니다.

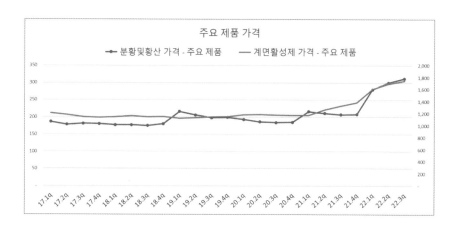

- P 관련 : 주요 제품들의 가격은 최근 분기에 역대 분기 최고가를 각각 경신했다.

- Q 관련 : 주요 제품 중 분황 및 황산(수출) 판매량은 최근 분기에 역대 최고를 기록했다.

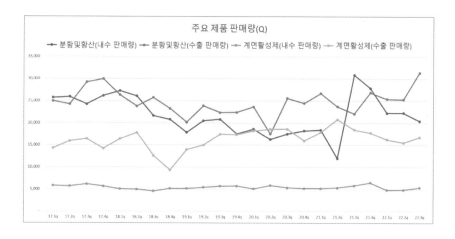

- C 관련 : 주요 원재료들의 가격이 최근 분기에 역대 분기 최고가를 경신
  했거나 고점 인근에 위치해 있다.

추가적인 C 관련 내용인 매출원가와 판관비는 앞서 말한 바 있습니다.

사업보고서에 제품별 판매량이 나오지 않을 경우, 어떻게 판매량을 산출할까?

해당 종목의 사업보고서에 제품별 판매량이 명확하게 명기되어 있지 않을 때 어떻게 판매
량을 산출해야 할까요? 두 가지 방법이 있습니다.

① 제품별 매출액과 제품 가격이 명확하게 구분되어 명기되어 있다면 '제품별 매출액/제
품별 가격 = 제품별 판매량' 계산을 통하여 산출할 수 있습니다.

② 제품별 매출액과 제품 가격이 구분이 안 되어 있다면 부득이하게 생산 실적을 이용하
여 판매량(Q)으로 대체해야 합니다. 다만 이때 생산 실적과 판매량은 아래 그래프처럼 어
느 정도의 차이가 있다는 것을 감안하세요.

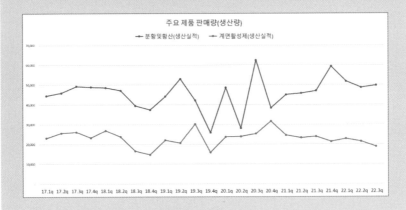

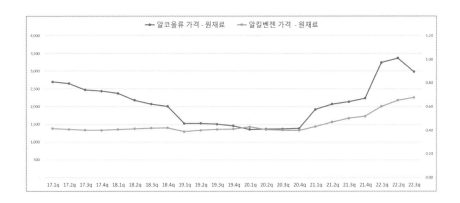

지금까지 분석 방법을 살펴보았는데요. 이토록 상세하게 들여다볼 필요가 있는지에 대해 궁금해할 겁니다.

독자 여러분은 아직 정량적 분석의 초입 단계에 있으므로 이런 과정을 통해 흐름을 확실히 확인하고 넘어갈 필요가 있습니다.

1. 주가 상승 촉매

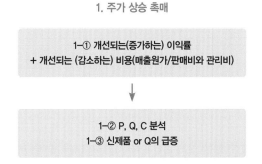

그토록 상세하게 분석 방법을 들여다본 까닭은 P, Q, C 분석을 통하여 '주가 상승 촉매'라는 관점에서 '개선되는 이익률과 비용'의 가능성 유무를 찾기 위해서입니다.

그렇다면 이쯤에서 분석 중인 종목의 매출액(파란색 막대) - 영업이익(노란색 막대) - GPM(%, 주황색 선) - 판관비율(%, 회색 선) 조합 차트를 확인해보겠습니다(17년 1분기~22년 3분기 손익계산서 조합 차트).

아래 차트에서 해당 종목이 22년 3분기(맨 우측 구간)에 17년 1분기(맨 좌측 구간) 이후 분기 최대 매출액 및 영업이익을 달성했다는 것을 확인할 수 있습니다. 이외에도 판관비율은 역대 분기 최저로 우수한 모습을 보이고 있으며, 매출원가와 연계되는 GPM(%, 매출총이익률)은 20년 2분기에 기록했던 역대 분기 최고치인 22.0%에는 못 미치지만 17.2%를 기록함으로써, 과거 장기간 추세를 기반으로 봤을 때 개선의 여지가 있다고 추론할 수 있습니다.

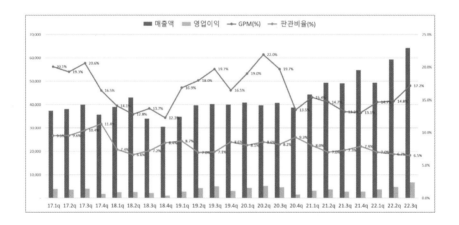

즉 현재까지의 분석 결과를 토대로 아직까지 명확히 찾지 못한 GPM(%)과 상관관계가 높은 지표를 찾아내어 추후 해당 종목의 향후 GPM의 개선이 가능한지를 추론해야 합니다.

지금까지 예시로 살펴본 종목은 총비용(매출원가 + 판관비) 중 원재료 관련 비중이 가장 높은 변동비형 기업임을 알 수 있습니다. 이와 관련한 변동비형/고정비형 기업에 대해서는 4장의 'Ⅱ-3. 원재료 및 생산 설비'에서 자세히 다루겠습니다.

변동비형 종목의 이익률은 원재료 가격에 의해 주로 좌우됩니다. 이는 해당 종목의 제품 가격이 원재료 가격과 연동되기 때문입니다. 이와 같은 제품 가격과 원재료 가격의 차이를 스프레드(Spread)라고 하며 이는 해당 종목의 이익(Margin)에 해당합니다.

따라서 C의 관점에서 GPM(%)과 제품 가격-원재료 가격 스프레드의 상관관계를 확인해 볼 필요성이 있습니다. 이를 조합 차트로 아래와 같이 확인했습니다.

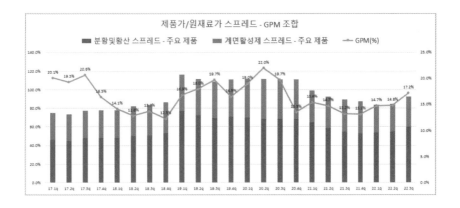

조합 차트를 통하여 GPM(%, 회색 선)은 주요 제품들의 스프레드(막대바)와 과거 장기간 추세가 밀접하게 연동되고 있음을 확인할 수 있습니다. 가령 스프레드가 확대된, 즉 이익(margin)이 높아진 19년 1분기부터 20년 3분기까지 높은 GPM을 기록했고 스프레드가 축소된 21년 3분기부터 22년 2분기까지

는 낮은 GPM을 기록한 것을 확인할 수 있기 때문입니다.

즉 해당 종목의 이익률은 결국 원재료 가격에 연동되고 있는 것입니다. 정량적 분석 기본 흐름 (1)에 명기한 '개선되는(증가하는) 이익률'이라는 명제에 대한 가정을 아래와 같이 하겠습니다.

- 이익률 개선의 관건은 원재료 가격의 하락 여부에 달려 있다.

그렇다면 원재료 가격을 좌우하는 매크로 지표로는 무엇이 있을까요? 이와 관련해서는 '(4) 정성적 업황 분석'에서 자세히 다루겠습니다.

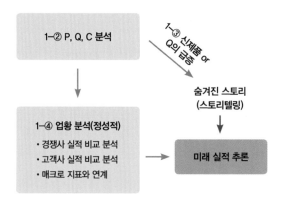

(3) 신제품 또는 Q의 급증

다음 단계로, 정량적 분석에서 숨겨진 스토리, 즉 스토리텔링으로의 연결 고리인 '신제품 또는 Q의 급증'과 관련한 설명을 하겠습니다.

필자는 정성적 분석의 성패를 좌우한다 해도 과언이 아닌 숨겨진 스토리를 발견할 수 있는 보물 창고가 바로 사업보고서라고 생각합니다. 숨겨진 이야기, 즉 스토리텔링은 대다수의 투자자가 인지하지 못하지만 실적 증가에 높은 영향력을 주고 있거나 줄 수 있는 객관적 사실을 의미합니다.

스토리텔링은 당연히 해당 종목의 성장과 연계 가능한 핵심적 요인인 Q의 확장이라는 명제를 충족시킬 수 있어야 하며, 이와 관련한 정량적 분석을 통하여 최근 분기 Q의 확장이 발생하는 주요 제품을 인지하고 집중적인 조사를 통하여 선제적으로 해당 사유, 즉 숨겨진 스토리를 확인해야 합니다.

숨겨진 스토리와 관련된 실제 사례 몇 가지를 알아보겠습니다.

1) 전자공시 통합검색 활용하기

- 전자공시 통합검색에서 '시설투자 수요증대'로 검색한 후 '거래소 공시'를 체크한다.
- 티엘비 등 기업의 공시 내용을 확인한다.

→ 확인 결과
- 21년 4월 티엘비 신규 시설투자 공시 - 투자 목적은 수요증대 대응
- 22년 3분기 실적 증가

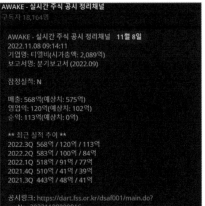

- 전자공시 통합검색을 이용하여 '시설투자 수요증가'로 검색 후 '거래소 공시'를 체크한다.
- 코스모신소재 등 공시 내용을 확인한다.

→ 확인 결과

- 21년 10월 코스모신소재 신규 시설투자 공시 - 투자 목적은 수요증가 대응
- 22년 3분기 실적 증가

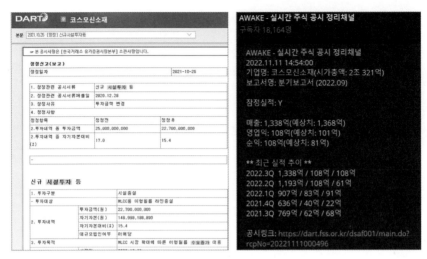

〈참조 : 실시간 주식 공시 정리 채널 AWAKE(https ://t.me/darthacking)〉

- 보고서 내 사업의 내용이 유의미한지를 확인한다.

→ 확인 결과

- 22년 분기보고서. 올해부터는 LNW에도 본격적으로 납품을 개시

- 22년 3분기 실적 증가

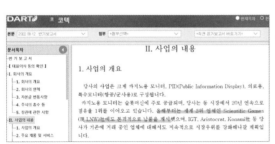

〈참조 : 실시간 주식 공시 정리 텔레그램 채널 AWAKE(https ://t.me/darthacking)〉

이처럼 여러 키워드를 조합하고 검색하여, Q의 확장과 연계되는 유의미한 내용을 찾아내어 스토리텔링으로 연계할 수 있습니다.

2) 사업보고서 내 지표 조합 활용하기

또 다른 방법은 개별 종목의 제품별 매출액 추이를 통하여 최근 분기에 급증하는 제품군을 파악한 뒤 이를 사업보고서 내 여러 가지 지표들과의 조합을 통하여 근거 자료를 확보하는 것입니다. 여기에서 그치지 않고 각종 뉴스 검색을 통해 연계 가능한 사유를 남들보다 앞서 간파한다면 이를 해당 종목의 숨겨진 스토리로 연계할 수 있습니다. 원익머트리얼즈의 사례를 통해 같이 설명하겠습니다.

아래는 원익머트리얼즈의 손익 조합 차트입니다. 22년 3분기(맨 우측)의 매출액 및 영업이익(각각 파란색 및 노란색)이 역대 분기 최대를 경신하며 급증한 모습을 확인할 수 있습니다.

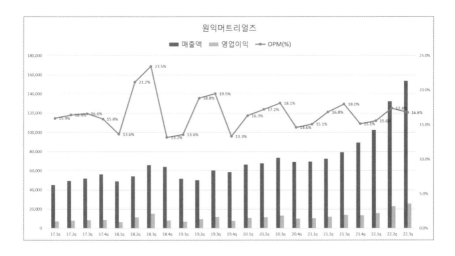

매출액과 영업이익이 급증한 사유를 파악하기 위하여 유형별(제품별) 매출액을 분류하여 차트를 작성합니다.

다음의 차트에서 최근 분기 '기타제품-국내(노란색)'의 매출액이 과거 장기간 추세 대비 급증한 모습을 확인할 수 있습니다. 이를 자세히 보기 위해 '기타제품-국내'와 관련된 지표만을 별도로 분류하여 연관 관계가 발생하는 여러 가지 지표들과의 조합을 시도하여 사유를 파악하겠습니다.

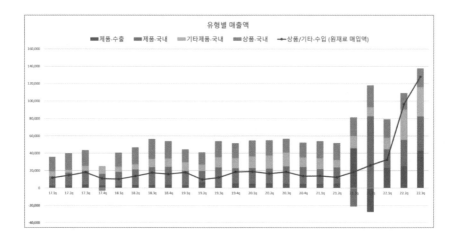

원익머트리얼즈의 여러 지표 중 최근 분기에 급격한 변동을 보인 원재료는 상품 수입액(검은색 선)입니다. 이를 기타제품 매출액(노란색 막대) 차트와 조합하여 상관관계가 있는지 여부를 확인한 결과 높은 연동성이 확인되었습니다.

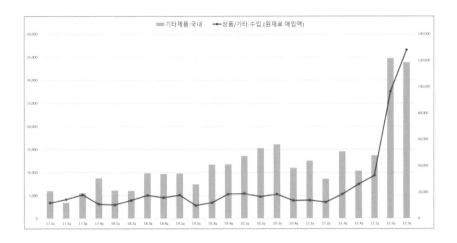

  또한 2022년에 접어들면서 원익머트리얼즈의 보고서 내용을 참조했더니 아래와 같이 매출액에서 10% 이상을 차지하는 주요 고객 B사가 처음으로 명기되었음을 알 수 있습니다. 그에 따라 B사를 통해 발생하는 분기별 매출액 차트를 작성합니다.

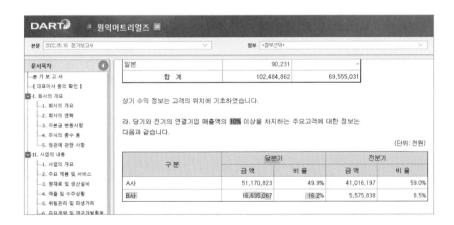

아래 조합 차트를 통하여 22년 1분기부터 B사를 통해 발생한 총매출액의 10% 이상(주황색 막대)을 확인할 수 있습니다.

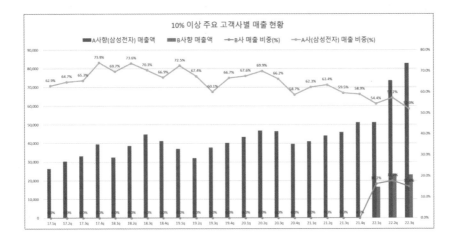

파악된 사항들을 모두 종합하여 조합 차트를 작성한 결과 원익머트리얼즈의 2022년 실적 급증은 수입한 상품(노란색 선)을 원재료로 매입하여 재고자산으로 비축한 후, 이를 22년 1분기부터 대규모로 신규 고객인 B사(진회색 막대)에 판매를 시작한 데 따른 것이라고 결론 내릴 수 있습니다.

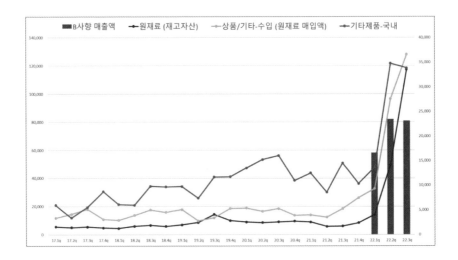

결론을 도출했다면 B사에게 판매되는 제품이 과연 무엇인지를 각종 자료와 뉴스를 검색하여 찾아내야 합니다. 이를 통해서 앞으로의 지속적인 실적 증가 가능성을 추론해야 합니다. 개인적으로는 결론을 도출했으나 해당 회사에서는 어떤 정보도 공식적으로 발표하거나 명기하지 않았기에 이 책에는 게재하지 않겠습니다.

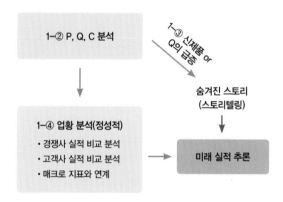

(4) 정성적 업황 분석

이제 여러분은 정성적 업황 분석 단계에 이르렀습니다. 업황 분석은 정성적 분석에 해당하며, 해당 종목의 미래 실적 추론을 위한 필수적인 단계입니다.

그러나 업황 분석에서 유의해야 할 부분이 있습니다. 이 과정은 상당 부분 주관이 개입될 수밖에 없으므로 분석으로 도출되는 결론의 허구성을 방지하기 위해 비교적 객관적인 비교 지표들을 이용하여 업황의 긍정/부정 상황을 추론해야 합니다.

이러한 업황 추론의 객관적 분석 세부 방안으로 다음과 같은 세 가지 분석 방안을 제시합니다. 더불어 이 분석들을 사용하는 이유를 설명하겠습니다.

1) 동일 섹터의 경쟁사 실적과 비교 분석

동일 섹터 내 경쟁 기업의 최근 실적 지표들(매출액, 이익, 재고자산, CAPEX 집행, 수주 잔액 등)이 해당 종목의 실적 지표와 유사한 추이를 유지하고 있다면 해당 종목이 속한 업황의 긍정적/부정적 여건의 추론을 한 단계 더 객관화시킬 수 있습니다.

카지노 모니터를 납품하는 기업인 '코텍'을 통해 간략하게 설명하겠습니다.

코텍의 22년 2분기와 3분기 매출액은 각각 역대 분기 최대 매출 기록을 경신했습니다.

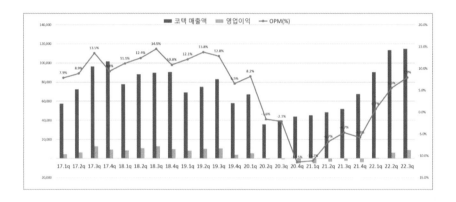

코텍의 제품 구성은 두 가지인데, 이 중에서 카지노 모니터 제품과 관련된 매출액을 다음과 같이 별도로 구분하여 확인했습니다.

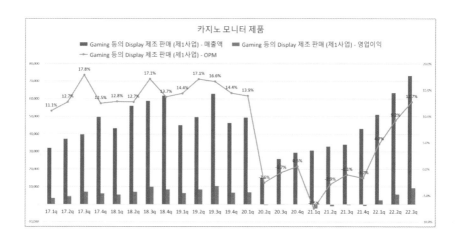

손익계산서 조합 차트를 통하여 코텍의 22년 3분기 카지노 모니터 매출액은 역대 분기 최대를 기록했으며 긍정적인 여건으로 추론할 수 있습니다. 또한 카지노 모니터 제품 매출과 연계하여 P와 Q 측면에서 알아보면, 역대 최대 분기 매출액의 바탕에는 Q의 확장이 있다는 것을 확인할 수 있으며 이는 카지노 업황의 긍정적 전망에 대한 추가적인 근거 자료로 여겨집니다.

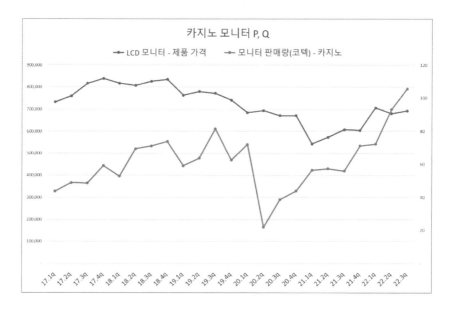

그러나 미래 실적 추정을 위한 업황 전망에서 좀 더 객관적인 자료를 확보할 필요성이 있습니다. 이때 필요한 것이 동일 섹터 내 경쟁사 실적 추이와의 비교입니다.

다음의 자료는 국내 경쟁사인 토비스의 카지노 모니터 매출액 현황과 P, Q 현황입니다. 토비스 또한 코텍의 최근 실적과 매우 유사한 모습을 보이고 있다는 것을 확인할 수 있습니다. 경쟁사의 실적 또한 유사하다는 의미는 해당 업종의 업황이 긍정적이라는 반증입니다. 이렇게 경쟁사의 실적을 확인함으로써 업황 전망에 대한 객관적 근거를 하나 더 추가할 수 있습니다.

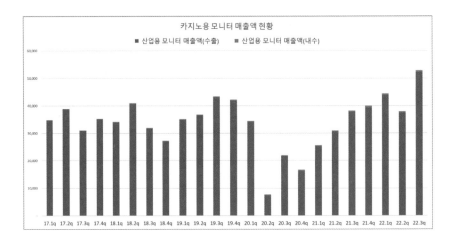

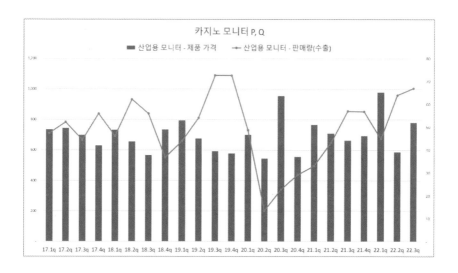

カ지노 모니터 P, Q

■ 산업용 모니터 - 제품 가격   ➔ 산업용 모니터 - 판매량(수출)

그렇다면 여기에서 멈춰도 될까요? 아닙니다. 업황 분석 도표의 두 번째 리스트인 고객사의 실적을 추가로 확인하여 해당 업종의 여건과 관련한 객관적 근거를 하나 더 확인하겠습니다.

2) 고객사 실적 비교 분석

코텍의 사업보고서 내용을 확인한다면 주요 고객사를 쉽게 파악할 수 있습니다. 개별 종목의 사업보고서 중 '사업의 내용' 항목에 주요 고객사와 경쟁사가 대부분 명기되어 있습니다. 다만, 명기하지 않은 기업 또한 많습니다.

코텍의 주요 고객사로는 영국의 IGT, 미국의 LNW 등이 있으며 이들 기업은 미국의 메이저 카지노 리조트 기업들인 LVS(라스베이거스 샌즈), WYNN(윈 리조트), MGM(MGM 리조트) 등에 납품하는 것으로 추정됩니다. 따라서 코텍의 제품은 고객사인 IGT와 LNW에 원재료로 납품되는 것으로 추론할 수 있습니다. 추가로 IGT와 LNW의 분기별 재고자산 현황을 조사하여 자료화한 후 이를 코텍의 지표와 조합하여 연계성을 확인하면 더욱 좋습니다.

아래는 코텍의 22년 2분기 사업의 내용에 명기된 고객사 관련 내용입니다. 여기에서 중요한 투자 포인트를 파악할 수 있습니다. 고객사 LNW가 올해부터 본격적으로 납품을 개시하게 된 정보는 Q의 확장과 연계되는 중요한 힌트이기도 합니다.

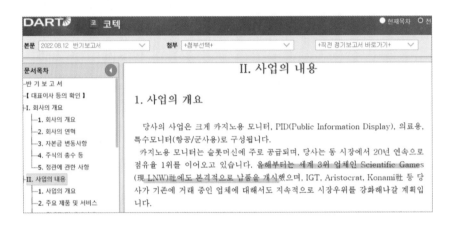

아래와 같이 기존 주요 고객사인 IGT의 분기별 재고자산 자료와 코텍의 카지노 모니터 매출액을 조합하여 연계성을 확인합니다. 자료 조합을 통해 22년 1분기부터 연계성의 이격이 확대되고 있다는 점 역시 확인할 수 있습니다(빨간색 박스 부분).

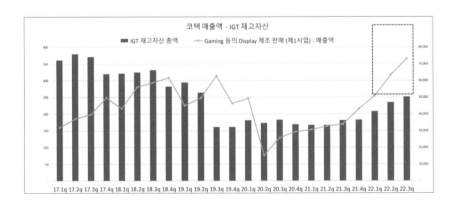

그렇다면 사업의 내용에 명기된 내용과 같이 2022년부터 본격적으로 납품을 시작한 추가 고객사 LNW의 22년 1분기 이후의 재고자산(노란색 막대)을 IGT의 재고자산(파란색 막대) 현황에 추가하여 조합을 시켜봅니다. 조합 결과, 코텍의 카지노 모니터 매출액(녹색 선)과 IGT와 LNW 재고자산 총액의 추이는 연계성이 높아보인다는 점이 확인 가능합니다.

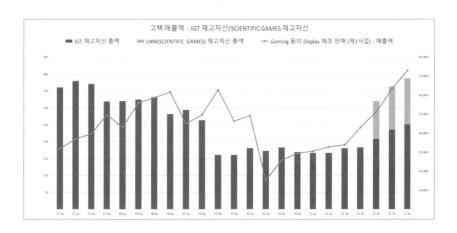

따라서 IGT와 LNW의 실적 관련 지표는 코텍의 업황 추론의 객관적 근거 자료로써 효용성이 높다고 판단할 수 있습니다. 또한 IGT와 LNW의 최근 분기 매출액 현황 분석을 통하여 카지노 업황이 긍정적 여건인지 아닌지를 확인할 수 있습니다. 이와 관련된 분석은 5장에서 자세히 다루겠습니다.

3) 매크로 지표와의 연계

업황 추론의 마지막 방법인 '매크로 지표와의 연계'를 알아보겠습니다.

▶ 적용 가능한 매크로 지표

유용하게 적용할 수 있는 매크로 지표들은 아래와 같습니다.

- **국제 유가(WTI)** : 석유화학, 피팅/강관, 타이어, 항공, 의류 OEM, 섬유·화학섬유 등 유가와 연동되는 원재료를 사용하는 변동비형 기업들에 적용

- **PMI(제조업 구매관리지수)** : 미국, 중국, EU PMI 등. 수출 집약형 기업들에 적용. 가령 중국 수출 비중이 높은 기업일 경우 CHINA CAIXIN PMI와 해당 기업의 재무 지표와 연계

- **CLI(경기선행지수)** : OECD CLI 등. 개별 기업의 재무 지표와 경기선행지수 연계하여 해당 기업의 특성을 파악(경기 호황·불황 구간별 실적 연계 현황 파악)

▶ 매크로 지표와 개별 종목의 재무적 지표 연계하기

매크로 지표와 개별 종목의 재무적 지표를 연계하기 위해서는 우선 해당 종목의 산업군별 성격에 대한 사전조사가 필요합니다.

예시로 강관주를 살펴보겠습니다. 강관주는 전반적으로 수출 비중이 높고, 오일·가스 시추와 운송을 위한 미드스트림*(midstream)과의 연계성이 높은 종목군으로 파악됩니다.

따라서 강관주들의 재무 지표와 연계 가능한 매크로 지표로 국제 유가(WTI)를 적용할 수 있다고 판단하며, 그에 따른 미래 실적 추론을 위한 매크로 지표와의 연계 조합의 예시는 다음과 같습니다.

처음용어
뽀개기

미드스트림이란?

석유화학 분야에서 원유나 가스 정제와 수송을 담당하는 업종을 말한다. 석유와 셰일, 가스 산업은 업스트림-미드스트림-다운스트림의 세 분야로 나뉘며 원유 개발·생산 부문은 업스트림, 공급·판매 단계는 다운스트림이다. 미드스트림은 생산과 판매의 중간 단계로, 정제하여 생산된 석유나 가스를 송유관, 철도, 바지선, 유조선 또는 트럭을 이용하여 운송하는 과정이다.

① 강관 섹터 개별 기업 지표와 WTI 연계

매크로 지표와 연계하여 의미 있게 판단 가능한 개별 종목의 재무적 지표
는 개인적으로 아래 두 가지를 제시합니다.

- 매출액 : 매출 증감과 WTI와 연계성(상관관계) 확인 필요
- 매출총이익률(GPM) : 유가와 연계되는 원재료는 매출원가에 포함되기에
  매출총이익률의 장기간 추세와 WTI의 상관관계 확인 필요

강관 섹터에 포함된 개별 종목들의 WTI와의 상관관계를 살펴보겠습니다.

[세아제강]

• 매출액 – WTI 상관관계 매우 높음

  국제유가 하락 시 매출액 감소 개연성 매우 높음

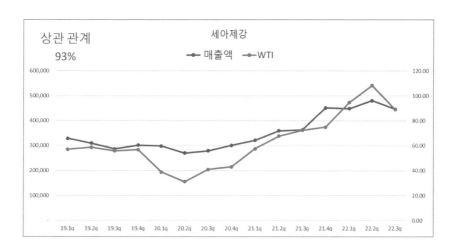

- GPM − WTI 상관관계 높음

  국제유가 하락 시 이익 감소 개연성이 높음

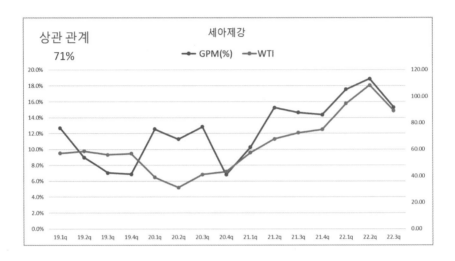

② 화학 섹터 개별 기업 지표와 WTI, OECD CLI 연계

매크로 지표와 연계하여 의미 있게 판단 가능한 개별 종목의 재무적 지표는 개인적으로 아래 두 가지를 제시합니다.

- 매출액 : 매출 증감과 WTI와 연계성(상관관계) 확인 필요
- 매출총이익 비율(GPM) : 유가와 연계되는 원재료는 매출원가에 포함되기에 매출총이익률의 장기간 추세와 WTI의 상관관계 확인 필요

[효성첨단소재]

- 매출액 – WTI 상관관계 매우 높음

  국제유가 하락 시 매출액 감소 개연성 매우 높음

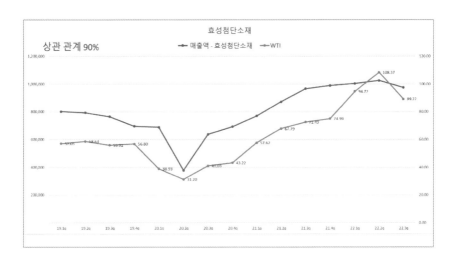

- GPM – WTI 상관관계 중립

  국제유가 하락 시 이익 감소 개연성은 중립

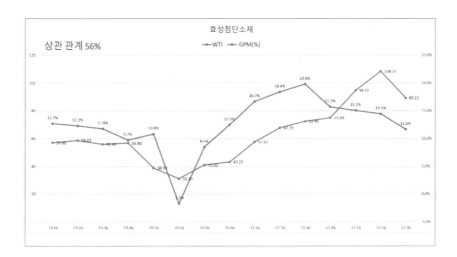

그렇다면 효성첨단소재의 GPM과 밀접하게 연동되는 다른 매크로 지표는 없을까요? '이 기업의 주요 제품은 산업 자재와 섬유이기에 세계 경기 추이와 연동될 것 같은데?' 이러한 의문점에서 출발하여 OECD 경기선행지수와 GPM을 연동시켜 보겠습니다.

- GPM – OECD CLI(경기선행지수) 상관관계 매우 높음
  세계 경기 침체 시 이익 감소 개연성이 매우 높음

이런 식으로 업황을 분석할 때 해당 종목의 분석을 기본 전제로 하되, 동일 업종의 경쟁사, 고객사는 물론 매크로 지표와의 연계 등 최대한 많은 객관적 근거 자료들을 확인함으로써 자칫 오류에 빠질 수 있는 정성적 분석의 신뢰도를 높일 수 있습니다.

③ 리스크 헤지

지금까지 '주가 상승 촉매'를 간파하기 위한 4개 과정에 대해 설명했습니다. 이제는 정량적 분석 기본 흐름을 통해 추구하는 목적 중 남은 하나인 '리스크 헤지'와 관련한 설명을 하겠습니다. 리스크 헤지의 첫 단계인 '장기간 유지 중인 우수한 현금흐름'을 먼저 분석해보겠습니다.

현금흐름 분석을 통해 해당 종목의 투자 적정성을 파악했다면 다음 단계인 '매출채권 및 재고자산 분석'으로 넘어가도 됩니다.

필자는 현금흐름이 해당 종목의 투자 시 리스크 검증에서 가장 중요한 지표라고 이미 여러 번 강조했습니다. 우수한 현금흐름을 장기간 보유한 기업은 낮은 부채비율, 높은 ROE, 높은 이익률을 유지하는 우수한 기업일 가능성이 크기에 투자 관점에서 가장 유의미한 지표로 여겨야 합니다.

하지만 이렇게 중요한 지표인 현금흐름 또한 실전 투자 전 반드시 매출채권 및 재고자산 관련 지표들과 조합한 검토가 필요합니다.

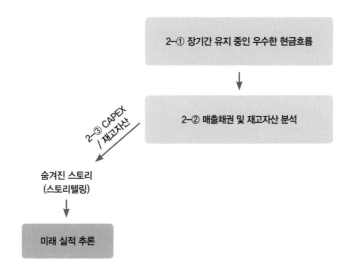

(1) 장기간 유지 중인 우수한 현금흐름

1) 현금흐름표란?

이제부터 현금흐름표에 대해서 알아보겠습니다.

일반적으로 손익계산서의 매출액과 이익은 손쉽게 화장 기법을 통하여 부풀릴 수 있습니다. 그러나 현금흐름은 조작이 매우 어려워서 사실상 거의 불가능합니다. 따라서 회계 위반 이슈 등의 사유로 인한 거래 정지 또는 최악의 상황인 상장 폐지를 피하기 위해서는 투자 결정 전에 현금흐름표를 철저히 검토해야 합니다.

현금흐름표는 3개의 항목으로 구성되어 있습니다.
① 영업활동 현금흐름
② 투자활동 현금흐름
③ 재무활동 현금흐름

현금흐름표의 이상적인 여건은 아래와 같습니다.
ⓐ 정(플러스) 영업활동 현금흐름(OCF : Operating Activity Cash Flow)
ⓑ 부(마이너스) 투자활동 현금흐름(ICF : Investment Activity Cash Flow)
ⓒ 부(마이너스) 재무활동 현금흐름(FACF : Finance Activity Cash Flow)
ⓓ 정(플러스)의 잉여현금흐름(FCF : Free Cash Flow)

영업활동 현금흐름에서 가장 중요한 포인트는 정(+)의 현금흐름을 보여야만 투자하기에 적정한 기업이라는 점입니다. 말 그대로 해당 기업의 영업활동을 통해서 현금이 유입되어야만 해당 기업은 존재하는 의미가 있는 거죠.

매출을 발생시켰는데 현금을 유입시키지 못하는 기업은 기업 자체로는 물론 해당 기업의 주주들에게도 적정하지 않은 기업 활동을 하고 있는 것입니다.

이제부터 현금흐름의 조건을 좀 더 세분화하여 실제 투자와 연계하는 방법을 알아보겠습니다.

영업활동 현금흐름은 정의 현금흐름이 가장 이상적이며, 간혹 매출액 증가와 동시에 발생하는 재고자산 증가로 인한 일시적 부(-)의 영업활동 현금흐름은 좋을 수도 있습니다.

가장 이상적인 현금흐름 조건을 포함한 몇 가지 조건들을 제시해보겠습니다.

▶ 이상적인 현금흐름 조건

정(+) 영업활동 현금흐름 : 기업은 영업활동을 통해서 현금을 유입시켜야 한다.

- 당기순이익 흑자
- 감가상각비는 가급적 낮게 발생(감가상각이 장기간 높게 발생한다는 의미는 매해 대규모 설비투자가 지속 필요한 기업을 의미)
- 매출채권의 감소(매출채권회전율의 병행 체크 필요)
- 재고자산의 감소(재고자산회전율의 병행 체크 필요)
- 매입채무의 증가(재무상태표에서 별도 설명. 필수적이지는 않음)

부(−) 투자활동 현금흐름 : 기업의 성장을 위해서는 지속적으로 적정한 범위의 설비투자 등을 시행해야 한다.

- 유·무형자산의 취득(적정 수준의 자본적 지출 CAPEX, 즉 영업활동 현금흐름 범위 안에서 감수 가능한 수준의 지출이 적정)

- 금융상품의 증가(투자 활동이 아닌 금융상품의 증가로 인한 부의 현금흐름 발생

시 중립적 - 투자 활동으로 간주하기 어려움)

부(−) 재무활동 현금흐름 : 기업은 지속적으로 차입금의 상환 및 배당금 지급을 통하여 부채 축소 및 주주환원 정책을 시행하여야 한다.

- 차입금의 상환

- 배당금의 지급

정(+)의 잉여현금흐름

여기에서 중요한 한 가지를 더 추가한다면 바로 잉여현금흐름(FCF, Free Cash Flow)입니다. 잉여현금흐름을 간단히 설명하자면 투자 활동으로 유출되는 현금은 어느 정도가 적정할까 하는 의문에 대한 답을 보여주는 개념이라고 여기면 됩니다.

영업활동 현금흐름에서 100이라는 정(+)의 현금흐름이 발생했는데 해당 기업의 성장을 위해서 200이라는 CAPEX*(설비투자 또는 자본적 지출)를 집행했다면 유입된 현금 대비 과하게 투자를 집행했다고 할 수 있습니다.

기업의 적정한 투자 활동이란 매해 영업활동 현금흐름 범위 내에서 과하지 않게 CAPEX를 집행(지출)하며, 집행 후 남는 잉여현금흐름(FCF)이 정(+)인 활동이라고 정의할 수 있습니다. 이와 함께 매출액 및 이익의 증가까지 지속적으로 이어지는 기업이라면 매우 우수한 기

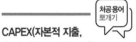

CAPEX(자본적 지출, Capital Expenditures)

자본적 지출이라고도 하며 미래의 이윤 창출, 가치의 취득을 위해 지출된 투자 과정에서의 비용을 말한다. CAPEX는 기업이 고정자산을 구매하거나, 유효수명이 당회계년도를 초과하는 기존의 고정자산 투자에 돈이 사용될 때 발생한다.

미래의 이윤을 창출하기 위해 지출한 비용을 말한다. 이는 기업이 비유동자산을 구매하거나, 유효수명이 당회계년도를 초과하는 기존의 비유동자산에 대한 투자에 돈을 사용할 때 발생한다. CAPEX는 회사가 장비, 토지, 건물 등의 물질자산을 획득하거나 이를 개량할 때 사용한다. 회계에서 Capex는 자산계정에 추가하므로 (자본화), 자산내용(세금부과에 적용되는 자산가치)의 증가를 가져온다. CAPEX는 일반적으로 현금흐름표에서 장비와 토지자산에 대한 투자 등에서 볼 수 있다.

업이라고 할 수 있습니다.

이렇게 기업 활동 후 남는 잉여현금흐름이 FCF이며 영업활동 현금흐름에서 CAPEX를 빼면 간단히 계산됩니다(FCF=영업활동 현금흐름-CAPEX).

만약 위의 예시처럼 100 - 200(CAPEX) = -100이 된다면 해당 기업은 잉여현금이 없기 때문에 재무활동 현금흐름에서 차입금을 늘려서라도 부족한 현금을 유입시켜야 합니다. 그에 따라 기업의 부채비율은 증가할 수밖에 없습니다. 기업의 여건에 따라 차입금을 증가시키는 상황은 불가피할 수도 있습니다. 다만 투자자는 수많은 조건 가운데 우수한 기업을 선별하여 적기의 타이밍에 투자해야 하므로 현금흐름표와 FCF, 매출·이익 추세, 부채비율 추세 등을 종합적으로 머릿속에 그리면서 기업 상황을 뚜렷하게 파악할 수 있어야 합니다.

영업활동 현금흐름이 간혹 마이너스가 나와도 나쁘지만은 않다고 설명했습니다. 이런 경우 전제 조건이 붙습니다. 바로 매출채권회전율 및 재고자산 회전율의 과거 추이 유지 및 매출액의 증가가 병행되어야 합니다. 이럴 경우 선제적으로 적절하게 비축한 재고자산을 통하여 다음 분기 또는 다음 몇 분기 내에 매출 증가가 이어질 것이라고 추측할 수 있으며, 이를 이익 증가와 연계할 수 있을 것입니다.

현금흐름이 이상적으로 지속되는 여건이라면 당연히 부채비율은 매해 계속 낮아질(재무활동 현금흐름 차입금 상환을 지속함) 것이며 잉여현금으로 인하여 자본은 증가하고, 여기에 더해 매출 및 이익까지 증가할 여건이라면 해당 기업은 투자 메리트가 있다고 판단할 수 있습니다.

이렇게 연도별 현금흐름 추이를 체크했다면 다음으로 분기별 현금흐름 추이를 체크할 필요가 있습니다.

① 좋아질 가능성이 매우 커 보이는 현금흐름 조건

부(-) 영업활동 현금흐름 : 기업은 영업활동을 통해서 현금을 유입시켜야만 한다.

- 당기순이익 흑자

- 재고자산의 증가

- 매출채권회전율 및 재고자산회전율 전년 동기 대비 유사하거나 상승

- 재고자산회전율 전년 동기 대비 유사하거나 하락

- 매출액의 증가

부(-) 투자 활동 현금흐름 : 기업의 성장을 위해서는 지속적으로 적정한 범위의 설비투자 등을 시행해야 한다.

부(-) 또는 정(+) 재무활동 현금흐름 : 기업은 지속적으로 차입금의 상환 및 배당금 지급을 통하여 부채 축소 및 주주환원 정책을 시행하여야 한다.

부(-)의 잉여현금흐름

이런 현금흐름의 조건은 주로 성장주에서 발견할 수 있습니다. 이러한 현금흐름의 조건은 반드시 Q의 확장을 통한 매출액의 지속적인 높은 성장이 발생하는 기업에만 적용이 가능합니다.

② 투자 이점이 낮은 현금흐름 조건

아래는 일반적으로 쉽게 볼 수 있는 현금흐름 조건이며, 특별한 사유가 없는 한 정량적 분석에 따르면 투자 메리트가 없다고 여겨집니다.

정(+) 영업활동 현금흐름 : 기업은 영업활동을 통해서 현금을 유입시켜야만 한다.

- 당기순이익 적자 또는 흑자

- 규모가 큰 감가상각비(매해 지속되는)

부(–) 투자활동 현금흐름 : 기업의 성장을 위해서는 지속적으로 적정한 범위의 설비투자 등을 시행해야 한다.

정(+) 재무활동 현금흐름 : 기업은 지속적으로 차입금의 상환 및 배당금 지급을 통하여 부채 축소 및 주주환원 정책을 시행하여야 한다.

- 차입금의 증가

–(부)의 잉여현금흐름

③ 매우 꺼려지는 현금흐름 조건

아래는 투자하기에 매우 꺼려지는 현금흐름 조건을 보여주는 예시입니다.

아래 같은 현금흐름 조건을 보이는 기업은 위험 경고를 울리고 있는 것과 같습니다. 따라서 매우 면밀히 투자 적정성을 검토할 필요가 있습니다.

부(–) 영업활동 현금흐름 : 기업은 영업활동을 통해서 현금을 유입시켜야만 한다.

- 당기순이익 적자

- 규모가 큰 감가상각비(매해 지속되는)

정(+) 투자 활동 현금흐름 : 기업의 성장을 위해서는 지속적으로 적정한 범위의 설비투자 등을 시행해야 한다.

- 유형자산 매각

정(+) 재무활동 현금흐름 : 기업은 지속적으로 차입금의 상환 및 배당금 지급을 통하여 부채 축소 및 주주환원 정책을 시행하여야 한다.

- 차입금의 증가

부(-)의 잉여현금흐름

이렇게 이상적인 현금흐름 조건부터 투자를 피해야 하는 현금흐름 조건까지 살펴보았습니다. 계속해서 강조하지만, 투자자는 재무제표 중 현금흐름표를 가장 중요하게 살펴보아야 합니다.

2) 현금흐름표를 통한 중요 체크 포인트

추가적으로 현금흐름표를 통해서 체크해야 할 중요한 포인트 몇 가지를 살펴보겠습니다.

▶ 영업활동 현금흐름의 감가상각비를 체크

가장 당연하고 중요하게 여겨야 할 부분은 손익계산서상 기업의 이익이 흑자여야 한다는 부분입니다. 간혹 영업이익이 마이너스를 지속함에도 불구하고 영업활동 현금흐름이 지속적으로 정(플러스)의 현금흐름을 보여주는 기업이 있습니다.

그런 기업은 유형자산에 대한 설비투자가 매년 꽤 크게 발생하는 섹터에 포함된 경우가 대부분입니다. 다시 말하자면 자본적 지출(CAPEX)을 꾸준히 높게 집행하여 해당 설비 혹은 건물에 대한 감가상각비가 높게 발생하는 기업일 수 있습니다.

감가상각비는 손익계산서상 매출원가와 판매 및 관리비에 포함되며, 각각 매출총이익 및 영업이익을 감소시키는 역할을 합니다. 하지만 감가상각비는 실질적인 현금 유출입에는 포함되지 않습니다. 즉, 이익에서는 감(-)의 역할을 하지만 현금흐름표상의 영업활동 현금흐름에서는 해당 금액은 정(+)의 내역으로 기재됩니다.

높은 감가상각비 때문에 영업이익이 적자가 발생했어도 반대로 영업활동 현금흐름에서는 정(+)으로 나타나기도 합니다.

따라서 현금흐름표의 영업활동 현금흐름을 파악할 때 높은 감가상각비로 인한 정의 경우 유의할 필요가 있습니다.

대규모 장치산업이 필요한 중후장대형* 섹터 내 기업들의 경우는 매년 높은 감가상각비가 발생할 수밖에 없습니다. 해당 유형과 유사한 섹터 내의 기업에게 가장 양호한 경우의 수는 매출액 및 이익이 지속 증가하면서 영업활동 현금흐름이 플러스인 경우입니다.

> **차공용어 뽀개기**
>
> **중후장대형 기업**
>
> 중후장대(重厚長大)는 '무겁고 두텁고 길고 큰 것'을 뜻하는 말로, 조선, 화학, 철강, 자동차 같은 규모가 크고 무거운 제조업 분야를 말한다. 이와 반대되는 분야는 '경박단소'라고 하는데, IT, 제약, 화장품같이 가볍고 작고 얇은 산업을 일컫는 말이며 반도체도 여기 포함된다.

(2) 매출채권 및 재고자산 분석

1) 영업활동 현금흐름의 매출채권 및 재고자산 체크

다음으로 중요하게 봐야 할 부분은 매출채권과 재고자산 항목입니다. 매출채권을 간단히 정의하면 거래에서 판매한 제품에 대해 상대 거래처(기업)에게서 현금을 받을 수 있는 권리입니다.

매출채권이 중요한 이유는 해당 기업이 매입처로부터 원자재를 구매하여 제품을 생산하고, 판매처에 제품을 판매하여 현금을 받을 수 있는 권리이기 때문입니다. 만약 거래처로부터 현금을 조속히 거둬들이지 못한다면 해당 기업은 현금흐름에 문제가 발생할 가능성이 높습니다. 이럴 경우 기업은 부득이하게 부족한 현금을 신규 차입금을 통하여 영업활동에 필요한 현금으로 융통할 수밖에 없습니다. 이것이 지속되거나 부족한 금액이 크다면 심각한 경우 부도가 발생할 수도 있습니다.

혹자 부도가 발생한 기업에 대한 뉴스를 본 기억이 있을 것입니다. 손익계산서상 이익이 흑자였음에도 현금흐름상으로 매출채권회전기일이 매우 길어서 적기에 현금을 회수하지 못해 실질적으로는 현금이 유입되지 않았기에 차입금을 상환하지 못한 상황이 발생한 경우입니다.

이와 유사한 의미에서 재고자산의 흐름을 파악하는 것도 매우 중요합니다. 현금을 투입하여 원자재를 구매하고 생산 과정을 거쳐서 또는 원자재 상태로 막대한 재고자산을 비축해 놨는데 판매가 여의치 않다면 이 또한 현금 유입이 막혀 매우 좋지 않은 여건이 될 것입니다.

현금흐름표에서 매출채권 및 재고자산이 전년 동기 대비 증가할 경우, 부(마이너스) 현금흐름으로 표기됩니다. 해당 기업이 비록 순이익에서 흑자가 발생했더라도 영업활동 현금흐름이 부(-)라면, 대부분 매출채권 및 재고자산의 증가를 사유로 유추할 수 있습니다.

해당의 경우 (연결)재무제표의 주석에서 좀 더 자세히 파악이 가능하니 투자자는 우선적으로 재무제표 또는 연결재무제표 내 현금흐름표상의 영업활동 현금흐름 항목들을 체크하여야 합니다. 이상 여부를 감지했다면 주석을 통하여 좀 더 세부적으로 체크하기를 바랍니다.

투자자는 재무제표를 읽고 또 읽는 습관을 지녀야만 잃지 않는 투자를 할 수 있습니다. 특히 현금흐름표는 궁금증을 해결할 때까지 읽고 또 읽어야만 하는 매우 중요한 재무제표입니다.

어떻게 하면 매출채권과 재고자산에 대해서 더 적절히 파악할 수 있을까요? 아래에서 설명해보겠습니다.

2) 매출채권회전율 및 재고자산회전율 체크

현금흐름표상 영업활동 현금흐름에서 정(+), 부(-)의 현금흐름에 대해 파악했다면 다음으로 매출채권회전율 및 재고자산회전율을 파악하여 좀 더 세부적으로 해당 기업의 현금흐름을 알아야 합니다. 기업 여건에서 가장 중요한 정량적 부분은 현금 유입이 적정한지 여부입니다. 우수한 기업은 매해 매출을 통해서 현금을 일정하게, 또는 좀 더 빠르게 유입시킬 수 있는 여건을 가지고 있습니다. 빠른 현금 유입이 가능한 기업은 그만큼 많은 현금을 보유할 수 있으며 부채가 있더라도 적기에 차입금의 상환을 통하여 부채비율을 축소시키는 등 기업 활동에 유리한 여건을 만들 수 있습니다.

그렇다면 해당 기업의 현금 유입의 현황이 적정한지 어떻게 판단할 수 있을까요? 이는 매출채권회전율 및 재고자산회전율을 검토하면 해답을 찾을 수 있습니다.

▶ 매출채권회전율

매출채권회전율이란 매출액을 매출채권으로 나눈 회전수로서 기말의 매출채권 잔액이 1년간의 영업활동을 통하여 현금인 매출액으로 회전되는 속도를 나타냅니다.

간단히 말해, 전년 매출채권과 올해 매출채권을 더한 평균값으로 올해 매출액을 나누면 산출할 수 있습니다.

매출채권회전율이 높을수록 회전 속도가 높다는 의미이며 그만큼 현금 회수 기일이 빨라질 것입니다. 매년 매출채권회전율을 비교하여 몇 년간 회전율이 유사하거나 점진적으로 증가할 경우 해당 기업의 현금 유입은 양호하다 또는 매우 좋아지고 있다고 평가합니다. 반대로 회전율이 낮아질 경우, 해당 기업은 매출을 통한 현금 유입이 늦어지고 있기 때문에 리스크가 발생한다고 판단할 수 있습니다.

매출채권회전율을 산출했다면 매출채권회전기일도 쉽게 산출할 수 있습니다. 365일을 매출채권회전율로 나눠 나오는 일수가 바로 매출이 발생한 후 현금으로 유입되는 가능 일수로, 해당 회전기일이 짧을수록 우수한 기업으로 평가합니다.

이에 관해 재무상태표 및 예시를 통하여 좀 더 자세히 살펴보겠습니다.

매출채권 및 기타 채권 금액은 재무상태표에서 바로 확인할 수 있습니다. 단, 매출채권만을 별도로 파악하기 위해서는 재무제표의 주석 항목을 살펴야 합니다.

'8. 기타 재무에 관한 사항'에 들어가면 아래와 같이 매출채권 관련 내용이 별도로 기재되어 있습니다.

이 수치들을 분기별로 엑셀을 이용하여 도표로 만듭니다.

매출채권	17.1q	17.2q	17.3q	17.4q	18.1q	18.2q	18.3q	18.4q	19.1q	19.2q	19.3q	19.4q	20.1q	20.2q	20.3q	20.4q	21.1q	21.2q	21.3q	21.4q	22.1q	22.2q	22.3q
채권 총액	63,385	51,534	58,734	55,405	61,445	60,822	37,225	35,199	36,301	44,795	42,123	44,814	48,403	44,931	48,694	50,585	59,490	65,393	60,053	60,390	65,553	74,394	69,051
대손 충당금	556	490	507	470	537	528	351	335	348	431	385	431	470	493	452	474	562	573	619	562	626	716	670
대손 충당금 설정률(%)	0.9%	0.9%	0.9%	0.8%	0.9%	0.9%	0.9%	1.0%	1.0%	1.0%	0.9%	1.0%	1.0%	1.0%	0.9%	0.9%	0.9%	0.9%	0.9%	0.9%	1.0%	1.0%	1.0%
매출채권	62,829	51,074	58,227	54,935	60,908	60,294	36,874	34,864	35,983	44,364	41,728	44,383	47,933	44,518	48,232	50,061	58,928	59,820	65,034	59,828	64,927	73,678	68,681
매출채권 회전율		1.33	1.53	1.07	1.54	1.56	1.79	1.62	1.52	1.57	1.46	1.51	1.59	1.59	1.59	1.53	1.50	1.47	1.53	1.65	1.69	1.59	

엑셀 도표로 만든 뒤 다시 아래와 같이 차트로 변환시킵니다.

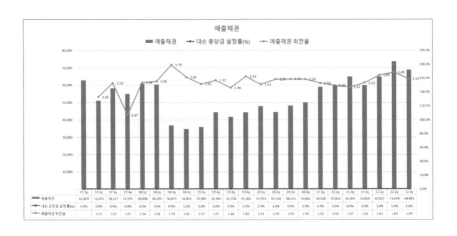

앞서 설명했듯이 매출채권회전율을 직접 계산하려면 **매출액 ÷ (기초 매출채권 + 기말 매출채권) ÷ 2**로 하면 됩니다.

위 차트에서 예시 기업의 매출채권회전율은 매 분기 일정한 회전율을 장기간 유지하고 있음을 파악할 수 있습니다. 이는 해당 기업의 여건에 맞게 현금유입이 적정히 이루어지고 있다는 의미로 해석이 가능합니다.

매출채권회전율(재고자산회전율 또한 마찬가지)에서 리스크의 발생이란, 해당 기업이 과거 장기간 유지해 온 일정한 범위(박스권)의 하단 범위를 이탈하여 회전율이 급감하는 모습을 보일 경우를 의미합니다. 따라서 투자자는 해당 기업의 분기별 매출채권회전율을 매 분기 보고서가 공시될 때마다 지속적으로 업데이트하여 추이를 체크해야 합니다.

또한 매출채권 관련 리스크 체크 항목으로 과거 장기간의 대손충당금 설정률을 각 분기별로 발췌하여 차트에 표기했듯이(차트의 파란색 선) 장기간 일정 범위 내에 유지되는지 여부 또한 모니터링이 필요합니다. 설정률이 급격하게 높아질 경우 리스크가 발생할 수 있기 때문입니다.

매출채권 관련 리스크 체크와 관련해서 마지막으로 '매출채권 잔액현황' 파악이 필요합니다. 아래의 예시처럼 잔액 연령 비율이 대부분 6개월 이내에 있다면 그만큼 우수한 고객사를 통해 매출액이 발생한다는 의미입니다. 만약 잔액 연령이 1년 이상인 비율이 높다면 그만큼 현금으로 회수하지 못할 가능성이 높습니다. 이는 부실한 고객사를 통한 매출액이 발생하고 있다는 의미로 해석할 수 있기 때문입니다.

따라서 투자자는 해당 기업의 장기간에 걸친 매출채권 잔액 연령의 분포도를 모니터링하여 과거 대비 최근 잔액 연령이 길어지고 있는지 여부를 확인하여 매 분기 리스크 여부를 확인하여야 합니다.

(4) 경과기간별 매출채권잔액 현황 (매출채권 및 기타채권)

[2021.12.31 현재]					(단위 : 천원)
구 분	1개월 이내	1개월 ~ 2개월	2개월 ~ 3개월	3개월 이상	계
금액	50,049,690	9,617,292	1,804,732	6,680,937	68,152,651
구성비율(%)	73.44%	14.11%	2.65%	9.80%	100.00%

▶ 재고자산회전율

매출채권회전율에 대해 충분히 이해했다면 재고자산회전율도 같은 방법으로 쉽게 산출이 가능합니다. 당연히 재고자산회전율도 높을수록 현금이 빨리 회수된다는 의미이며 해당 기업의 여건이 양호하다고 판단 가능합니다. 왜 회전율이 높아야 양호한 여건인지 아직까지 이해가 안 되는 독자를 위해 비유를 들어 보겠습니다.

분식점을 운영한다고 가정하겠습니다. 감사하게도 매일 손님으로 만석을 이룹니다. 그런데 문제는 대부분의 손님이 한 번 방문하면 반나절 이상 분식점에 머무르며 대화를 나눈다는 겁니다. 여러분이 사장이라면 테이블의 회전율을 높여서 현금을 더 빨리 유입시키고 싶지 않을까요? 이렇듯 높은 회전율은 현금 유입 속도를 높여줍니다.

다시 재고자산으로 넘어가죠. 재고자산의 정확한 파악을 위해서는 매출채권과 마찬가지로 재무제표 주석의 재고자산 중 당기말 및 전기말(또는 당분기말 및 직전 분기말) 재고자산 장부금액을 뽑아낸 후 평균값을 당기말(또는 당분기말) 매출원가로 나눠주면 산출됩니다.

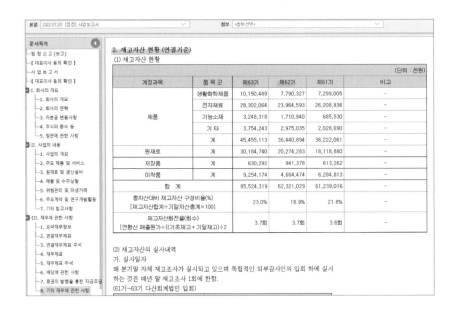

사업보고서의 '8. 기타 재무에 관한 사항'에 들어가면 재고자산 관련 내용이 기재되어 있습니다.

이 수치들을 분기별로 엑셀을 이용하여 도표로 작성합니다.

재고자산	17.1q	17.2q	17.3q	17.4q	18.1q	18.2q	18.3q	18.4q	19.1q	19.2q	19.3q	19.4q	20.1q	20.2q	20.3q	20.4q	21.1q	21.2q	21.3q	21.4q	22.1q	22.2q	22.3q
생활화학 제품(재고자산)	11,415	11,140	9,363	10,438	9,336	10,506	4,549	6,597	5,442	6,244	5,442	7,259	5,595	6,958	6,860	7,790	6,374	7,512	7,465	10,150	10,394	10,532	12,194
전자재료 제품(재고자산)	13,576	13,757	14,066	15,920	19,601	16,945	17,761	19,350	23,442	22,592	26,263	26,209	23,574	22,389	23,784	23,964	24,552	25,392	24,774	26,902	30,525	34,559	40,205
기능소재 제품(재고자산)	8,389									685	748	765	1,871	1,710	1,810	2,193	2,230	3,346	3,804	3,420	4,281	
기타 제품(재고자산)	360	547	667	1,299	1,017	1,335	1,386	1,662	1,743	1,696	1,975	2,028	1,729	3,119	2,785	2,675	3,460	4,070	3,057	3,754	3,140	2,953	2,704
제품(재고자산) 계	33,460	25,484	24,116	27,651	25,884	28,785	23,719	27,819	30,627	30,772	33,080	38,220	31,946	33,161	35,300	36,439	39,167	37,556	47,825	51,471	59,539	30,231	
원재료(재고자산)	16,727	12,373	13,762	14,775	14,484	16,156	14,081	14,085	15,592	14,509	18,196	16,118	17,184	20,961	19,272	20,274	22,349	22,793	24,407	30,184	33,628	39,339	30,231
저장품(재고자산)	545	491	525	550	574	601	545	483	310	549	574	613	608	714	836	941	1,017	628	635	650	652	775	879
미착품(재고자산)	3,911	6,311	4,946	7,150	6,905	7,497	5,050	4,652	4,308	7,954	6,829	6,264	7,563	5,628	3,347	4,804	7,575	6,750	6,739	9,254	14,262	10,438	8,058
재고자산 총액	56,643	44,659	43,349	50,078	48,967	53,039	43,405	47,319	51,037	53,781	59,385	61,226	57,291	60,464	60,757	62,518	66,897	69,338	72,524	86,522	96,967	98,023	98,581
재고자산 회전율(매출원가 기준)		1.34	1.63	1.13	1.55	1.54	1.51	1.05	0.91	0.90	0.86	1.00	0.94	0.93	0.91	1.00	0.94	0.96	0.97	0.88	0.91	0.83	

엑셀 도표로 만든 뒤 다시 아래와 같이 차트로 변환시킵니다.

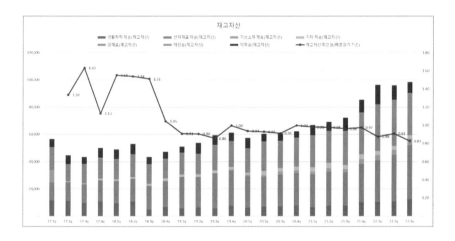

위 차트에서 예시 기업의 재고자산회전율은 매 분기 일정한 회전율을 유지하다가 22년 3분기에 장기간 유지해 온 일정한 범위(박스권)의 하단 범위를 이탈하여 회전율이 하단선 이하로 낮아진 모습을 보였습니다. 리스크 측면에서 분기별 실적이 발표될 때마다 자료를 업데이트하고 분석해야 하는 이

유입니다. 분기가 거듭될수록 회전율이 지속적으로 하락하는 현상은 경고음이 계속 울리는 것과 같습니다. 반드시 리스크의 경중 유무를 여러 각도로 확인해야만 합니다.

재고자산회전율 하락이 급격히 발생할 경우 해당 분기의 매출액과 이익률, 특히 매출총이익률에서 아래와 같은 특징이 발생했는지 여부를 반드시 확인합니다.

- 최근 분기 대비 매출액의 급격한 감소 및 영업이익의 급증(특히 매출총이익률의 최근 분기 대비 급등)
- 현금흐름 중 영업활동 현금흐름의 부(-) 지속

위와 같은 상황이 발생했다면 손익계산서만 보면 최근 분기 대비 이익과 이익률의 급증이라는 자칫 긍정적 모습으로 보일 수 있으나 사실은 꽤나 리스크가 높은 여건으로 해석할 수 있습니다.

'매출원가 = 기초재고자산 + 당기매입액 - 기말재고자산'입니다. 기초재고자산 중 팔려서 매출을 발생시킨 부분은 비용으로 매출원가가 되며 팔리지 못하고 남은 재고는 자산 항목으로 기말재고자산으로 잡힙니다. 다시 정리하자면, 재고자산은 매출원가로 비용 처리되거나 기말재고로 유형자산 처리가 되는 것이겠죠.

어느 분기에 기초재고보다 기말재고가 감소했다면 이는 매출원가의 증가를 의미하고 매출총이익의 감소를 발생시킵니다. 반대로 기초재고보다 기말재고가 증가했다면 이는 매출원가의 감소를 의미하고 매출총이익의 증가를 발생시킵니다.

여기에서 팔리지 못하고 남은 재고가 급증할 경우를 가정해보겠습니다.

이 경우 재고자산회전율은 급격히 하락하며 제품을 팔지 못했으니 매출액도 급감하게 됩니다. 반면 매출원가는 급격히 낮아지게 되어 매출총이익은 급증하는 왜곡 현상이 발생하게 됩니다.

실제 사례를 보여드리겠습니다. 예로 든 기업은 하절기가 최성수기인 계절적 성격이 높은 스포츠 의류 기업이며 20년 1분기 코로나로 인하여 20년 2분기 매출액의 급감과 재고자산 급증, 재고자산회전율의 급락, 영업활동 현금흐름의 부(-) 확대가 동시에 발생했습니다. 그러나 각종 지표들의 악화에도 불구하고 GPM(%, 매출총이익률)은 19년 4분기 대비 높은 57.9%를 기록합니다.

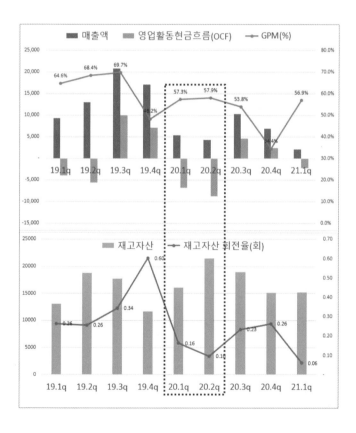

이렇게 재고자산이 높을 경우 해당 기업의 여건을 반영한 다양한 지표와의 조합을 통하여, 일견 긍정적으로 오인될 수 있는 실적 이면의 상황을 간파해야 합니다.

(3) CAPEX/재고자산

이제 리스크 헤지와 관련해 파생될 수 있는 'CAPEX/재고자산'으로 넘어가 보겠습니다.

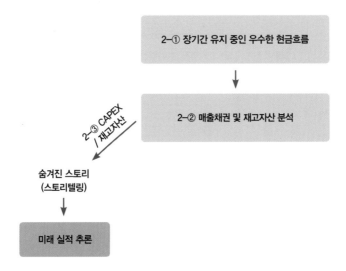

위와 같이 현금흐름표에서 산출 가능한 CAPEX(유·무형 설비투자)와 재고자산 현황을 파악하여 해당 기업의 스토리텔링과 연계시키고 실적을 추론하는 과정입니다.

1) CAPEX의 정의 및 산출 방법

CAPEX는 현금흐름표 중 투자활동 현금흐름에서 산출할 수 있다고 설명한 바 있습니다. 종목 분석과 관련하여 가장 많이 받는 질문 중의 하나가 "CAPEX를 어떻게 구하나요?"라는 질문입니다. 실전 투자에 적용 가능한 CAPEX를 어떻게 산출해야 하는가를 알아보기에 앞서 CAPEX의 정의를 알아보겠습니다.

CAPEX는 Capital Expenditure의 약어로서 자본적 지출이라고 하며, 일반적으로 설비투자 또는 유형자산투자를 말합니다. 네이버에서 검색하면 아래 그림과 같은 결과가 나오며, 주요 내용은 모두 고정자산(유형자산) 투자를 위해 집행된(지출된) 돈(비용)이라는 설명입니다.

N **CAPEX**

지식백과

CAPEX
CAPEX (Capital expenditures)는 미래의 이윤을 창출하기 위해 지출한 비용을 말한다. 이는 기업이 고정자산을 구매하거나, 유효수명이 당회계년도를 초과하는 기존의 고정자산에 대한 투자에 돈을 사용할 때 발생한다. **CAP EX**는 회사가 장비, 토지, 건물 등의 물질자산을 획득하거나 이를 개량할 때 사용한다. 회계에서 **Capex** 는 자...
위키백과

CAPEX Capital Expenditures
자본적 지출이라고도 하며 미래의 이윤 창출, 가치의 취득을 위해 지출된 투자 과정에서의 비용을 말한다. 자본적 지출이라고도 하며 미래의 이윤 창출, 가치의 취득을 위해 지출된 투자 과정에서의 비용을 말한다. **CAPEX**는 기업이 고정자산을 구매하거나, 유효수명이 당회계년도를 초과하는 기존의 고정자산 투자에 돈이 사용될 때 ...
시사경제용어사전

Capital expenditure **CAPEX**
Capital expenditure or capital expense (**capex** or **CAPEX**) is the money an organization or corporate entity spends to buy, maintain, or improve its fixed assets, such as buildings, vehicles, equipment, or land. It is considered a capital expenditure when the asset is newly purchased or when money is used towards extending th...
위키백과

지식백과 더보기 →

아래는 인베스토피디아(Investopedia)에서 검색하면 나오는 CAPEX에 대한 정의입니다. 여기에서 CAPEX는 PP&E(Plant, Property, Equipment)로 정의하고 있으며 모두 유형(형태가 있는)의 자산입니다.

그렇다면 CAPEX에는 무형자산의 취득은 포함되지 않는 걸까요?

구글에서 검색해보았습니다. 무형자산은 Intangible assets라고 표현하네요.

검색 결과, 'CAPEX에는 패턴이나 라이선스 같은 무형자산 또한 포함된다'라고 정의하고 있습니다.

그렇다면 CAPEX를 산출할 때 무형자산의 증가를 굳이 따져봐야 할까요? 개인적으로는 필요하다고 생각합니다.

왜 그런지 알아볼까요? 먼저 각 분기별 유·무형 자산의 취득과 처분에 대한 내역을 발췌하여 아래와 같이 도표로 만듭니다.

구분	16.1q	16.2q	16.3q	16.4q	17.1q	17.2q	17.3q	17.4q	18.1q	18.2q	18.3q	18.4q	19.1q	19.2q	19.3q	19.4q	20.1q	20.2q	20.3q
현금흐름표																			
OCF(영업활동현금흐름)																			9,052,744
CAPEX(투자활동현금흐름)																			
유형자산의 처분																			38,166
유형자산의 취득																			-7,539,113
무형자산의 처분																			445
무형자산의 취득																			630,128

데이터를 완성한 후 OCF/CAPEX/FCF 조합 차트를 완성시켜서 장기간의 현금흐름을 체크합니다. 차트에 표기된 CAPEX에는 당연히 무형자산의 증가액도 포함되어 있습니다.

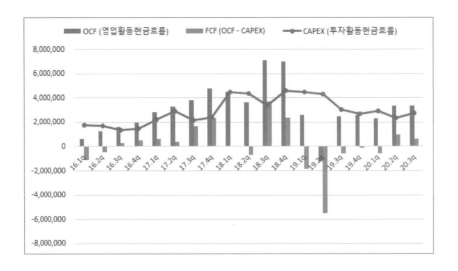

이쯤에서 궁금할 겁니다. 왜 굳이 무형자산을 검토하는 걸까요?

다음 페이지에 유형 및 무형자산 상각비와 CAPEX 조합 차트가 있습니다. 투자 관점에서 어느 기업의 영업 레버리지 발현 가능성 간파는 매우 중요한 포인트가 될 수 있습니다. 영업 레버리지를 제대로 파악하기 위해서는 매출 원가와 판관비에 포함되는 비용, 그중 높은 비중을 차지하고 있는 감가상각비에 대한 명확한 장기적 추세의 파악이 중요합니다.

따라서 해당 여건의 파악을 위해서는 다음과 같이 유형자산뿐만 아니라 무형자산에 대한 감가상각비 추세와 이와 연계된 유·무형 자산 CAPEX를 같이 체크해야만 합니다.

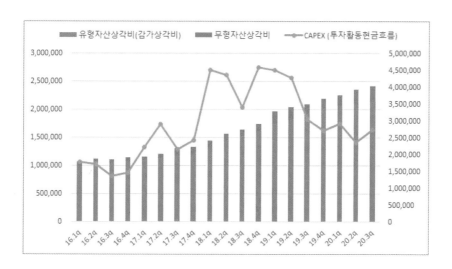

CAPEX 등 재무제표 분석법을 제대로 익히기 위해서는 이렇게 예로 든 것처럼 많은 기업들의 분기보고서들을 꾸준히 읽고 수기로 도표화 및 차트화 해보는 방법이 최선이라고 생각합니다.

이제 CAPEX 산출 방법과 내용에 대해서 숙지가 되었나요?

CAPEX와 재고자산을 어떻게 스토리텔링으로 연계시키는지에 대해서는 5장에서 자세히 다루겠습니다.

여기까지 읽고 이해했다면 여러분은 정량적 실전 분석에 대한 기틀이 어느 정도 잡힌 것입니다. 이제 본격적으로 기업의 전자공시 내 사업보고서 내용과 엑셀을 이용하여 어떻게 정량적 분석을 하는지에 대해 설명하겠습니다.

4 기업분석에 전자공시 활용하기

COMPANY ANALYSIS

① 전자공시에서 어떤 부분을 봐야 할까?

최근 주린이라고 칭하는 분들이 많이 하는 질문이나 궁금증을 정리해보았더니 기업분석의 기본이라 할 수 있는 재무제표를 읽고 해석하고 분석하는 방법을 매우 어렵게 느끼는 분들이 많았습니다. 그리고 어떻게 전자공시에 접속하고 어떤 항목을 중점적으로 봐야 하는지 모르는 분도 많았습니다.

개인적으로, 주식 투자의 첫걸음은 바로 투자하고자 하는 기업 또는 투자 중인 기업의 사업보고서와 친해지는 것이라고 생각합니다. 자신이 투자한 기업의 사업 내용과 재무제표를 잘 알고 이해할 수 있다면 요동치는 증시에서도 믿음을 가지고 흔들리지 않을 수 있습니다. 이러한 심리적 안정은 투자자에게 꼭 필요한 매우 중요한 덕목입니다.

타인이 작성한 기업분석은 백날 읽고 공부하여도 타인의 것일 뿐입니다.

스스로 사업보고서를 읽고 익숙해지는 습관이야말로 주식시장에서 장기간 살아남을 수 있는 비법이자 필수 요소라는 점을 다시 한 번 강조하겠습니다.

(1) 전자공시의 개념과 요소 이해하기

그럼 본론으로 들어가서 어떻게 전자공시에 접속하고 보고서를 읽을 수 있는지 하나씩 알아보겠습니다.

전자공시는 포털사이트에서 '전자공시' 혹은 'Dart'로 검색하면 '금융감독원 전자공시시스템'에 접속할 수 있습니다. 전자공시시스템은 영어로는 Data Analysis, Retrieval and Transfer System이며 이를 줄여 흔히 'Dart'로 사용합니다.

〈출처 : 네이버〉

Dart에 접속한 뒤 다음 순서와 같이 입력 및 클릭을 합니다.

우선 Dart를 통해 보고서 읽는 법에 익숙해져야 하므로 보고서부터 찾아보겠습니다. 특정 기업명을 검색한 뒤 사업보고서 → 반기보고서 → 분기보고서를 검색하여 나열하면 됩니다.

① Dart에 접속 → 회사명 또는 종목코드 입력

〈출처 : DART – 공시통합검색〉

② '삼성전자'(예시 기업) 입력 후 검색

〈출처 : DART – 공시통합검색〉

③ '정기공시' 체크 → '사업보고서, 반기보고서, 분기보고서 각각 체크' →
'5년' 체크 → 검색 클릭

〈출처 : DART – 공시통합검색〉

최종적으로 5년분 20개 분기/반기/사업보고서 리스트가 나옵니다. 필자는 특정 기업의 정량적 분석을 위하여 최소 5년 20개 분기의 재무제표를 살펴보고 도표화하기를 권합니다.

위와 같이 나온 분기별 보고서들을 각각 클릭하여 재무제표 내 손익계산서, 현금흐름표 등의 내용에서 정량적 분석에 필요한 수치들을 직접 발췌해야 합니다. 우선 보고서에서 어떤 내용을 중점적으로 읽고 파악해야 하는지를 설명하겠습니다.

사업보고서의 문서 목차 및 내용에는 다양한 사항이 포함되어 있습니다. 특히 최근 분기 보고서의 내용은 전체를 정독하는 것이 좋은데, 그렇다고 20개 분기보고서 내의 모든 내용을 읽을 필요까지는 없습니다. 실제 기업분

조회건수	30 ∨			접수일자 ▼	회사명 ▼	보고서명 ▼
번호	공시대상회사	보고서명	제출인	접수일자	비고	
1	유 삼성전자	분기보고서 (2022.09)	삼성전자	2022.11.14		
2	유 삼성전자	반기보고서 (2022.06)	삼성전자	2022.08.16		
3	유 삼성전자	분기보고서 (2022.03)	삼성전자	2022.05.16		
4	유 삼성전자	사업보고서 (2021.12)	삼성전자	2022.03.08	연	
5	유 삼성전자	분기보고서 (2021.09)	삼성전자	2021.11.15		
6	유 삼성전자	반기보고서 (2021.06)	삼성전자	2021.08.17		
7	유 삼성전자	분기보고서 (2021.03)	삼성전자	2021.05.17		
8	유 삼성전자	사업보고서 (2020.12)	삼성전자	2021.03.09	연	
9	유 삼성전자	분기보고서 (2020.09)	삼성전자	2020.11.16		
10	유 삼성전자	반기보고서 (2020.06)	삼성전자	2020.08.14		
11	유 삼성전자	분기보고서 (2020.03)	삼성전자	2020.05.15		
12	유 삼성전자	사업보고서 (2019.12)	삼성전자	2020.03.30	연	
13	유 삼성전자	분기보고서 (2019.09)	삼성전자	2019.11.14		
14	유 삼성전자	반기보고서 (2019.06)	삼성전자	2019.08.14		
15	유 삼성전자	분기보고서 (2019.03)	삼성전자	2019.05.15		
16	유 삼성전자	사업보고서 (2018.12)	삼성전자	2019.04.01	연	
17	유 삼성전자	분기보고서 (2018.09)	삼성전자	2018.11.14		
18	유 삼성전자	반기보고서 (2018.06)	삼성전자	2018.08.14		
19	유 삼성전자	분기보고서 (2018.03)	삼성전자	2018.05.15		
20	유 삼성전자	사업보고서 (2017.12)	삼성전자	2018.04.02	연	

〈출처 : DART – 공시통합검색〉

석을 위해 숙독이 필요한 목차와 내용은 아래와 같습니다.

Ⅰ. 회사의 개요

  3. 자본금 변동사항

  4. 주식의 총수 등

Ⅱ. 사업의 내용

  1. 사업의 개요

이 중에서 Ⅰ. 회사의 개요, Ⅶ. 주주에 관한 사항. Ⅷ. 임원 및 직원 등에 관한 사항은 최근 분기보고서 내용만 읽으면 됩니다.

앞으로 진행할 기업분석과 관련한 기본 자료들은 사업보고서 내의 내용을 기반으로 하기에 사업보고서 내용 숙지는 기업분석의 필수 과정입니다. 이제부터 위에 나열한 목차 및 내용에서 정확히 무엇을 읽고 파악해야 하는지 설명하겠습니다.

Ⅰ. 회사의 개요 > 3. 자본금 변동사항

2장의 두 번째 꼭지인 '② 투자하기 좋은 기업 목록화하기'에서 다룬 바 있습니다.

과거 5년간 유상증자 또는 CB(전환사채), BW(신주인수권부사채) 발행 이력이 없는 기업을 투자 선호 대상으로 간주

사업보고서의 I. 회사의 개요 중 3번 항목인 '자본금 변동사항'을 클릭하면 가장 먼저 '가. 자본금 변동추이'가 나오는데, 이 부분에서 2020년 이후 '발행주식총수'와 '자본금'의 변동 여부를 확인할 수 있습니다. 예시로 든 기업의 경우, 2020년 이후 현재(21년 8월 기준)까지 유상증자와 CB, BW 등의 메자닌 발행 이력이 없었다는 것을 확인할 수 있습니다.

따라서 해당 기업에 대해 다음의 두 가지를 간접적으로 파악할 수 있습니다.

첫 번째, 좋은 경영진(대주주)일 수 있으며, 두 번째, 장기간 유상증자 등의 이력이 없으므로 기업의 영업활동을 통한 현금흐름 유입이 원활했으리라는 간접적 판단이 가능합니다.

| 본문 | 2021.08.13 반기보고서 | ∨ | 첨부 | •첨부선택• | | ∨ |

가. 자본금 변동추이

(단위 : 원, 주)

종류	구분	당기말	22기 (2021년 반기)	21기 (2020년말)
보통주	발행주식총수	6,856,330	6,856,330	6,856,330
	액면금액	500	500	500
	자본금	3,428,165,000	3,428,165,000	3,428,165,000
우선주	발행주식총수	-	-	-
	액면금액	-	-	-
	자본금	-	-	-
기타	발행주식총수			
	액면금액			
	자본금			
합계	자본금	3,428,165,000	3,428,165,000	3,428,165,000

〈출처 : 예시 기업 DART - I. 회사의 개요 〉 3. 자본금 변동사항〉

지금부터 살펴볼 기업은 앞의 예시 기업과는 반대 상황입니다. 발행 주식 총수는 22기(19년 말) 기준으로 당기말(21년 8월)에 증가한 모습이 확인되며 자본금 또한 증가했습니다. 2021년에 유상증자 시행 또는 CB, BW의 전환권 행사를 통한 주식 수 증가가 발생했음을 유추할 수 있습니다.

따라서 해당 기업에 대해 다음의 두 가지를 파악할 수 있습니다.

첫 번째, 좋은 경영진(대주주)이 아닐 수 있으며, 두 번째, 해당 기업은 영업활동을 통한 현금흐름 유입이 원활하지 않을 수도 있었겠다는 간접적 판단이 가능합니다.

⟨출처 : 예시 기업 DART – Ⅰ. 회사의 개요 ⟩ 3. 자본금 변동사항⟩

'자본금 변동사항' 내용에서는 최근 2~3년 내의 상황만을 파악할 수 있으므로 좀 더 시계열을 넓혀 최소 5년 이내의 과거 이력을 살펴볼 필요가 있습니다. 5년간의 이력을 자세히 체크하기 위해서는 최근년도 분기보고서 내 'Ⅲ. 재무에 관한 사항 〉 7. 증권의 발행을 통한 자금 조달에 관한 사항'에서 자세히 확인 가능하며 이 부분은 다음 장에서 자세히 다루도록 하겠습니다.

아래 예시의 기업은 '해당사항 없음'이므로 주주 입장에서 장기간 EPS의 희석이라는 리스크가 발생하지 않았음이 확인 가능합니다.

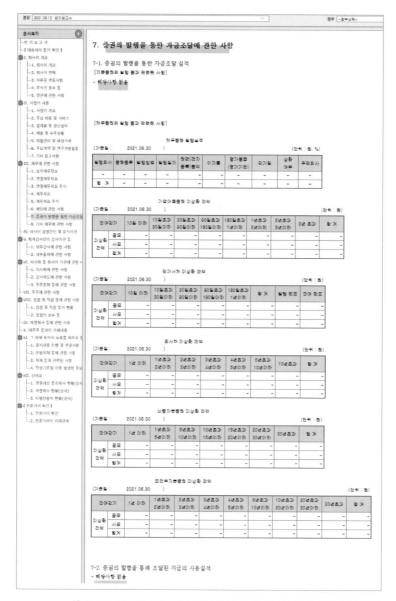

〈출처 : 예시 기업 DART 〉 III. 재무에 관한 사항 〉 7. 증권의 발행을 통한 자금 조달에 관한 사항〉

아래는 피해야 할 기업의 예시이며 '재무에 관한 사항 > 증권의 발행을 통한 자금 조달에 관한 사항'에서 과거 장기간에 걸친 유상증자 및 CB, BW 발행 이력이 다수 확인됩니다.

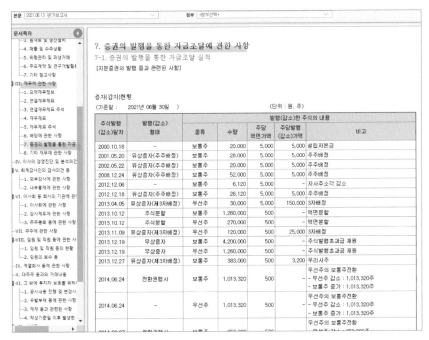

〈출처 : 예시 기업 DART – III. 재무에 관한 사항 – 증권의 발행을 통한 자금 조달에 관한 사항〉

앞으로 주식으로 전환되어 유통될 수 있는 주식인 미상환 CB, BW 주식 수 또한 확인 가능합니다.

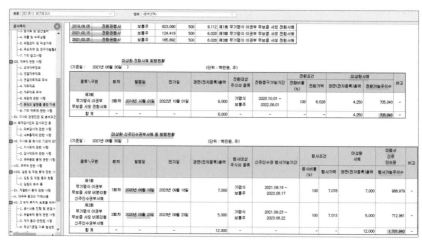

Ⅰ. 회사의 개요 > 4. 주식의 총수 등

이것 역시 2장의 두 번째 꼭지인 '② 투자하기 좋은 기업 목록화하기'에서 다룬 바 있으며, 그중 6번 항목의 내용을 파악할 수 있습니다.

자사주 매입을 적극 시행하는 기업은 최선호 투자 기업이다.

다음 예시 기업에서 '4. 주식의 총수 등' 항목을 보면 자기주식수(자사주)를 65,000주 보유한 상황을 확인할 수 있습니다. 만약 자사주를 소각한 과거 이력이 있다면 '2. 이익소각'에서 확인 가능합니다.

예시 기업은 자사주 취득 이력이 있으므로 주주 가치 재고에 대한 경영진의 긍정적인 마인드를 간접적으로 파악할 수 있습니다.

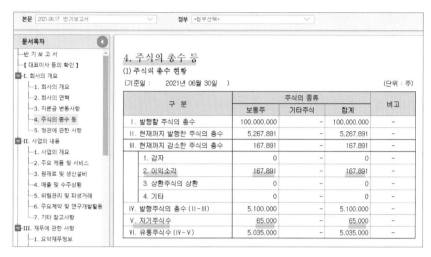

〈출처 : 예시 기업 DART 〉 I . 회사의 개요 〉 4. 주식의 총수 등〉

Ⅱ. 사업의 내용 > 1. 사업의 개요

사업의 개요 항목을 보면 해당 기업의 사업 내용을 이해할 수 있습니다. 보고서를 보는 것과는 별개로 해당 기업을 검색한 뒤 홈페이지에 접속하여 CEO 인사말, 회사의 연혁, 제품 소개, 채용 공고, 회사 뉴스, 회사 사보 등을 꼼꼼히 읽어보는 것을 권유합니다.

특히 온라인 사보를 발행하고 있다면 회사의 기부 현황 또는 직원 복지 증진 등을 통해 해당 기업의 분위기 등을 간접적으로 파악할 수 있습니다. 간혹 어디에서도 공개되지 않은 신제품 연구 소식이나 시설투자 예정 등(예를 들어 시설 증대를 위하여 토지를 구매한 소식)의 뜻하지 않은 고급 정보들도 얻을 수 있습니다.

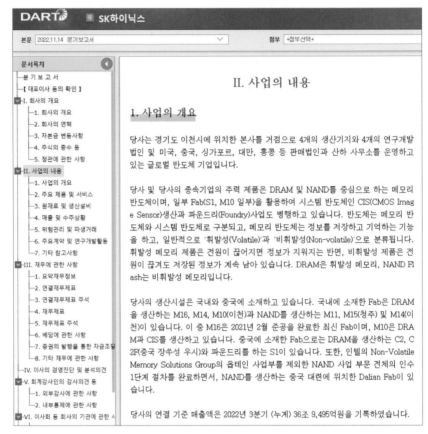

〈출처 : 예시 기업 DART 〉 II. 사업의 내용 〉 1. 사업의 개요〉

II. 사업의 내용 〉 2. 주요 제품 및 서비스

'주요 제품 및 서비스'에서는 주요 제품의 분기별 매출액을 파악할 수 있습니다. 6장에서 실제 기업분석을 하며 다루겠지만 기업분석에 있어서 주요 제품별 매출액의 장기간 추이 분석은 매우 중요합니다.

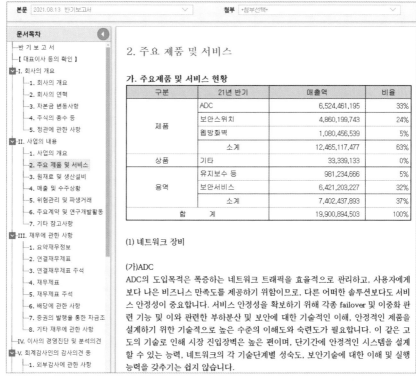

본문 2021.08.13 반기보고서　　　　첨부 *첨부선택*

2. 주요 제품 및 서비스

가. 주요제품 및 서비스 현황

구분		21년 반기	매출액	비율
제품	ADC		6,524,461,195	33%
	보안스위치		4,860,199,743	24%
	웹방화벽		1,080,456,539	5%
	소계		12,465,117,477	63%
상품	기타		33,339,133	0%
용역	유지보수 등		981,234,666	5%
	보안서비스		6,421,203,227	32%
	소계		7,402,437,893	37%
합　계			19,900,894,503	100%

(1) 네트워크 장비

(가)ADC
ADC의 도입목적은 폭증하는 네트워크 트래픽을 효율적으로 관리하고, 사용자에게 보다 나은 비즈니스 만족도를 제공하기 위함이므로, 다른 어떠한 솔루션보다도 서비스 안정성이 중요합니다. 서비스 안정성을 확보하기 위해 각종 failover 및 이중화 관련 기능 및 이와 관련한 부하분산 및 보안에 대한 기술적인 이해, 안정적인 제품을 설계하기 위한 기술적으로 높은 수준의 이해도와 숙련도가 필요합니다. 이 같은 고도의 기술로 인해 시장 진입장벽은 높은 편이며, 단기간에 안정적인 시스템을 설계할 수 있는 능력, 네트워크의 각 기술단계별 성숙도, 보안기술에 대한 이해 및 실행 능력을 갖추기는 쉽지 않습니다.

〈출처 : 예시 기업 DART 〉 Ⅱ. 사업의 내용 〉 2. 주요 제품 및 서비스〉

　가령 5년간 제품별 매출액을 분기별로 정리하다 보면 특정 제품의 매출액이 과거 박스권 추이에서 벗어나 높은 성장률을 보이기도 합니다. 이 경우 해당 제품에 투자 포인트를 집중하여 분석할 필요가 있습니다. 신제품에서 유의미한 매출이 발생한다면 중요한 투자 포인트로 이어질 수 있기 때문입니다.

　이런 내용을 엑셀을 이용하여 그래프로 변환하여 살펴보겠습니다. 엑셀을 이용한 그래프화는 해당 기업 현황의 장기간의 추이를 시각화하여 쉽게 확인할 수 있게 도와줍니다. 재무제표 내의 수치들을 엑셀을 이용하여 그래프화하여 활용하는 방법에 대해서는 5장에서 설명하겠습니다.

앞서 '2. 주요 제품 및 서비스'에서 예시로 든 기업의 자료—제품별 분기별 장기 추이(2017~2021년)—로 그래프 작업을 했습니다. 해당 기업의 실적은 분기별로 편차가 컸으며, 하반기로 갈수록 매출액이 높아지는 경향을 보였습니다.

아래는 이렇게 작성한 1분기 제품별 매출 현황 그래프입니다. 해당 기업의 주요 제품은 파란색의 ADC와 노란색의 보안관제임을 확인할 수 있습니다. 2019년 이후 기존의 주력 제품인 ADC의 매출액은 감소 추세, 보안관제 매출액은 증가 추이를 보이고 있습니다. 2021년 1분기에는 보안관제 매출액이 ADC 매출액을 넘어섰습니다.

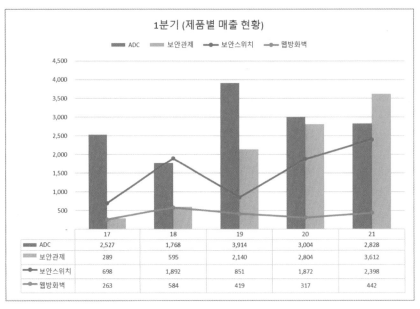

1분기 (제품별 매출 현황)

	17	18	19	20	21
ADC	2,527	1,768	3,914	3,004	2,828
보안관제	289	595	2,140	2,804	3,612
보안스위치	698	1,892	851	1,872	2,398
웹방화벽	263	584	419	317	442

〈1분기 제품별 매출 현황〉

투자자는 그래프를 통하여 해당 기업의 리스크와 기회 요인을 각각 파악할 수 있습니다. 여기서 리스크는 기존 주요 제품이었던 ADC의 매출 감소 추이의 지속 여부, 기회 요인으로는 성장세가 뚜렷한 보안관제의 매출 증가 추이입니다. 그리고 두 가지 제품군의 상세한 내용과 외부 사업 여건 등을 추가로 조사할 필요가 있어 보입니다.

해당 기업의 2분기 실적이 발표된 후 같은 양식으로 그래프화하여 1분기에 확인했던 리스크 요인 및 기회 요인을 체크하였습니다(아래 그래프).

지난 1분기 실적 발표 시 리스크 요인으로 고려되었던 파란색의 ADC 매출액은 21년 2분기에 YoY(전년 동기 대비)가 증가하는 추이가 확인되고 있으며 기회 요인으로 고려되었던 보안관제 매출액 또한 YoY가 증가하는 양호한 모습을 확인할 수 있습니다. 따라서 21년 1분기에 리스크 요인으로 떠오른 ADC 제품 성장성에 대한 우려가 감소했으며 기회 요인으로 여겨진 보안관제는 1분기 대비 더욱 긍정적인 시각으로 접근 가능합니다.

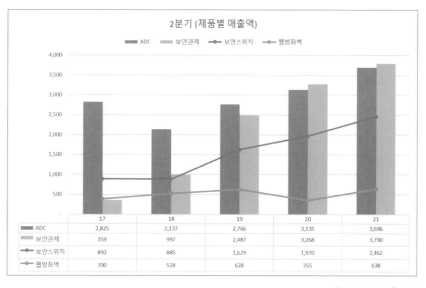

2분기 (제품별 매출액)					
	17	18	19	20	21
ADC	2,825	2,137	2,766	3,135	3,696
보안관제	359	997	2,487	3,268	3,790
보안스위치	892	885	1,629	1,970	2,462
웹방화벽	390	528	628	355	638

〈2분기 제품별 매출 현황〉

지금까지 '2. 주요 제품 및 서비스' 항목에서 제품별 매출액을 분기별로 발췌하고, 장기간의 추이를 시각화해서 살펴야 하는지에 대한 필요성을 예시를 통하여 설명했습니다.

　　어떤가요? 전자공시에서 단순히 글자와 숫자로만 된 분기 보고서를 읽었을 때 미처 파악하지 못한 투자 포인트가 그래프로 시각화했을 때 한눈에 들어오지 않았습니까? 그리고 장기간의(최소 5년) 분기 실적들을 살펴볼 때 왜 엑셀을 이용하여 일일이 필요한 수치들을 뽑아서 직접 작성해봐야 하는지에 대한 필요성을 이해하셨습니까?

　　이해가 되었다고 믿고 다음 내용으로 넘어가겠습니다. 만약 아직 이해가 잘 안 된다면 다시 한 번 읽고, 분석할 기업을 하나 정해서 분기 보고서를 살펴본 뒤 데이터를 입력하여 엑셀 파일을 만들고 그래프로 만들어보는 과정을 직접 경험해보기를 권합니다.

또한 '2. 주요 제품 및 서비스'에는 아래와 같이 각 제품별 상세한 설명이 기술되어 있으므로 해당 목차의 내용은 반드시 숙지할 수 있도록 반복하여 읽어보기를 바랍니다.

| 본문 | 2021.08.13 반기보고서 | ∨ | 첨부 | +첨부선택+ | ∨ |

(가)ADC

ADC의 도입목적은 폭증하는 네트워크 트래픽을 효율적으로 관리하고, 사용자에게 보다 나은 비즈니스 만족도를 제공하기 위함이므로, 다른 어떠한 솔루션보다도 서비스 안정성이 중요합니다. 서비스 안정성을 확보하기 위해 각종 failover 및 이중화 관련 기능 및 이와 관련한 부하분산 및 보안에 대한 기술적인 이해, 안정적인 제품을 설계하기 위한 기술적으로 높은 수준의 이해도와 숙련도가 필요합니다. 이 같은 고도의 기술로 인해 시장 진입장벽은 높은 편이며, 단기간에 안정적인 시스템을 설계할 수 있는 능력, 네트워크의 각 기술단계별 성숙도, 보안기술에 대한 이해 및 실행능력을 갖추기는 쉽지 않습니다.

ADC 시장의 성장성은 데이터센터의 증가, 다양한 애플리케이션 서비스 증가, 클라우드 컴퓨팅 성장 등의 시장 배경과 함께 고려해 볼 수 있습니다. 특히 인터넷 서비스 증가, 모바일을 기반으로 하는 서비스 및 트래픽의 증가는 ADC 시장 성장에 긍정적인 요소로 작용할 수 있습니다.

(나)보안스위치

전통적인 L2스위치는 단순한 패킷의 전송에 대해서만 역할을 할 뿐, 날로 증가하는 보안 위협에 대해서는 적절한 고객가치를 제공하지 못하고 있습니다. 이러한 시장에서 당사는 보안이라는 차별화 포인트를 발굴하여 L2스위치시장에 진출하였고, 2015년에는 국내 최초로 '클라우드 스위치'라는 새로운 컨셉의 제품을 시장에 소개한 바 있습니다. 다수의 장비가 넓은 지역에 설치 운영되는 제품의 특징상 설치단계부터 운영 및 유지보수 단계에 이르기까지 사용자 및 관리자의 부담이 높은 한계를 클라우드 기반 기술로 극복하고 사용자에게 새로운 경험을 제공하고자 하는 제품입니다. 클라우드 스위치로 고객들은 더 빠르고 쉽게 제품을 설치할 수 있고, 운영 중에 발생하는 다양한 장애 상황 등에 실시간으로 대처 가능하며, 유지보수 및 관리를 위한 비용을 획기적으로 절감할 수 있는 특징이 있습니다.

⟨출처 : 예시 기업 DART 〉 II. 사업의 내용 〉 2. 주요 제품 및 서비스⟩

마지막으로 '2. 주요 제품 및 서비스'에서는 '주요 제품 등의 가격 변동 추이' 항목을 통하여 각 분기별 주요 제품들의 가격 변동을 확인할 수 있습니다. 아쉽게도 예시 기업의 경우, 제품 가격을 미표기했습니다.

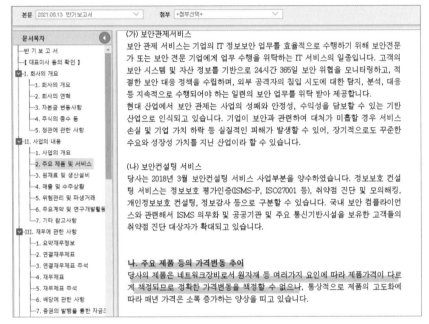

〈출처 : 예시 기업 DART 〉 II. 사업의 내용 〉 2. 주요 제품 및 서비스〉

따라서 제품 가격을 매 분기 보고서에 표기하는 다른 기업의 예를 통해 'Ⅱ. 사업의 내용 > 2. 주요 제품 및 서비스' 내용을 살펴보겠습니다.

이 항목에서 (1) 주요 제품의 매출 현황, (2) 주요 제품 등의 가격 변동 추이를 파악할 수 있습니다. 이 기업에서도 역시 최소 5년 20개 분기의 장기간 추이를 살펴보아야 합니다.

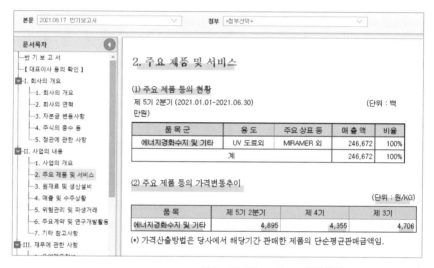

〈출처 : 예시 기업 DART 〉 II. 사업의 내용 〉 2. 주요 제품 및 서비스〉

다음은 예시 기업의 21년 2분기까지의 매출액/영업이익/OPM(영업이익률) 조합 그래프입니다.

실적 그래프에서 눈에 띄는 부분은 과거 실적 추이 기준, 2021년 2분기에 최대 실적을 기록했다는 점입니다. 이런 유형의 실적 증가 기업은 1차, 2차 스크리닝을 거쳤을 때 선정되었어야 할 기업이며, 투자자라면 어떤 사유로 호실적이 발생했는지를 파악할 수 있어야 합니다. 그 원인을 파악한 뒤에 매수 등 투자로 연계해야 한다고 생각합니다.

기업의 매출액은 주요 제품의 가격(Price)과 판매량(생산량, Quantity)에 의해서 결정되며 이를 수식으로 표현하자면 매출액 = 가격(P) * 생산량(Q)입니다.

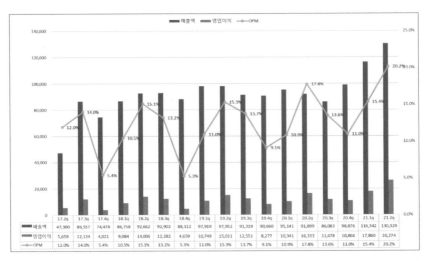

〈예시 기업 매출액 – 영업이익 – OPM 조합 차트〉

따라서 해당 기업의 매출액 증가 사유가 제품 가격의 상승, 생산량(판매량) 증가 중에 무엇 때문인지 알아야 합니다. 또한 '원재료 및 생산설비'에서 다루겠지만 원재료 가격에 연동되는 변동비형 기업인지를 판별할 수 있는 요소도 됩니다.

세부적으로 파악해야만 하는 매출액 증가 사유는 아래와 같습니다.

1) 베스트 케이스(제품 가격 및 판매량의 동시 증가)

2) 가격 상승 케이스(제품 가격의 상승이 주요 원인으로 인한 매출액 증가)

　가정 1 : 변동비형 기업일 수 있음

　　원재료 가격의 상승으로 판매가 인상 여부 파악 필요

가정 2 : 기업 본연의 경쟁력 우위의 기업일 수 있음

3) 판매량 상승 케이스(판매량 증가가 주요 원인으로 인한 매출액 증가)

가정 1 : 수요 우위의 여건

위의 세 가지 중 베스트 케이스라면 해당 기업은 투자 최선호 기업으로 집중 분석을 해볼 필요가 있습니다. 가격 상승과 판매량 상승 케이스 중에서라면 필자는 후자를 선호합니다. 수요의 증가가 순차적으로 가격 상승의 효과를 불러온 사례를 종종 경험했기 때문입니다.

그렇다면 어떤 방식으로 세 가지 케이스를 구별해낼 수 있는지를 설명하겠습니다.

우선 5년간 20개 분기보고서 내에 기재되어 있는 모든 분기별 매출액, 제품 가격, 생산량을 일일이 발췌하여 엑셀로 도표화합니다. 단, 생산량은 여기에선 제외하고 다음에 다룰 '원재료 및 생산설비'에서 설명하겠습니다.

이렇게 하여 완성한 데이터를 다음과 같이 시각화한 조합 그래프로 변환시킵니다.

첫 번째, 매출액 및 제품 가격 조합 그래프를 통하여 21년 2분기의 매출액 증가(급증) 사유가 제품 가격의 급등 때문이라는 것을 확인할 수 있습니다(매출액 및 제품가 장기 추이를 통하여 확인 가능).

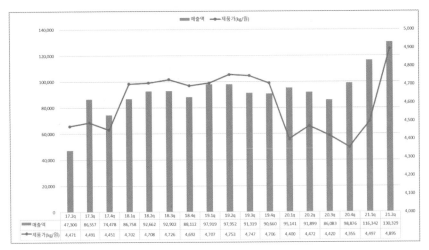

〈매출액 및 제품 가격 조합 차트〉

두 번째, 매출액 및 생산량 조합 그래프를 통하여 21년 2분기 매출액 증가 (급증) 사유를 추가로 확인합니다. 매출액 증가는 생산량 증가와 연계되고 있다는 것 또한 확인할 수 있습니다.

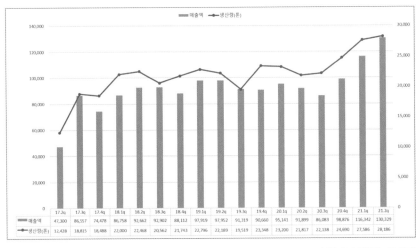

〈매출액 및 생산량 조합 차트〉

예시 기업은 앞서 설명한 세 가지 중 베스트 케이스, 즉 제품 가격과 판매량이 동시에 호조되는 여건으로 판단할 수 있습니다. 따라서 투자 최선호 종목으로 간주할 수 있겠습니다.

지금까지 '2. 주요 제품 및 서비스' 항목에서 어떤 내용을 중점적으로 살펴보아야 하는지에 대해서 알아보았습니다.

다음으로는 위의 내용과 긴밀히 연계되는 '원재료 및 생산설비'에 대해서 알아보겠습니다.

Ⅱ. 사업의 내용 〉 3. 원재료 및 생산설비

'3. 원재료 및 생산설비' 목차에서는 (1) 주요 원재료 현황, (2) 주요 원재료의 가격 변동 추이를 파악할 수 있습니다. 앞에서 다룬 '2. 주요 제품 및 서비스'에서 제품 가격의 가격변동추이를 어떻게 필요한 자료로 가공하여 판단했는지를 떠올려보면 방향성에 대한 힌트를 얻을 수 있습니다.

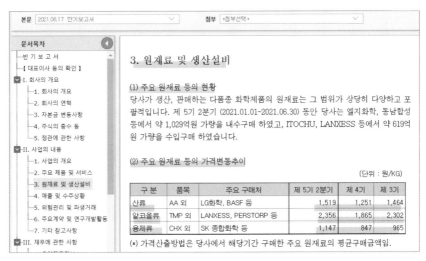

〈출처 : 예시 기업 DART 〉 Ⅱ. 사업의 내용 〉 3. 원재료 및 생산설비〉

어떻게 해야 할지 알겠습니까? 만약 아직 모르겠다면 앞으로 가서 다시 한 번 읽고 오기를 바랍니다. 답은 간단합니다. 원재료 또한 최소 5년 20개 분기 이상 장기간의 가격 자료를 발췌하여 엑셀을 이용하여 그래프화해야 합니다.

비용과 관련한 기업의 성격 분류에 대해서 간단히 짚고 넘어가겠습니다.

기업의 재무제표 중에 매출액 및 이익을 포함하는 손익계산서가 있습니다. 구성은 아래와 같습니다.

1) 매출액

　　매출원가(비용)

2) 매출총이익(매출액 - 매출원가)

　　판매비와 관리비(비용)

3) 영업이익(매출총이익 - 판매비와 관리비)

어떤가요? 매우 간단하죠.

손익계산서 구성 항목 중 비용에 해당하는 항목은 매출원가, 판매비, 관리비입니다. 비용에 해당하는 매출원가와 판관비 세부 내역 중 고정비*형 비용이 주를 이룰 경우 해당 기업은 고정비형 기업이라고 하며 변동비*형 비용이 주를 이룰 경우 변동비형 기업이라고 합니다.

혹시 고정비 효과 또는 영업 레버리지 효과라는 용어를 들어보셨습니까? 이것은 대부분 고정비형 기업에서 발생하는데, 고정비 부담으로 인해 판매량 증감보다

고정비(Fixed cost)와 변동비(Variable cost)

고정비형 비용은 해당 기업의 영업(생산) 활동을 위해 고정적으로 일정하게 지출되는 비용, 즉 인건비, 사무실 임대 비용, 집기류 그리고 감가상각비 등을 의미한다. 변동비형 비용은 매출액의 증감과 가변적으로 연동되는 원재료비, 광고선전비, 포장비 등이다.

이익 증감의 폭이 더 큰 것을 말합니다. 즉 일정 매출액 이하에서는 고정비형 비용 때문에 적자가 발생하지만 고정비 이상의 매출액이 발생하면 이익이 급증하는 현상입니다.

투자 관점에서 영업 레버리지 효과가 강하게 발현될 수 있는 기업을 찾고, 최선호 리스트에 올리고 세부 분석을 하는 것이 좋습니다. 해당 내용과 관련하여서는 '판관비의 변화로 투자 포인트를 간파한다'라는 부분에서 자세히 다루도록 하겠습니다. 여기에서는 간략하게 매출원가, 판관비, 이와 연계되는 고정비형 기업과 변동비형 기업에 관한 내용을 인지하고 넘어가겠습니다.

'원재료 및 생산설비'에서 고정비와 변동비 이야기를 이토록 장황하게 하는 이유는 해당 기업의 비용 성격에 따라서 원재료 가격 추이 및 원재료 가격 변동의 원인 파악이 투자 관점에서 매우 중요하기 때문입니다.

보고서 문서 목차 중 3. 연결재무제표와 4. 재무제표는 왜 구분했을까요?

3. 연결재무제표는 해당 기업에 실적이 연결되는 종속 연결 자회사가 있는 경우 해당 기업 (모기업) + 연결 자회사 실적이 모두 반영되는 목차가 연결재무제표이며

4. 재무제표는 연결 자회사가 배제된 지배 기업(모회사)만의 실적 및 재무상태, 현금흐름표의 내용을 별도로 반영한 목차를 의미합니다. 이를 (별도)재무제표라고도 부릅니다.

기업에 따라 보고서 내용 중에 3. 연결재무제표에는 내용이 없고 4. 재무제표 목차에만 표기되어 있는 기업을 볼 수 있는데 이런 경우 해당 기업은 연결 자회사가 없는 기업이라고 여기면 되며 해당 재무제표를 (개별)재무제표라고도 부릅니다.

원재료와 관련하여 'Ⅲ. 재무에 관한 사항' 목차에서 '3. 연결재무제표 주석'을 살펴보겠습니다.

3. 연결재무제표 주석의 내용 중 '비용의 성격별 분류'를 통해 비용의 성격과 비중을 파악할 수 있습니다. 대부분 꽤 아래쪽에 있으니 검색으로 해당 항목을 찾아서 보시기 바랍니다.

앞서 '원재료와 생산설비'의 설명에서 매출원가와 판관비 내 비용의 성격에 따라서 고정비형 기업과 변동비형 기업으로 구분 가능하다고 설명한 바 있습니다.

그렇다면 이를 어떻게 구분할 수 있을까요?

다음의 표를 통하여 파악할 수 있습니다.

표의 구성 내역 중 높은 비중의 비용은 원재료 매입, 종업원 급여, 감가상각비와 기타상각비입니다. 가장 높은 비중을 차지하는 것은 원재료 매입이며 이는 변동비형 비용이므로 해당 기업은 '원재료 매입 가격'에 연동되는 변동비형 성격의 기업이라고 정의할 수 있습니다.

25. 비용의 성격별 분류

당반기와 전반기 중 발생한 비용의 성격별 분류에 대한 정보는 다음과 같습니다.

① 당반기

(단위:천원)

구분	재고자산의 변동		판매비와 관리비		제조원가		성격별 비용	
	3개월	누적	3개월	누적	3개월	누적	3개월	누적
재고자산의 변동	(11,102,164)	(11,163,386)	-	-	-	-	(11,102,164)	(11,163,386)
원재료매입	78,686,469	142,599,068	-	-	-	-	78,686,469	142,599,068
종업원급여	-	-	1,973,377	3,870,283	5,905,722	11,569,116	7,879,099	15,439,399
감가상각비와 기타상각비	-	-	324,983	723,380	3,860,769	7,648,349	4,185,752	8,371,729
광고선전비	-	-	500	4,500	-	-	500	4,500
운반비	-	-	351,957	695,692	15,897	30,719	367,854	726,411
지급수수료	-	-	313,079	612,723	93,715	177,105	406,793	789,828
기타비용	-	-	5,213,055	9,787,230	18,472,197	36,038,213	23,685,252	45,825,443
합계	67,584,306	131,435,682	8,176,951	15,693,809	28,348,298	55,463,502	104,109,555	202,592,993

〈출처 : Dart 21년 반기보고서 〉 Ⅲ. 재무에 관한 사항 〉 3. 연결재무제표 주석〉

변동비형 성격의 기업은 일반적으로 제품의 가격이 원재료 가격 변동과 연동되며 매출액과 이익 또한 원재료 가격의 변동과 긴밀하게 연동됩니다. 매출액은 제품 가격(P)과 판매량(Q)의 조합이므로 원재료 가격 변동에 따른 제품 가격의 변동 여부는 해당 기업의 매출액뿐만 아니라 이익에 긴밀하게 연동됩니다.

이쯤에서 손익계산서의 구성을 한 번 더 복기해볼까요?

---

1) 매출액

    매출원가(비용) - Cost

1) 매출총이익(매출액 - 매출원가)

    판매비와 관리비(비용) - Cost

2) 영업이익(매출총이익 - 판매비와 관리비)

매출액 = P × Q라고 했습니다.

여기에 비용인 C(Cost)를 하나 더 추가합니다.

'비용의 성격별 분류'에서 원재료 매입이 바로 Cost에 해당하며 이것은 매출원가에 비용으로 포함됩니다.

매출액은 제품 가격으로 결정되고 매출원가는 원재료 매입액(원재료 가격에 의해 결정됨)으로 결정됩니다. 그리고 매출총이익(GP: Gross Profit)은 매출액에서 매출원가를 빼서 나옵니다. 해당 분기에 원재료 가격은 높게 상승했음에도 불구하고 제품 가격의 상승은 원재료 가격 상승률 대비 미비하다면 이는 매출총이익의 감소, 심하게는 매출총이익의 적자를 발생시킬 수 있습니다.

따라서 변동비형 성격이 강한 기업으로 판명되었다면 원재료 가격의 장기 추이를 그래프로 만들어 이미 작성해 놓은 제품 가격 그래프와 조합하여 원재료 가격의 변동 대비 제품 가격의 반영이 시의적절하게 반영되는지를 반드시 파악해야 합니다.

다음은 원재료 가격(막대그래프) 및 제품 가격(선 그래프)의 추이에 대한 조합 그래프입니다.

원재료 가격 변동에 따라 제품 가격이 비교적 잘 반영되었음을 그래프를 통해 확인할 수 있습니다.

이와 관련해서 조금 더 파악해 볼까요?

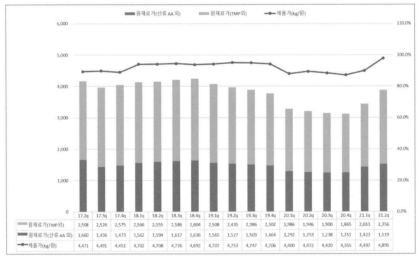

	17.2q	17.3q	17.4q	18.1q	18.2q	18.3q	18.4q	19.1q	19.2q	19.3q	19.4q	20.1q	20.2q	20.3q	20.4q	21.1q	21.2q
원재료가(TMP외)	2,508	2,526	2,575	2,566	2,555	2,586	2,604	2,508	2,435	2,386	2,302	1,986	1,946	1,900	1,865	2,013	2,356
원재료가(산류 AA 외)	1,660	1,436	1,473	1,562	1,594	1,617	1,636	1,565	1,527	1,503	1,464	1,292	1,253	1,238	1,251	1,423	1,519
제품가(kg/원)	4,471	4,491	4,451	4,702	4,708	4,726	4,692	4,707	4,753	4,747	4,706	4,400	4,472	4,420	4,355	4,497	4,895

〈원재료가 및 제품가 조합 차트〉

아래는 원재료 가격 및 매출총이익률(GPM: Gross Profit Margin) 조합 그래프인데, 21년 2분기에 원재료 가격의 급등 발생과 더불어 GPM 또한 역대 분기 최고를 기록하는 모습이 확인됩니다.

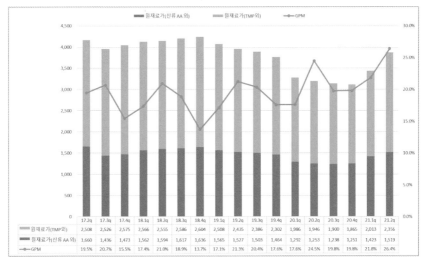

<원재료가 및 GPM 조합 차트>

21년 2분기 제품 가격은 과거에 비해 원재료 가격 증가율 대비 높게 반영
되었으며, 현 시점에서 해당 기업의 제품 경쟁력은 과거보다 우위에 있는 유
리한 환경임을 알 수 있습니다.

급여와 감가상각비는 어디로 분류하는 게 좋을까?

초보 투자자들은 급여와 감가상각비가 비용 중 어디에 분류되는지 혼동할 때가 많습니다.
비용의 성격별 분류 항목 중 '종업원 급여'와 '감가상각비'에 대해서 간략히 설명하겠습니다.
정답은 '매출원가(제조원가)와 판관비에 모두 각각 포함되어 있다'입니다.
판관비에 포함된 급여는 사무직 급여이며 매출원가(제조원가)에 포함된 급여는 공장이나
현장 직원의 급여로 구분합니다.

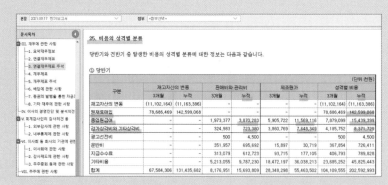

〈출처 : Dart 21년 반기보고서 〉 Ⅲ. 재무에 관한 사항 〉 3. 연결재무제표 주석〉

또한 감가상각비는 판관비와 매출원가에 각각 반영이 되므로 분기별 감가상각비는 현금흐름표 〉 영업활동 현금흐름에 기재되어 있는 '감가상각비' 항목의 금액을 사용하면 됩니다. 단, 현금흐름표에 기재되어 있는 금액은 누적이므로 분기별 금액 기재 시 전 분기 금액을 감하여 반영하여야 합니다.

연결 현금흐름표
제 5 기 반기 2021.01.01 부터 2021.06.30 까지
제 4 기 반기 2020.01.01 부터 2020.06.30 까지

(단위 : 원)

	제 5 기 반기	제 4 기 반기
영업활동현금흐름	11,736,095,488	32,265,808,228
당기순이익(손실)	37,184,227,524	22,930,727,118
당기순이익조정을 위한 가감	19,452,039,359	17,118,475,544
감가상각비	8,257,501,786	8,040,834,564
대손상각비	242,808,412	18,294,313
무형자산상각비	114,227,646	114,381,273
유형자산처분손실	7,000	21,000
유형자산처분이익	(3,635,364)	(4,950,545)
퇴직급여	1,252,974,780	1,239,572,727
외화환산손실	410,586,022	1,073,793,871
외화환산이익	(2,105,309,859)	(1,368,685,326)
파생상품평가손실	0	36,785,430
파생상품거래이익	0	(16,534,340)
파생상품거래손실	0	295,036,280
이자비용	31,370,475	111,447,091
법인세비용	11,364,167,186	7,801,684,097
이자수익	(112,658,725)	(223,204,891)

〈출처 : Dart 21년 반기보고서 〉 Ⅲ. 재무에 관한 사항 〉 3. 연결재무제표 주석〉

Ⅱ. 사업의 내용 〉 4. 매출 및 수주 상황

해당 항목에서는 각 분기별 수주 상황에 대해 파악할 수 있습니다.

수주형 성격의 기업인 경우, 각 분기별 수주잔고를 발췌하여 다음 분기 매출액 추이와 비교했을 때 유사성을 보이기도 합니다. 그러나 모든 기업의 수주잔고와 다음 분기 매출액 추이가 유사하게 나타나지는 않습니다. 발주처 사유로 인한 발주 지연이나 주문 취소가 발생할 수도 있기 때문입니다.

따라서 수주형 성격의 기업이라면 해당 기업의 주요 고객을 파악하여 고객의 규모와 네임 밸류 등을 연계하면 수주잔고와 매출액에 대한 신뢰성을 높일 수 있습니다.

한 예로 삼성전자 같은 대기업과 거래하는 회사는 수주가 적기에 발주될 것이라는 일종의 신뢰도가 형성되어 있을 겁니다. 만약 주요 고객을 특정하기 어렵다면 다음과 같이 간접적으로 파악할 수도 있습니다.

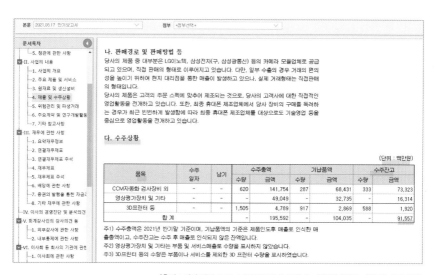

〈출처 : 예시 기업 A, Dart 21년 반기보고서 〉 Ⅱ. 사업의 내용 〉 매출 및 수주 상황〉

다음은 Ⅲ. 재무에 관한 사항 > 8. 기타 재무에 관한
사항 항목에서 파악할 수 있는 '대손충당금* 설정 현황'
입니다.

주요 고객의 규모를 간접적으로라도 파악하고 싶을
때는 대손충당금 설정 현황에서 설정률 부분을 체크
하면 알 수 있습니다. 가령 다음 예시 기업의 대손충당금 설정률이 낮은 것
(2.8%)으로 미루어 봤을 때 예시 기업의 주요 고객이 규모가 큰 대기업으로
추정할 수 있습니다.

**차공용어
뽀개기**

대손충당금

회수가 불가능하다고 판단되는 채권을
공제하기 위해 사용하는 회계 계정이다.
돈을 빌려주었는데 돌려받지 못할 것으
로 예상되는 경우, 이를 못 받는다고 잠
정 결정하고 대손충담금 항목에 넣는다.

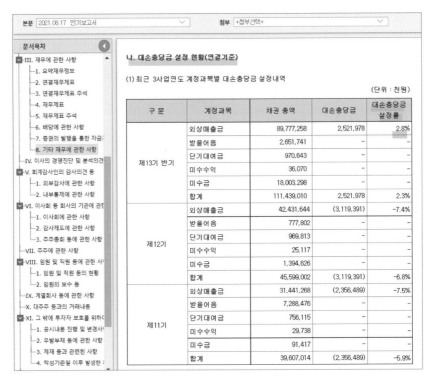

〈출처 : 예시 기업 A, Dart 21년 반기보고서 〉 Ⅲ. 재무에 관한 사항 〉 8. 기타 재무에 관한 사항〉

또한 경과 기간별 매출채권 등 잔액 현황에서 매출채권연령을 통해 추가로 주요 고객의 규모를 추론할 수 있습니다.

일반적으로 6월(6개월) 이하 매출채권 잔액의 비율이 높은 경우 해당 기업의 주요 고객은 규모가 있는 대기업일 가능성이 높으며, 회수가 어려운(또는 불가능한) 6월 초과 매출채권 잔액 비율이 높을수록 해당 기업의 주요 고객은 소규모 부실기업의 비중이 높다고 추론할 수 있습니다.

예시 기업의 경우 대부분의 매출채권 잔액이 3월 이하이며, 회수가 어려울 것으로 예상되는 매출채권 잔액이 6월 초과 1년 이하는 2.29%, 1년 초과는 2.0%로 낮은 점을 감안할 때 위의 '대손충당금 설정률'에서 확인 가능했던 주요 고객의 규모를 재검증할 수 있습니다.

본문 2021.08.17 반기보고서 ∨ 첨부 +첨부선택+ ∨

문서목차
- III. 재무에 관한 사항
  - 1. 요약재무정보
  - 2. 연결재무제표
  - 3. 연결재무제표 주석
  - 4. 재무제표
  - 5. 재무제표 주석
  - 6. 배당에 관한 사항
  - 7. 증권의 발행을 통한 자금...
  - 8. 기타 재무에 관한 사항
- IV. 이사의 경영진단 및 분석의견
- V. 회계감사인의 감사의견 등
  - 1. 외부감사에 관한 사항
  - 2. 내부통제에 관한 사항
- VI. 이사회 등 회사의 기관에 관...
  - 1. 이사회에 관한 사항
  - 2. 감사제도에 관한 사항
  - 3. 주주총회 등에 관한 사항
- VII. 주주에 관한 사항

(3) 보고서 작성 기준일 현재 경과기간별 매출채권 등 잔액 현황

(단위 : 천원)

구 분	3월 이하	3월 초과 6월 이하	6월 초과 1년 이하	1년 초과	계
매출채권/받을어음	87,291,308	2,837,845	1,128,124	1,171,721	92,428,998
단기대여금/장기대여금	28,670	-	531,000	410,973	970,643
미수수익	36,070	-	-	-	36,070
미수금	18,003,298	-	-	-	18,003,298
보증금	11,919	42,287	932,360	707,490	1,694,060
합계	105,371,265	2,880,132	2,591,488	2,290,184	113,133,069

주) 연결실체는 개별적인 손상사건이 파악된 채권에 대해 개별분석을 통해 회수가능가액을 산정하고 산정된 회수가능가액과 장부가액의 차액을 손상차손으로 인식하고 있습니다.

〈출처 : 예시 기업 A. Dart 21년 반기보고서 〉 III. 재무에 관한 사항 〉 8. 기타 재무에 관한 사항〉

'수주 상황'(II. 사업의 내용 > 4. 매출 및 수주상황)으로 다시 돌아가겠습니다.

해당 예시 기업의 주요 고객은 규모가 있는 대기업군으로서 수주잔고의 신뢰성이 있기에 다음 분기 매출액 연계에 대한 신뢰도는 높다고 할 수 있습니다.

이러한 가정하에 해당 예시 기업의 매출액 및 수주잔고 조합 차트를 작성하여 봅니다. 차트를 통해 살펴본 수주잔고의 증감에 따라 다음 분기 매출액의 증감이 발생하는 수주잔고 - 매출액 추이의 유사성을 확인할 수 있습니다.

따라서 이러한 유형의 기업이라면 매 분기보고서 내 수주잔고 금액을 모니터링하여 다음 분기 매출액을 개략적으로 추론해보고, 실제 투자로 연결할 수 있는 기업으로 선정할 수 있습니다.

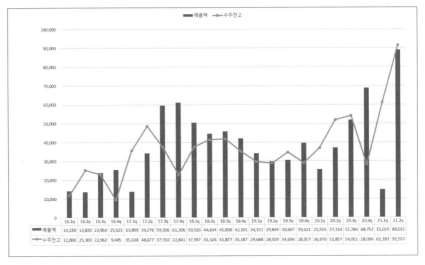

〈예시 기업 A. 매출액 및 수주잔고 분기별 조합 차트 16년 1분기~21년 2분기〉

한 단계 더 나아가서 수주잔고 금액의 다음 분기 매출액 연계 가능성에 대한 신뢰도를 높일 수 있는 검증 방법을 알려드리겠습니다.

다음은 Ⅲ. 재무에 관한 사항 > 8. 기타 재무에 관한 사항에서 파악할 수 있는 항목 중 하나인 '다. 재고자산의 현황 등'입니다.

〈출처 : 예시 기업 A. Dart 21년 반기보고서 〉 III. 재무에 관한 사항 〉 8. 기타 재무에 관한 사항〉

표를 통하여 각 분기, 반기, 연간 재고자산 합계 금액을 확인할 수 있는데요. 이러한 재고자산 금액을 분기별로 발췌하여 엑셀 도표로 정리한 후 매출액 및 수주잔고 금액과 함께 차트로 조합시켜 추이를 확인하여 봅니다.

조합 결과, 수주잔고 및 재고자산과 다음 분기 발생 매출액 추이 간 높은

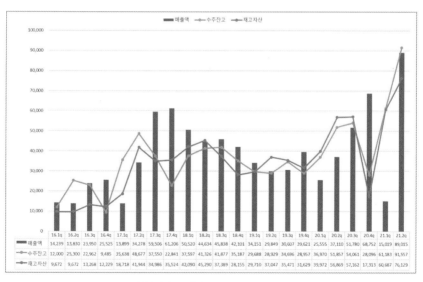

〈예시 기업 A. 매출액, 수주잔고 및 재고자산 분기별 조합 차트 16년 1분기~21년 2분기〉

유사성을 확인할 수 있습니다. 이와 같은 과정으로 해당 기업의 다음 분기 매출액에 대한 추론의 신뢰도를 높일 수 있습니다.

　다음으로는 위의 예시 기업과 유사한 수주형 기업이지만 수주잔고와 매출액의 연계성에 대한 신뢰도가 낮은 기업(예시 기업 B)의 예시입니다. 해당 기업은 아래 차트의 빨간색 네모 구간에서 최대 수주잔고를 기록했음에도 불구하고 녹색 네모 구간을 보면 최대 수주잔고 기대치 대비 낮은 매출액을 기록했습니다.

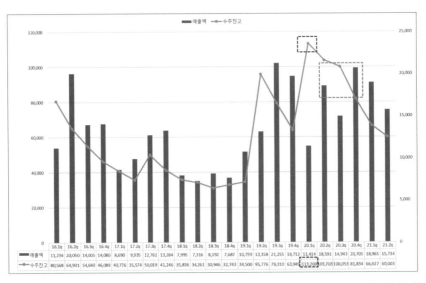

〈예시 기업 B. 매출액 및 수주잔고 분기별 조합 차트 16년 1분기~21년 2분기〉

　앞서 설명한 과정을 통해 해당 기업의 주요 고객에 대한 추론을 해보겠습니다.

　해당 기업의 대손충당금 설정 내역을 보니 20~42% 설정률이 확인됩니다. 꽤 높습니다.

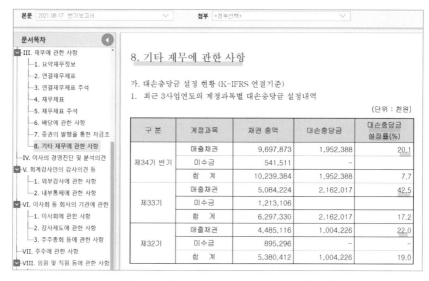

8. 기타 재무에 관한 사항

가. 대손충당금 설정 현황 (K-IFRS 연결기준)
1. 최근 3사업연도의 계정과목별 대손충당금 설정내역

(단위 : 천원)

구 분	계정과목	채권 총액	대손충당금	대손충당금 설정률(%)
제34기 반기	매출채권	9,697,873	1,952,388	20.1
	미수금	541,511		
	합 계	10,239,384	1,952,388	7.7
제33기	매출채권	5,084,224	2,162,017	42.5
	미수금	1,213,106		
	합 계	6,297,330	2,162,017	17.2
제32기	매출채권	4,485,116	1,004,226	22.0
	미수금	895,296	–	–
	합 계	5,380,412	1,004,226	19.0

〈출처 : 예시 기업 B. Dart 21년 반기보고서 〉 III. 재무에 관한 사항 〉 8. 기타 재무에 관한 사항〉

추가로 경과 기간별 매출채권 잔액 현황을 살펴보면 회수 가능성이 없는 매출채권 잔액은 1년 초과 2년 이하가 5%, 2년 초과는 13%로 이전 예시 기업 대비 확연히 높습니다. 해당 기업의 주요 고객 중 소규모의 부실기업 비중이 높다고 추론할 수 있습니다.

따라서 해당 기업과 같은 수주형 기업의 경우, 매 분기 수주잔고를 이용하여 다음 분기 매출액을 추론하기에는 리스크가 뒤따를 수 있습니다.

지금까지 II. 사업의 내용 〉 4. 매출 및 수주상황 항목에서 파악 가능한 수주잔고 금액을 매출액과 연계하여 투자 포인트로 어떻게 활용하는지에 대하여 알아봤습니다. 다만, 수주잔고 금액과 다음 분기 매출액을 연계시켜서 실제 투자로 연결하기 위해서는 매출채권 대손충당금 및 채권잔액기간 등을 꼼꼼히 체크하여 해당 수주잔고가 실제 매출로 발생할 가능성이 높은지를 반드시 선별하여야 합니다. 그렇게 하지 않고 투자로 연계했을 때는 리스크

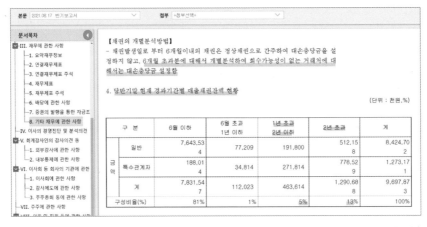

【채권의 개별분석방법】
- 채권발생일로 부터 6개월이내의 채권은 정상채권으로 간주하여 대손충당금을 설정하지 않고, 6개월 초과분에 대해서 개별분석하여 회수가능성이 없는 거래처에 대해서는 대손충당금 설정함

4. 당반기말 현재 경과기간별 매출채권잔액 현황

(단위 : 천원,%)

구 분		6월 이하	6월 초과 1년 이하	1년 초과 2년 이하	2년 초과	계
금액	일반	7,643,534	77,209	191,800	512,158	8,424,702
	특수관계자	188,014	34,814	271,814	778,529	1,273,171
	계	7,831,547	112,023	463,614	1,290,688	9,697,873
구성비율(%)		81%	1%	5%	13%	100%

〈출처 : 예시 기업 B, Dart 21년 반기보고서 〉 III. 재무에 관한 사항 〉 8. 기타 재무에 관한 사항〉

발생 확률이 높으니 주의해야 합니다.

II. 사업의 내용 〉 6. 주요 계약 및 연구개발 활동

해당 항목에서는 연구개발비용 및 매출액 대비 비율을 확인할 수 있습니다. 기업은 지속적인 성장을 하기 위해 매해 적정한 범위 내에서 연구개발과 설비투자를 집행해야 합니다. 특히 연구개발비는 매해 발생할 수밖에 없습니다. 이 항목에서 확인하고 넘어가야 할 부분은 연구개발비의 회계 처리 부분입니다.

연구개발비의 회계 처리는 두 가지 방법이 있습니다. 판관비 항목을 통한 비용 처리, 개발비 명목으로 무형자산 항목에 포함시키는 자산화 처리 방법입니다.

투자자 입장에서 유리한 회계 처리 방법은 비용 처리입니다. 연구개발비를 무형자산화 항목으로 계상할 경우 손익계산상 이익의 부풀림 및 재무상태표의 자산 증가로 인한 부채비율 축소라는 왜곡 현상이 발생하기 때문입니다. 또한 개발비 명목의 무형자산으로 처리될 경우, 해당 개발이 실패하면 무형자산손상차손 등이 발생하여 이익을 감소시킬 수 있는 잠재적인 리스크 요인이 됩니다.

따라서 이 항목에서 연구개발비의 회계 처리 방식을 확인하되 대부분의 연구개발비를 무형자산화시키는 기업은 가급적 투자 관점에서 배제하는 것을 권합니다.

 기업분석 하드캐리

연결재무제표와 (별도)재무제표 구분하는 방법 복습하기

연결재무제표와 (별도)재무제표는 어떻게 구분되는지 앞에서 설명한 적이 있는데요. 해당 내용에 들어가기에 앞서 복기해보겠습니다.

3. 연결재무제표는 해당 기업에 실적이 연결되는 종속 연결 자회사가 있는 경우 해당 기업 (모기업) + 연결 자회사 실적이 모두 반영되는 목차
4. 재무제표란 연결 자회사가 배제된 지배 기업(모회사)만의 실적 및 재무상태, 현금흐름표의 내용을 별도로 반영한 목차. (별도)재무제표라고도 부릅니다.

기업에 따라 3. 연결재무제표에는 내용이 없고 4. 재무제표 목차 내용에만 표기되는 경우를 볼 수 있는데, 이런 케이스는 연결 자회사가 없는 기업이라고 여기면 됩니다. 해당 재무제표를 (개별)재무제표라고도 부릅니다.

▶ 연구개발비 비용 처리 예시 기업

〈출처 : 예시 기업 A, Dart 21년 반기보고서 〉 II. 사업의 내용 〉 6. 주요계약 및 연구개발활동〉

▶ 연구개발비 무형자산 처리 예시 기업

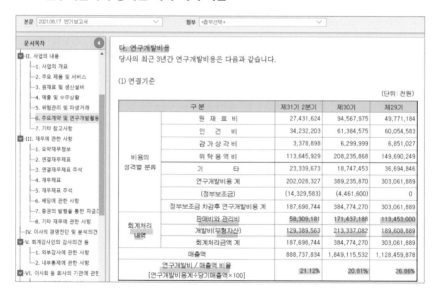

〈출처 : 예시 기업 A, Dart 21년 반기보고서 〉 II. 사업의 내용 〉 6. 주요계약 및 연구개발활동〉

다음으로는 실전 투자와 연계시키기 위한 내용 중 사업보고서에서 가장 중요한 내용인 '재무에 관한 사항'에서 무엇을 읽고 어떤 내용을 실전 투자와 접목시켜야 하는지에 대해서 살펴보겠습니다.

III. 재무에 관한 사항 > 2. 연결재무제표(또는 4. 재무제표)

재무제표는 크게 보면 3개의 항목이 포함되어 있는데, 재무상태표(대차대조표), 손익계산서, 현금흐름표입니다. 필자는 이 중에서 현금흐름표를 가장 중요하게 여기며 꼼꼼하게 살펴봐야 한다고 생각합니다.

구분	설명
재무상태표	기업이 보유하고 있는 자산, 부채 및 자본에 관한 정보를 보고하는 표
손익계산서	일정기간 동안 기업의 경영 성과를 한눈에 볼 수 있는 재무제표 항목
현금흐름표	일정기간 동안 기업의 현금흐름과 관련된 변동사항을 파악할 수 있는 재무제표 항목

1) (연결)재무상태표

재무상태표(Balance Sheet)는 기업이 보유하고 있는 자산, 부채 및 자본에 관한 정보를 보고하는 표라고 간단히 정의할 수 있습니다. 기업 활동에 필요한 자금은 어디서 얼마나 조달하여 투자했는지 등을 알 수 있는 항목이지요. 따라서 총자산의 합계는 항상 총부채와 총자본의 합계액과 정확하게 일치해야 합니다. 각 항목은 아래와 같이 구성되어 있습니다.

(1) 자산 - 유동자산, 비유동자산

(2) 부채 - 유동부채, 고정부채

(3) 자본 - 자본금, 자본잉여금, 이익잉여금, 자본조정

(1) 자산

자산은 유동자산과 비유동자산으로 구분되며 유동자산과 비유동성자산은 단기간에 신속히 현금으로 바꿀 수 있는 성격의 유무에 따라서 구분됩니다. 기준은 1년으로, 1년 이내 현금화가 가능한 자산을 유동자산, 1년 이상 기업 내에 체류하는 자산을 비유동자산이라고 합니다.

해당 기업의 경제성이 훼손되고 다른 운전자본이 고갈되는 비상 상황이 발생할 경우 즉시 현금화하여 사용할 수 있는 유동자산이 더 중요하게 평가됩니다. 현금흐름표 부분에서 강조했던 매출채권 및 재고자산이 유동자산 항목에 포함됩니다.

재무상태표의 유동자산에서는 해당 기업이 어느 정도의 현금 및 현금성 자산을 보유하고 있는지 파악할 수 있습니다. 다음 페이지의 예시 기업은 현금성 자산 598억 원, 당기손익측정금융자산 138억 원, 합계 736억 원을 보유하고 있습니다.

어느 기업을 가치평가할 때 시가총액 대비 보유한 현금성 자산 규모가 높을수록 저평가된 기업으로 간주합니다. 다만 이러한 유형의 기업이 장기간 저성장(또는 성장 감소) 추이와 낮은 ROE(자기자본이익률)를 보이고 있다면 저평가 가치주로 여겨질 수는 있으나 필자는 투자 메리트가 낮다고 판단합니다. 이유는 2장에서 1차 스크리닝의 조건이었던 '반드시 YoY 매출액 및 영업이익의 증가가 발생한 기업들만을 선별하여 목록화한다'는 기업 선정 조건에 부합하지 않기 때문입니다.

따라서 필자는 매출액 및 영업이익의 성장성 여부와 ROE를 동시에 충족시키면서 많은 규모의 현금성 자산을 보유한 기업의 경우에만 투자 관점에서 최선호 기업으로 리스트에 등재할 것을 권합니다.

또한 현금 및 현금성 자산과 관련하여 아래 내용을 참조하시기 바랍니다.

- 현금 및 현금성 자산이 적다는 것은 해당 회사의 경제성이 열악하거나 그저 그렇다는 것을 의미한다.

- 사업을 통해 잉여현금흐름(Free Cash Flow)을 창출하는 기업은 장기적인 경쟁우위를 가진 기업일 확률이 높다.

- 주식/메자닌 발행 또는 부채를 통해 현금을 확보하는 기업은 주당순이익의 희석 및 부채비율을 증가시키기 때문에 주주 입장에서는 불리하다.

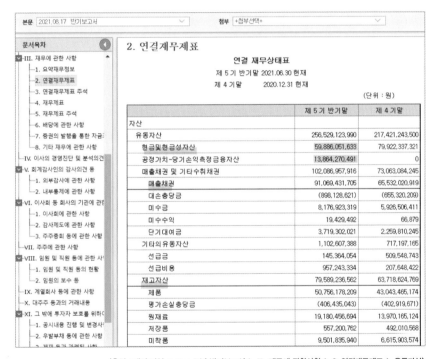

〈출처 : 예시 기업 A, Dart 21년 반기보고서 〉 III. 재무에 관한사항 〉 2. 연결재무제표 〉 유동자산〉

다음으로 비유동자산에 대해 설명하겠습니다. 비유동자산은 토지, 건물,

기계장치 등과 같은 유형자산과 재산권, 라이선스 등과 같은 무형자산으로 구분됩니다.

재무상태표 항목 중 유형자산은 CAPEX(자본적 지출)와 연계됩니다. 현금흐름표 내 투자활동 현금흐름에서 CAPEX를 산출한 후 재무상태표 항목 중 유형자산의 금액 변동과 비교하여 확인하면 산출한 CAPEX를 검증할 수 있습니다.

기업에 따라 재무상태표에서 의도적으로 자산 가치를 평가 절하시키는 경우도 있습니다. 자산재평가를 오랜 기간 시행해오지 않았거나 의결권 감안 시 충분히 연결 종속회사로 분류할 수 있음에도 관계기업 또는 매도 가능 금융 증권으로 자회사를 절하시켜 해당 기업의 가치 자체를 낮추는 방법도 포함됩니다. 이럴 경우 해당 기업의 순자산가치의 적정성을 파헤쳐 봐야 하며 많은 노력과 시간이 필요합니다.

또한 'Ⅱ. 사업의 내용 > 6. 주요 계약 및 연구개발 활동'에서 다뤘던 무형자산과 연계하여 비유동자산 > 무형자산 항목에서 재확인할 수 있습니다. 투자자 입장에서 무형자산의 규모가 과도한지 여부를 파악하여 리스크 관점에서 주의 깊게 내용을 파악해야 합니다. 과도한 규모의 무형자산은 미래에 높은 손실로 이어질 가능성이 언제나 있기 때문입니다.

제조업에 속한 대부분의 기업은 연구개발비를 판매 및 관리비로 비용 처리하여 매 분기 이익에서 감액 처리합니다.

기업이 시설 확장을 위하여 토지 및 기계장치를 신규 구매할 경우 즉시 비용 처리가 되지 않고 유형자산이라는 항목으로 포함됩니다. 유형자산은 매년 노후화되므로 정률적으로 감가상각 처리됩니다. 그래서 감가상각비를 고정비라고도 합니다. 따라서 자산은 일시적으로 한꺼번에 비용 처리가 되지 않으면서 노후화 진행 여부에 따라서 정률적으로 매 분기 상각 처리되는 비용 항목으로 잡습니다.

마찬가지로 무형자산, 즉 형태가 없는 특허권이나 바이오·제약주들의 신약 개발을 위한 연구개발비, 소프트웨어 기업 같은 경우에도 연구개발비를 특허라는 명목으로 무형자산으로 많이 회계 처리하고 있습니다. 만약 해당 연구개발비를 판매 및 관리비로 포함시켜서 이익을 비용 처리하지 않고 무형자산으로 회계 처리한다면 이는 특정 시점에 이익을 증가시키게(부풀리게) 되며, 재무상태표상으로는 비유동성 자산 중 무형자산을 증가시키는 요인으로 작용하여 전체적인 부채비율 또한 낮아지게 하는 일명 화장(cosmetic) 효과를 가져옵니다.

화장 효과와 분식회계

얼굴의 약점을 화장으로 감추듯 매출액 등을 사실과 다르게 인위적으로 조작하여 손익 지표가 좋아 보이게 만드는 것을 말합니다. 분식회계라는 용어에서 '분식'은 화장 효과의 한 자어로, 가루 분(粉)에 꾸밀 식(飾)을 씁니다. 기업의 경영 실적이나 재무 상태가 좋아 보이게 할 목적으로 의도적으로 자산 또는 이익을 부풀리거나 비용을 축소하여 회계 처리하는 것을 말합니다. 연구개발비, 충당금, 대여금 등의 항목에서 분식회계가 자주 발생합니다. 투자자들이나 금융기관으로부터 더 많은 돈을 투자 혹은 대출받기 위해 기업 가치를 부풀리는 경우가 대부분입니다.

의도가 있는 분식회계가 아니더라도 미래를 추정하는 과정에서 실수할 수도 있습니다. 따라서 재무제표 숫자 자체만을 믿기보다는 행간을 읽을 수 있어야 합니다. 그리고 투자 결정 시 기업과 관련된 비재무적 정보를 반드시 고려해야 합니다.

그래서 만약 불손한 의도를 가진 회사의 관계자가 해당 기업을 보유하거나 보유할 의도를 가진 주주들의 시각을 호의적으로 바꾸고 싶다면 무형자산 증가를 통해서 재무제표를 가공할 가능성도 충분히 있습니다. 바이오·제약 기업들의 연구개발비 처리와 관련된 회계 문제가 불거진 뉴스를 본 기억이 있을 것입니다. 어쩌면 현재진행형일 수도 있습니다.

따라서 현명한 투자자라면 전체 자산 중 무형자산의 비중과 성격을 꼼꼼히 체크하는 과정이 필수적입니다.

본문 2021.08.17 반기보고서		첨부 +첨부선택+	
문서목차	비유동자산	123,790,905,171	109,682,393,090
—III. 재무에 관한 사항	장기매출채권 및 기타수취채권	4,606,354,546	5,365,890,853
—1. 요약재무정보	장기대여금	4,301,041,812	4,947,254,742
—2. 연결재무제표	현재가치할인차금	(112,052,896)	(71,250,577)
—3. 연결재무제표 주석	보증금	415,365,630	487,886,688
—4. 재무제표	장기금융상품	2,000,000	2,000,000
—5. 재무제표 주석	기타포괄손익-공정가치측정금융자산	10,376,599,740	3,595,768,860
—6. 배당에 관한 사항	매도가능증권	10,376,599,740	3,595,768,860
—7. 증권의 발행을 통한 자금	유형자산	106,870,891,950	98,288,973,474
—8. 기타 재무에 관한 사항	토지	18,777,017,875	18,776,904,875
—IV. 이사의 경영진단 및 분석의견	건물	28,548,082,842	28,443,582,842
—V. 회계감사인의 감사의견 등	감가상각누계액	(13,213,314,900)	(12,515,700,396)
—1. 외부감사에 관한 사항	구축물	13,815,816,716	12,778,488,426
—2. 내부통제에 관한 사항	감가상각누계액	(9,015,088,521)	(8,453,927,209)
—VI. 이사회 등 회사의 기관에 관1	기계장치	148,462,010,322	145,801,676,722
—1. 이사회에 관한 사항	정부보조금	(114,583,448)	(140,416,766)
—2. 감사제도에 관한 사항	감가상각누계액	(109,634,613,958)	(103,453,460,803)
—3. 주주총회 등에 관한 사항	차량운반구	1,779,197,491	1,680,126,570
—VII. 주주에 관한 사항	감가상각누계액	(1,372,374,846)	(1,297,158,302)
—VIII. 임원 및 직원 등에 관한 사	공기구비품	7,086,270,654	6,855,087,203
—1. 임원 및 직원 등의 현황	정부보조금	(8,669,040)	(12,136,668)
—2. 임원의 보수 등	감가상각누계액	(5,833,931,995)	(5,463,669,399)
—IX. 계열회사 등에 관한 사항	건설중인자산	27,293,094,047	14,685,619,954
—X. 대주주 등과의 거래내용	사용권자산(리스자산)	1,811,867,281	1,811,867,281
—XI. 그 밖에 투자자 보호를 위하	감가상각누계액	(1,509,888,570)	(1,207,910,856)
—1. 공시내용 진행 및 변경사	무형자산	1,805,050,798	1,919,278,444
—2. 우발부채 등에 관한 사항	산업재산권	414,256,328	528,483,974
—3. 제재 등과 관련된 사항	기타무형자산	1,390,794,470	1,390,794,470
—4. 작성기준일 이후 발생한			
—XII. 상세표			

〈출처 : 예시 기업 A. Dart 21년 반기보고서 〉 III. 재무에 관한사항 〉 2. 연결재무제표 〉 비유동자산〉

(2) 부채

재무상태표 항목 중 부채에 대해서 알아봅니다.

부채는 유동부채와 비유동부채로 구분되며 자산과 마찬가지로 1년을 기준으로 합니다. 1년 이내에 만기가 도래하여 상환해야 하는 부채를 유동부채, 1년 이후에 상환 만기가 도래하는 부채를 비유동부채라고 합니다.

부채비율이란 부채총계를 지배주주 자본총계로 나눈 비율이기 때문에 간혹 나쁜 기업들은 매출채권을 부풀려서 분식회계를 저지르기도 합니다. 가령 매출이 발생하지도 않은 선수금을 매출로 잡아서 매출 자체를 부풀리거나 매출채권으로 계상하여 부채비율을 낮추기도 합니다. 또는 재고자산을 부풀려서 자산이 늘어난 것처럼 보이게도 합니다.

따라서 이런 분식 리스크를 감지하기 위해서는 매해 매출액 대비 매출채

| 본문 | 2021.08.17 반기보고서 | ∨ | 첨부 | +첨부선택+ | ∨ |

문서목차	자산총계	366,326,029,161	327,105,030,396
III. 재무에 관한 사항	**부채**		
1. 요약재무정보	**유동부채**	71,549,052,890	44,021,313,880
2. 연결재무제표	매입채무 및 기타채무	36,728,133,165	29,859,717,040
3. 연결재무제표 주석	매입채무	26,807,354,891	21,158,485,843
4. 재무제표	미지급금	5,444,231,752	3,964,215,398
5. 재무제표 주석	미지급비용	4,476,546,522	4,737,015,799
6. 배당에 관한 사항	단기차입금	16,615,223,899	539,514,672
7. 증권의 발행을 통한 자금2	유동성리스부채	309,539,346	616,013,945
8. 기타 재무에 관한 사항	유동성장기부채	5,000,000,000	3,750,000,000
IV. 이사의 경영진단 및 분석의견	당기법인세부채	11,757,462,248	7,258,711,056
V. 회계감사인의 감사의견 등	기타충당부채	194,400,000	0
1. 외부감사에 관한 사항	기타의유동부채	944,294,232	1,997,357,167
2. 내부통제에 관한 사항	선수금	536,276,002	240,096,597
VI. 이사회 등 회사의 기관에 관한	예수금	408,018,230	1,757,260,570
1. 이사회에 관한 사항	**비유동부채**	17,163,537,376	21,993,299,906
2. 감사제도에 관한 사항	장기매입채무 및 기타채무	493,453,791	493,453,791
3. 주주총회 등에 관한 사항	장기미지급금	93,453,791	93,453,791
VII. 주주에 관한 사항	예수보증금	400,000,000	400,000,000
VIII. 임원 및 직원 등에 관한 사항	장기차입금	2,500,000,000	8,264,000,000
1. 임원 및 직원 등의 현황	확정급여부채	14,170,083,585	13,235,846,115
2. 임원의 보수 등	확정급여채무	14,170,083,585	13,235,846,115
IX. 계열회사 등에 관한 사항	**부채총계**	88,712,590,266	66,014,613,786
X. 대주주 등과의 거래내용			

〈출처 : 예시 기업 A, Dart 21년 반기보고서 〉 III. 재무에 관한 사항 〉 2. 연결재무제표 〉 부채〉

권회전율 및 재고자산회전율을 꼼꼼히 체크하여 급격한 변화 유무를 살펴봐야만 합니다.

만약 어떤 기업이 부채비율을 낮춰 보이려고 의도한다면 매입채무를 급격히 낮춰서 부채총계 금액을 낮추는 방법으로 화장 효과를 의도할 수도 있습니다.

개인적으로 우수한 기업이란 원재료를 매입한 거래처에게 외상 대금을 가급적 늦게 지급함으로써 현금을 좀 더 오래, 많이 보유할 수 있는 기업이라고 생각합니다. 이것을 현금 유입이라는 측면에서 본다면 매입채무의 증가는 해당 기업이 원재료 매입처로부터 시장 파워 측면에서 우위에 있는 기업이라고 파악할 수 있습니다.

(3) 자본

마지막으로 알아볼 부분은 자본입니다. 자본은 해당 기업이 경쟁우위를 가졌는지를 확인할 수 있는 지표입니다. 자기자본이익률을 계산할 수 있으니까요.

재무상태표에 표기된 이익잉여금은 누적 이익잉여금입니다. 매년 발생하는 이익잉여금은 누적 이익잉여금에 더해집니다. 이익잉여금을 증가시키지 못하는 기업은 자본을 증가시키지 못하는데요. 자본을 늘리지 못하는 기업은 자기자본이익률이 지속적으로 낮고 경쟁력 측면에서 열위에 있다는 의미입니다.

자본은 총자산에서 총부채를 차감한 금액입니다. 자본은 주주환원 정책의 정수인 자사주 매입 및 소각과 연계할 수 있는데요. 만약 어느 기업이 자사주를 매입한다면 회사의 자본은 감소할 테고, 자본이 감소하면 당연히 회

자본		
지배기업의 소유주에게 귀속되는 자본	291,607,438,895	261,089,022,804
납입자본	2,633,945,500	2,633,945,500
자본금	2,633,945,500	2,633,945,500
자본잉여금	170,690,206,699	170,690,206,699
주식발행초과금	170,690,206,699	170,690,206,699
자본조정	(7,344,106,029)	(5,052,023,531)
자기주식	(7,302,775,378)	(5,010,694,360)
자기주식처분손실	(41,330,651)	(41,329,171)
기타포괄손익누계액	841,281,082	(785,279,621)
공정가치-기타포괄손익측정금융자산 평가손익	1,372,936,747	158,152,973
해외사업환산손익	(531,655,665)	(943,432,594)
이익잉여금	124,786,111,643	93,602,173,757
이익준비금	1,781,050,140	1,781,050,140
미처분이익잉여금	123,005,061,503	91,821,123,617
비지배지분	0	0
자본총계	291,607,438,895	261,089,022,804
자본과부채총계	380,320,029,161	327,103,636,590

〈출처 : 예시 기업 A. Dart 21년 반기보고서 〉 III. 재무에 관한 사항 〉 2. 연결재무제표 〉 자본〉

사의 자기자본이익률은 높아질 겁니다.

경쟁우위를 가진 기업은 자기자본이익률(ROE)이 높은 기업을 의미합니다. 자사주를 보유하고 있고 장기간 자사주를 취득한 히스토리가 있다면 해당 기업은 주주 친화적인 좋은 기업이란 의미가 되는 것입니다.

또한 기업의 영업활동 측면에서 자기자본이익률(ROE) = 당기순이익 ÷ 자기자본으로서 높은 ROE를 유지하는 기업은 해당 기업의 이익잉여금을 적정하게 사용하고 있다는 것을 의미합니다. ROE가 높으면 기업의 가치는 상승하고, 이는 장기적으로 주가 상승의 원동력이 됩니다.

2) (연결)손익계산서

손익계산서는 일정기간 동안 기업의 경영 성과를 한눈에 볼 수 있는 재무제표 항목입니다. 기업 활동을 통해 발생한 이익과 비용, 손익을 표시하므로 대부분의 투자자가 재무제표 항목 중 가장 우선적으로 참조하는 보고서이기도 합니다.

'가장 가공하기 쉽고 조작하기 쉬운 재무제표 항목은 바로 손익계산서이다'라는 말이 있습니다. 손익계산서를 참조하기 전에 반드시 기억해야 할 말입니다. 따라서 현명한 투자자는 손익계산서 이면의 데이터를 파악하고 분석할 수 있어야 합니다.

손익계산서는 매출액, 매출원가(재고자산 및 매입 재료 또는 외주 인건비 등), 판매 및 관리비, 이렇게 순차적으로 구성되어 있습니다.

(1) 매출액

(2) 매출원가(변동비 + 고정비)

(3) 매출총이익(GP : 매출액 - 매출원가)

(4) 판관비(변동비 + 고정비)

(5) 영업이익(OP : 매출총이익 - 판관비)

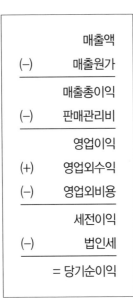

	매출액
(−)	매출원가
	매출총이익
(−)	판매관리비
	영업이익
(+)	영업외수익
(−)	영업외비용
	세전이익
(−)	법인세
	= 당기순이익

손익계산서상 매출채권은 매출액으로, 재고자산은 매출원가, 감가상각비는 매출원가 및 판매 및 관리비에 포함되어 있습니다.

여러분이 손익계산서만 참고하는 투자자라면, 분식회계를 일으켜서 매출채권을 과다 계상 처리하고 재고자산을 임의로 높게 처리하는 기업의 손익을 실제보다 매우 양호하게 인식할 수도 있습니다. 손익계산서만 보고 투자한다면 매우 높은 리스크를 떠안고 시작하는 상황이 발생할 수 있습니다.

'매출원가 = 기초재고자산 + 당기매입액 - 기말재고자산'입니다. 기초재고자산 중 팔려서 매출을 발생시킨 부분은 비용으로 매출원가가 되며 팔지 못하고 남은 재고는 자산 항목의 기말재고자산으로 잡힙니다. 정리하자면 재고자산은 매출원가로 비용 처리되거나 기말재고로 유형자산 처리가 됩니다.

특정 분기에 기초재고보다 기말재고가 감소한 경우 매출원가의 증가를 의미하고 이는 매출총이익의 감소를 발생시킵니다. 반대로 기초재고보다 기말재고가 증가한 경우 매출원가의 감소를 의미하고 이는 매출총이익의 증가를 발생시킵니다.

따라서 손익계산서를 참고할 때는 얼마나 많은 화장 기법이 녹아있을지를 항상 의심하는 자세로 현금흐름표 및 재무상태표와 연계하여 꼼꼼히 검토해야 합니다.

'Ⅱ. 사업의 내용 > 2. 주요 제품 및 서비스' 부분에서 매출액과 관련된 내용을 다뤘습니다. 또한 'Ⅱ. 사업의 내용 > 3. 원재료 및 생산설비'에서 매출원가, 판매비와 관리비, 고정비·변동비와 연계되는 영업 레버리지 효과에 대해서 설명했습니다.

정량적 분석의 시작 포인트를 다시 한 번 복기하겠습니다.

연결 포괄손익계산서

제 30 기 반기 2021.01.01 부터 2021.06.30 까지
제 29 기 반기 2020.01.01 부터 2020.06.30 까지

(단위 : 원)

	제 30 기 반기		제 29 기 반기	
	3개월	누적	3개월	누적
매출액	14,175,296,661	27,033,086,863	9,528,112,580	22,940,559,360
매출원가	9,610,366,085	18,725,058,287	6,758,919,863	16,249,936,030
매출총이익	4,564,930,576	8,308,028,576	2,769,192,717	6,690,623,330
판매비와관리비	2,560,375,960	5,054,650,018	3,231,301,754	7,208,502,020
영업이익(손실)	2,004,554,616	3,253,378,558	(462,109,037)	(517,878,690)
금융수익	144,495,639	559,164,586	528,831,259	1,170,905,408
금융원가	605,226,894	4,408,397,257	529,509,628	1,330,431,271
기타이익	61,358,295	123,705,279	45,404,293	96,540,301
기타손실	14,006,436	249,240,440	(1,755,536)	5,197,794
법인세비용차감전순이익(손실)	1,591,175,220	(721,389,274)	(415,627,577)	(586,062,046)
법인세비용	0	0	0	0
당기순이익(손실)	1,591,175,220	(721,389,274)	(415,627,577)	(586,062,046)
기타포괄손익	745,287	(181,063,046)	(7,193,387)	(7,041,784)
당기손익으로 재분류되지 않는항목(세후기타포괄손익)	0	(202,645,000)	0	0
지분상품에 대한 투자자산의 세후기타포괄손익	0	(202,645,000)	0	0
당기손익으로 재분류될 수 있는 항목(세후기타포괄손익)	745,287	21,581,954	(7,193,387)	(7,041,784)
해외사업장환산외환차이(세후기타포괄손익)	745,287	21,581,954	(7,193,387)	(7,041,784)
총포괄손익	1,591,920,507	(902,452,320)	(422,820,964)	(593,103,830)
당기순이익(손실)의 귀속				
지배기업의 소유주에게 귀속되는 당기순이익(손실)	1,591,175,220	(721,389,274)	(415,627,577)	(586,062,046)
총 포괄손익의 귀속				
총 포괄손익, 지배기업의 소유주에게 귀속되는 지분	1,591,920,507	(902,452,320)	(422,820,964)	(593,103,830)
주당이익				
기본주당이익(손실) (단위 : 원)	86	(42)	(26)	(37)
희석주당이익(손실) (단위 : 원)	86	(42)	(26)	(37)

〈출처 : 예시 기업 A. Dart 21년 반기보고서 〉 III. 재무에 관한 사항 〉 2. 연결재무제표 〉 손익계산서〉

　　투자 가능한 기업들의 가장 중요한 전제 조건은 실적(매출 및 이익)의 증가이며 특히 YoY(전년 대비), 최근 분기 실적의 성장이 높게 발생하는 기업들만을 투자 가능 기업들로 선정하여 스크리닝을 합니다.

　　스크리닝에서 중요한 실적(매출액 및 이익)을 확인할 수 있는 재무제표가 바로 손익계산서입니다. 손익계산서를 볼 줄 아는 것이 실전 투자를 위한 정량적 분석의 시작점이며, 이를 통해 핵심 투자 포인트를 발굴할 수 있습니다.

　　매출원가는 기업 활동에서 수익을 올리기 위해 필요한 비용을 의미하며 여기에는 상품 매입액 및 제품 생산에 필요한 인건비, 자재비 등이 포함됩니다.

　　매출총이익은 매출액에서 매출원가를 빼면 나옵니다. 여기에서 중요한 단어는 장기 지속성입니다. 'Ⅱ. 사업의 내용 > 3. 원재료 및 생산설비'에서 설명한 고정비형 기업 및 변동비형 기업을 구분할 수 있는 항목으로서 일반적으로 매출총이익률(매출총이익/매출액, GPM)이 높을수록 경쟁우위가 높은 기업으로 여겨지며, 반대로 낮을수록 경쟁이 치열한 업종에 속한 기업일 가능성이 높습니다.

원재료 가격 변동에 이익률이 연동되는 변동비형 기업인 경우 매출총이익률이 낮으며 일반적으로 10% 내외의 매출총이익률을 보이고, 제조업 성격의 기업은 20% 내외의 매출총이익률을 보이는 경향이 있습니다. 만약 40% 이상의 매출총이익률을 장기간 유지하는 기업이라면 경쟁우위가 높은 기업으로 여겨집니다.

매출총이익률(이하 GPM)에 있어서 중요한 포인트는 장기간에 걸친 지속성이며 이러한 지속성 추이는 투자 가능한 기업의 선정에서 중요한 요소입니다.

② 매출원가에서 무엇을 파악해야 하는가?

제조업의 경우 공장 종업원 인건비는 매출원가에, 사무직 직원 인건비는 판관비에 반영한다고 설명을 드렸습니다. 따라서 고정비 효과를 엄밀하게 따진다면 매출원가에서도 일부 발생한다고 할 수 있죠. 이러한 매출원가에서 무엇을 체크하여야 하느냐로 넘어가 봅니다.

일반적으로 기업의 매출 구성은 제품 및 상품으로 구분됩니다. 제품은 해당 기업이 직접 제조한 품목이기에 마진이 높고, 상품은 제조 완료된 품목을 구매하여 수수료를 받고 판매하는 품목이기에 마진이 낮습니다.

〈출처 : 예시 기업 A. Dart 20년 3분기 보고서 〉 II. 사업의 내용〉

　　보통 사업보고서 내 사업 내용의 매출에 관한 사항에 해당 기업의 매출 구성을 제품과 상품으로 각각 구분하여 표기합니다.

　　또한 재무제표 주석에는 아래와 같이 제품 및 상품 각각의 매출원가를 별도로 표기합니다.

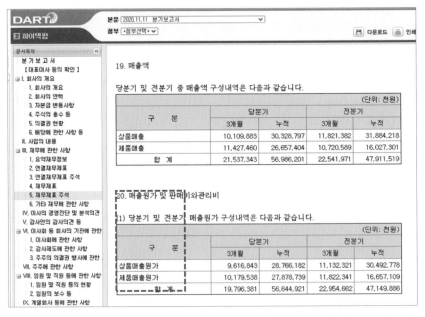

〈출처 : 예시 기업 A. Dart 20년 3분기 보고서 〉 III. 재무에 관한 사항 〉 5. 재무제표 주석〉

상기 수치들을 이용하여 제품 및 상품 GPM 차트를 각각 작성하여 추세성을 살펴보겠습니다.

다음은 제품과 상품을 합친 총매출액 및 GPM 추세 차트입니다. 19년 이후 20년 2분기까지 마이너스 GPM이 발생한 것을 알 수 있네요.

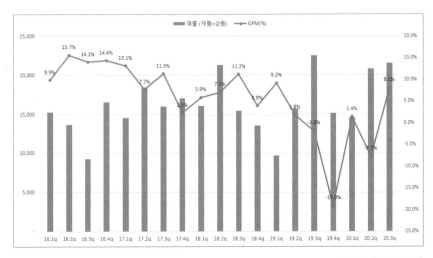

〈매출액 – GPM 조합 차트〉

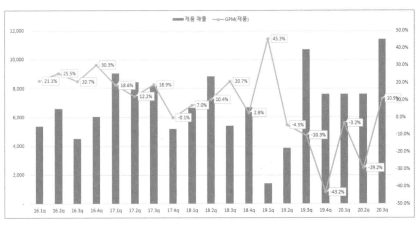

〈제품 매출액 – 제품 GPM 조합 차트〉

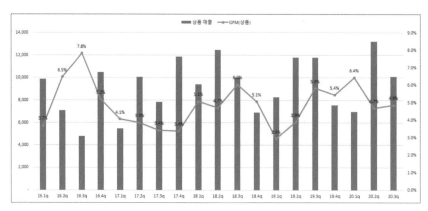

<상품 매출액 – 상품 GPM 조합 차트>

이를 제품 및 상품 품목별 각각의 매출액 + GPM 조합 추세 차트로 분리하여 확인합니다. 역시 19년 이후의 마이너스 GPM은 제품에서 발생했음을 확인할 수 있네요.

상품의 경우 저마진이지만 꾸준한 플러스 GPM이 발생하고 있습니다.

그렇다면 왜 제품에서는 마이너스 GPM이 발생했을까요?

20년 2분기 사업 내용에 명기된 제품 가격 추이와 원재료 관련 사항을 살펴봅시다. 주요 제품인 이미페넴의 가격이 18년부터 거의 변동하지 않았다는 것을 알 수 있네요.

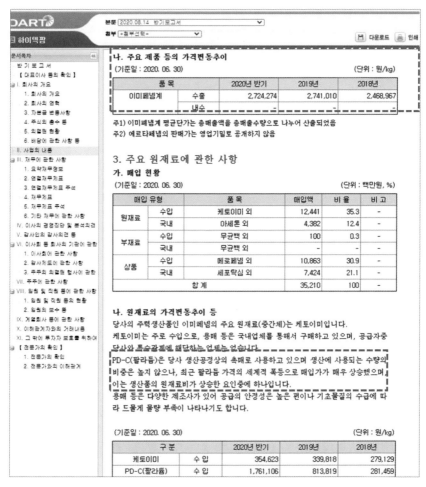

나. 주요 제품 등의 가격변동추이
(기준일 : 2020. 06. 30) (단위 : 원/kg)

품 목		2020년 반기	2019년	2018년
이미페넴계	수출	2,724,274	2,741,010	2,468,967
	내수	-	-	-

주1) 이미페넴계 평균단가는 총매출액을 총매출수량으로 나누어 산출되었음
주2) 에르타페넴의 판매가는 영업기밀로 공개하지 않음

3. 주요 원재료에 관한 사항
가. 매입 현황
(기준일 : 2020. 06. 30) (단위 : 백만원, %)

매입 유형		품 목	매입액	비율	비고
원재료	수입	케토이미 외	12,441	35.3	-
	국내	아세톤 외	4,382	12.4	-
부재료	수입	무균백 외	100	0.3	-
	국내	무균백 외	-	-	-
상품	수입	메로페넴 외	10,863	30.9	-
	국내	세포탁심 외	7,424	21.1	-
합 계			35,210	100	-

나. 원재료의 가격변동추이 등
당사의 주력생산품인 이미페넴의 주요 원재료(중간체)는 케토이미입니다.
케토이미는 주로 수입으로, 용매 등은 국내업체를 통해서 구매하고 있으며, 공급자중
당사와 특수관계에 해당하는 업체는 없습니다.
PD-C(팔라듐)은 당사 생산공정상의 촉매로 사용하고 있으며 생산에 사용되는 수량의
비중은 높지 않으나, 최근 팔라듐 가격의 세계적 폭등으로 매입가가 매우 상승했으며
이는 생산품의 원재료비가 상승한 요인중에 하나입니다.
용매 등은 다양한 제조사가 있어 공급의 안정성은 높은 편이나 기초물질의 수급에 따
라 드물게 물량 부족이 나타나기도 합니다.

(기준일 : 2020. 06. 30) (단위 : 원/kg)

구 분		2020년 반기	2019년	2018년
케토이미	수입	354,623	339,818	279,129
PD-C(팔라듐)	수입	1,761,106	813,819	281,459

〈출처 : 예시 기업 A. Dart 20년 3분기 보고서 〉 II. 사업의 내용〉

다음으로 원재료 관련 내용을 확인해봅니다. 보고서 내용 중 일부를 옮겨
왔습니다.

PD-C(팔라듐)는 당사 생산 공정상의 촉매로 사용하고 있으며 생산에 사용되는 수
량의 비중은 높지 않으나, 최근 팔라듐 가격의 세계적 폭등으로 매입가가 매우 상승했

으며, 이는 생산품의 원재료비가 상승한 요인 중의 하나입니다.

제품 가격 및 원재료 가격 스프레드가 축소되어 마이너스 GPM이 발생했을 수 있겠다고 추측 가능합니다.

장기간의 제품 가격 및 원재료 가격 조합 차트를 통하여 다시 한 번 확인해보겠습니다. 해당 차트를 보니 스프레드로 인한 마이너스 발생 가능성이 확인됩니다. 그러나 마이너스 GPM이 단 하나의 사유 때문에 발생했을까요?

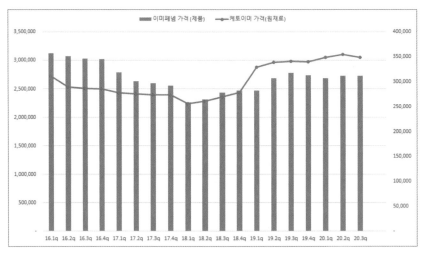

〈제품 가격 – 원재료 가격 조합 차트〉

추가적인 사유가 있는지를 확인해봅시다. 만약 사유를 찾지 못한다면 해당 기업의 투자는 보류해야 합니다.

가능성 높은 항목인 감가상각비부터 살펴보겠습니다. 감가상각비는 매출원가와 판관비에 각각 비용으로 포함됩니다. 만약 19년 이전에 CAPEX가 집행되었으면 높은 감가상각비가 발생하여 매출원가를 높였고, 이는 마이너스

GPM의 발생 사유가 될 수도 있습니다.

따라서 CAPEX + 감가상각비 조합 차트를 작성하여 확인합니다.

아래 차트를 보시죠. 역시나 사유는 감가상각비였습니다.

16년부터 집행된 높은 CAPEX로 인하여 19년부터 높은 감가상각비가 발생했다는 것을 확인할 수 있네요.

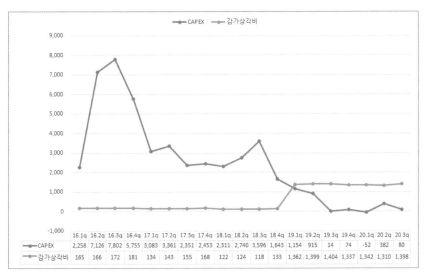

〈CAPEX – 감가상각비 조합 차트〉

이렇게 사유는 제품가와 원재료의 스프레드 축소 및 감가상각비로 확인되었으니 제품 매출, CAPEX, 감가상각비를 조합한 그래프를 통하여 투자 관점에서 메리트가 있는지를 확인합니다.

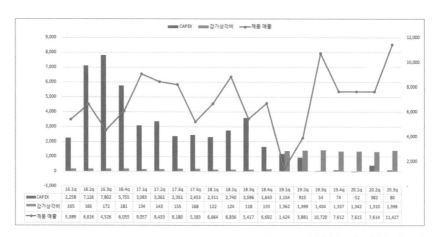

	16.1q	16.2q	16.3q	16.4q	17.1q	17.2q	17.3q	17.4q	18.1q	18.2q	18.3q	18.4q	19.1q	19.2q	19.3q	19.4q	20.1q	20.2q	20.3q
CAPEX	2,258	7,126	7,802	5,755	3,083	3,361	2,351	2,453	2,311	2,740	3,596	1,643	1,154	915	14	74	-52	382	80
감가상각비	165	166	172	181	134	143	155	168	122	124	118	133	1,362	1,399	1,404	1,337	1,342	1,310	1,398
제품 매출	5,389	6,616	4,526	6,055	9,057	8,433	8,180	5,183	6,664	8,836	5,417	6,692	1,424	3,881	10,720	7,612	7,615	7,614	11,427

〈CAPEX – 감가상각비 – 제품 매출액 조합 차트〉

- CAPEX 추세는? → 대규모 CAPEX 집행 완료

- 감가상각비 감소 가능성은? → CAPEX 완료로 지속 감소 예상

- 제품 매출 추세는? → 증가 추세

GPM 체크를 통하여 투자 포인트로 연계할 수 있다고 확인했습니다.

나아가 다음과 같이 재고자산 및 OPM 등으로 확장하여 추가적인 투자 포인트를 확인할 수도 있습니다.

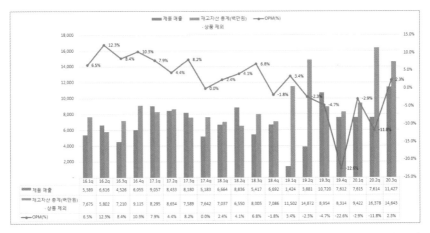

〈제품 매출액 – 재고자산 – OPM 조합 차트〉

	16.1q	16.2q	16.3q	16.4q	17.1q	17.2q	17.3q	17.4q	18.1q	18.2q	18.3q	18.4q	19.1q	19.2q	19.3q	19.4q	20.1q	20.2q	20.3q
제품 매출	5,389	6,616	4,526	6,055	9,057	8,433	8,180	5,183	6,664	8,836	5,417	6,692	1,424	3,881	10,720	7,612	7,615	7,614	11,427
재고자산 총계(백만원) -상품 제외	7,675	5,802	7,210	9,115	8,295	8,654	7,589	7,642	7,037	6,550	8,005	7,086	11,502	14,872	8,954	8,314	9,422	16,378	14,643
OPM(%)	6.5%	12.3%	8.4%	10.9%	7.9%	4.4%	8.2%	0.0%	2.4%	4.1%	6.8%	-1.8%	3.4%	-2.3%	-4.7%	-22.6%	-2.9%	-11.8%	2.3%

그 이후 21년 2분기까지의 기업 실적 공시가 있었다고 가정하고, 이를 토대로 업데이트한 제품 매출액 - GPM - OPM 차트를 확인합니다.

아래와 같이 매출액은 20년 3분기 이후 증가 추이를 보이며 OPM(영업이익률) 또한 상승 추이가 확인됩니다.

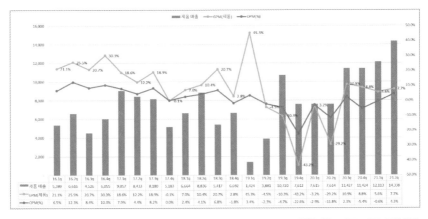

〈제품 매출 – GPM – OPM 조합 차트〉

	16.1q	16.2q	16.3q	16.4q	17.1q	17.2q	17.3q	17.4q	18.1q	18.2q	18.3q	18.4q	19.1q	19.2q	19.3q	19.4q	20.1q	20.2q	20.3q	20.4q	21.1q	21.2q
제품 매출	5,389	6,616	4,526	6,055	9,057	8,433	8,180	5,183	6,664	8,836	5,417	6,692	1,424	3,881	10,720	7,612	7,615	7,614	11,427	11,424	12,113	14,338
GPM(제품)	21.1%	25.5%	20.7%	30.3%	18.6%	12.2%	18.9%	-0.1%	10.4%	-4.1%	6.8%	-1.8%	45.3%	-4.5%	-10.3%	-43.2%	-3.2%	-29.2%	10.9%	8.8%	5.6%	7.7%
OPM(%)	6.5%	12.3%	8.4%	10.3%	7.9%	4.4%	8.2%	0.0%	2.4%	4.1%	6.8%	-1.8%	3.4%	-2.3%	-4.7%	-22.6%	-2.9%	-11.8%	2.3%	-5.4%	-0.6%	4.3%

여기서 그치지 않고 CAPEX - 감가상각비 - 제품 매출 조합 차트를 확인하여 봅니다.

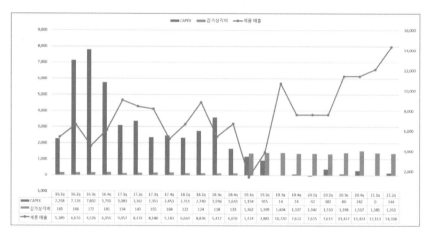

〈CAPEX – 감가상각비 – 제품 매출액 조합 차트〉

마지막으로, 감가상각비 - 제품 매출 - GPM 조합 차트를 확인합니다.

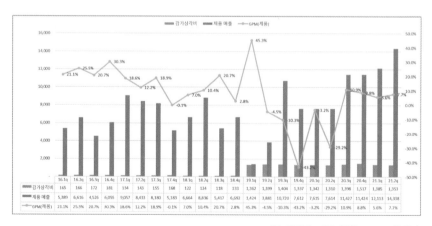

〈감가상각비 – 제품 매출액 – OPM 조합 차트〉

지금까지 매출원가를 이용하여 재무제표 내 여러 가지 내역을 조합하여 기업의 실적 추이를 추론하는 방법을 설명했습니다. 충분히 이해가 되었습니까?

필자는 기업의 투자 적정성을 판단할 때의 기준을 장기간의 추세성이라고 생각합니다. 가령 고정비 효과, 즉 영업 레버리지 효과와 관련하여 발현 시기를 간파한다면 투자 관점에서 매우 유의미하겠죠. 그리고 이것은 매출액, GPM, 판관비율의 과거 장기간 추이에서 실마리를 파악할 수 있습니다.

따라서 필자는 기업의 정량적 분석의 필수 과정으로 재무제표 내역들의 각종 수치를 엑셀을 이용하여 도표로 정리한 후 차트로 변환하여 장기간 실적에 대한 추세성을 근거로 선행 실적을 추론하는 연습을 많이 해보라고 권하고 싶습니다.

그렇다면 이런 차트를 어떻게 잘 만들고 분석할 수 있을까요?

5장에서 엑셀을 이용하여 도표를 작성하고 조합 차트를 만드는 과정을 알려드릴 것이니 지금은 재무제표 수치들을 어떻게 활용하여 기업의 내면을 파악하고 미래 실적을 추론해 나가는지에 대한 개념을 먼저 익히길 바랍니다. 6장에서는 4장, 5장에서 설명한 방법들을 적용한 실제 기업들의 분석을 남길 예정입니다. 그대로 따라 하면서 분석 방법과 흐름을 익히길 바랍니다.

③ 판관비의 변화로 투자 포인트를 간파한다

판매비와 관리비 비율이 지속적으로 낮으면 매우 좋은 기업이라고 평가합니다. 여기서 중요한 부분은 낮은 판관비율과 지속성입니다. 필자는 특정 기업에 대한 분석을 할 때 판관비의 장기적인 추세와 흐름을 파악한다면 절반은 한 셈이라고 생각합니다.

재무제표는 대차대조표, 손익계산서, 현금흐름표 등으로 구성되며, 판관비는 손익계산서에서 파악할 수 있습니다.

이제부터 과거 부실기업이었다가 서서히 변모 중인 기업의 사업보고서 내용을 살펴보겠습니다.

손익계산서는 다음과 같은 항목으로 구성되었습니다.

(1) 매출액

(2) 매출원가(변동비 + 고정비)

(3) 매출총이익(GP : 매출액 - 매출원가)

⟨Dart 사업보고서 〉 III. 재무에 관한 사항 〉 2. 연결재무제표 〉 연결 포괄손익계산서⟩

(4) 판관비(변동비 + 고정비)

(5) 영업이익(OP : 매출총이익 - 판관비)

위의 손익계산서에서 수치들을 직접 발췌하여 정리합니다. 개인적으로는 최소 5년 이상의 분기별 수치들을 정리합니다.

5년간 분기별 수치들을 엑셀로 정리한 것이 아래의 표입니다. 해당 기업은 과거 부실화된 손상차손 등 재무제표가 열악한 부분이 많았습니다. 이것이 해당 기업을 샘플로 선정한 사유입니다. 기업분석을 할 때 어떻게 판관비의 변화를 간파하여 투자 포인트를 잡아가는지에 대해서 설명하겠습니다.

매출액-판관비율 조합 그래프를 만들어 보았더니 판관비의 추세성이 보입

구분	16.1q	16.2q	16.3q	16.4q	17.1q	17.2q	17.3q	17.4q	18.1q	18.2q	18.3q	18.4q	19.1q	19.2q	19.3q	19.4q	20.1q	20.2q	20.3q	20.4q	21.1q	21.2q
손익계산서																						
매출액	17,292	19,671	18,447	18,380	15,757	15,045	13,539	13,267	15,507	13,331	13,067	13,441	13,844	14,960	15,020	15,245	13,412	9,528	11,740	13,640	12,857	14,175
매출원가	12,884	13,931	13,864	12,841	11,297	12,059	10,294	10,104	11,086	9,740	9,295	9,017	9,616	10,672	10,268	11,145	9,481	6,758	8,670	9,567	9,114	9,610
매출총이익률(%)	25.9%	29.2%	24.8%	30.1%	27.7%	19.8%	24.0%	23.8%	28.6%	26.9%	28.9%	32.9%	30.5%	28.7%	31.7%	26.9%	29.3%	29.1%	26.1%	29.9%	29.1%	32.2%
판관비	4,741	5,331	4,468	5,887	5,989	6,410	6,006	4,452	4,428	4,423	3,990	4,025	2,787	4,037	6,851	3,977	3,231	1,483	2,786	2,494	2,560	
판관비율(%)	27.3%	27.1%	24.2%	32.0%	38.0%	42.6%	44.4%	17.1%	28.7%	33.2%	33.1%	29.7%	29.1%	25.3%	26.9%	44.9%	29.7%	32.9%	22.4%	15.4%	18.1%	
영업이익	-233	409	114	-346	-1,528	-2,047	-2,761	821	116	-827	-551	334	202	509	715	-2,745	-55	-462	1,586	1,298	1,248	2,004
영업이익률(%)	-1.3%	2.1%	0.6%	-1.9%	-12.2%	-20.3%	-20.4%	6.2%	0.7%	-6.3%	-4.2%	2.5%	1.5%	3.4%	4.8%	-18.0%	-0.4%	-4.8%	13.5%	9.5%	9.7%	14.1%
순이익	-1,152	182	-1,604	-2,943	-3,757	-3,047	490	-15,722	36	-862	-1,110	-2,314	62	-34	480	-3,342	-170	-415	1,186	-1,146	-2,312	1,591
순이익률(%)	-6.6%	0.9%	-8.9%	-16.0%	-23.8%	-20.3%	3.6%	-118.5%	0.2%	-6.5%	-8.5%	-17.2%	0.4%	-0.2%	3.2%	-21.9%	-1.3%	-4.4%	10.1%	-8.4%	-18.0%	11.2%
현금흐름표																						
OCM(영업활동현금흐름)	568	4,097	-207	578	-1,032	-837	-1,454	-1,351	-207	-1,689	-404	-515	108	-452	3,157	1,004	1,534	1,031	1,615	3,096	764	
CAPEX(자본적지출)	1,349	1,537	1,117	550	419	349	-8,884	-8,340	165	197	165	916	343	200	128	296	199	-6	8	93	406	-185
FCF (OCF-CAPEX)	-781	2,560	-1,324	28	-1,451	-1,186	6,580	5,061	-1,515	-404	-1,854	-960	-968	-92	-578	2,861	806	1,540	1,023	1,522	2,660	949
사업의 내용																						
매출에 관한 사항																						
이미지 프린팅(사무용 잉크)	2,448	2,414	2,301	2,414	1,891	2,131	1,784	1,914	2,508	1,819	2,138	2,017	2,222	1,995	2,011	2,007	2,092	1,366	1,680	1,624	1,624	1,877
이미지 프린팅(산업용 잉크)	5,051	7,155	4,760	6,065	5,068	4,890	4,371	4,796	4,087	4,424	3,406	4,052	3,608	4,035	3,615	4,188	3,802	2,234	3,393	1,929	5,038	3,632
연세전자 (엠3/공장)	3,263	3,507	4,118	4,356	1,851	1,705	2,103	1,660	2,525	1,935	2,172	2,712	2,764	2,451	4,175	3,154	2,769	1,792	2,728	6,858	2,705	2,899
토탈팅 시스템	2,798	3,181	2,648	2,752	3,270	2,877	2,161	2,318	3,566	2,388	2,763	2,296	2,804	2,625	2,898	3,381	3,090	2,297	-1,323	986	3,590	
이미지 프린팅(상/하)	2,282	2,961	4,100	2,992	2,947	2,021	2,692	2,486	2,388	2,411	2,148	1,902	1,999	2,245	1,860	2,094	1,756	992	1,086	3,774	1,677	1,648
기타(임대 수익)	547	505	521	395	429	412	430	390	424	385	442	434	443	425	439	442	410	556	577	625	590	
계	17,389	19,673	18,451	18,374	15,456	15,044	13,541	13,564	15,504	13,332	13,068	13,441	13,840	14,971	15,021	15,243	12,410	9,527	11,740	13,639	12,865	14,176
연세전자+토탈팅 시스템	6,061	6,688	6,766	7,108	5,121	4,582	4,264	5,978	6,091	4,293	4,935	5,010	5,566	6,076	7,073	6,535	5,819	4,525	5,025	5,855	3,691	6,429
재무제표 주석																						
판매 및 관리비																						
감가상각비	1,345	1,404	1,270	1,817	1,123	1,125	1,149	897	675	645	629	621	662	670	757	765	761	748	748	736	723	695
대손상각비	204	179	70	201	-78	273	116	193	95	79	99	145	41	-50	25	2,725	189	169	-1,603	-258	-142	-119
무형자산상각비	347	335	329	292	291	294	298	124	124	113	110	102	95	95	71	68	67	66	56	27	26	
경상연구개발비	913	1,084	941	2,053	2,461	2,240	1,457	-931	1,113	1,115	1,084	1,074	1,067	943	969	967	937	779	782	730	709	
경상연구개발비/판관비(%)	19.3%	20.3%	21.1%	34.9%	41.1%	34.9%	24.3%	-36.7%	25.0%	25.2%	25.1%	26.9%	26.9%	24.9%	28.8%	14.1%	23.6%	24.1%	52.7%	26.2%	28.4%	0.0%
유형자산처분손실				4				1,905														
유형자산처분손상				2,036				3,911														
유형자산손상손상								41														
무형자산손상손실								91													662	
개발비손상차손				1,954				5,676				2,507										
청산손실				111																91		
기타 화폐의 손실 계				4,105				11,624				2,589								758	0	0
임원 및 직원 등에 관한 사항																						
직원수	337	337	331	337	341	340	305	258	242	240	235	238	222	232	234	229	227	226	216	175	177	178
재무제표 주석																						
비목의 성격별 분류																						
종업원급여(매출원가 외)	1,215	1,277	1,236	3,899	1,365	1,127	1,434	1,085	1,406	1,548	1,346	1,399	1,282	1,276	1,336	1,396	1,362	1,106	1,144	1,266	1,129	1,207
직원급여(판매비와 관리비)	1,624	1,933	1,894	1,369	2,695	1,122	2,723	1,686	1,793	1,774	1,746	1,473	1,677	1,480	1,602	1,872	1,673	1,535	1,551	907	1,114	861

니다. 판관비는 낮을수록 좋고, 지속성이 있어야 한다고 설명했는데요. 이 기업은 해당 사항에서 크게 벗어난 모습을 보이고 있습니다. 투자 부적격이죠.

그런데 말입니다. 이런 부실기업에서 투자 포인트를 발견할 수도 있습니다. 20년 3분기에 확인되는 판관비율의 급격한 하락입니다.

일단 이 기업은 시간을 들여서 분석해 볼 만하겠죠? 그럼 무엇을 어떻게 파악할까요?

판관비 항목에서 간파할 중요 포인트는 무엇이라고 했죠?

낮은 판관비율과 지속성.

따라서 빨간색 원으로 표시한 지점에서 판관비율이 높았던 사유와 20년 3분기부터 급락한 판관비율이 지속 가능한지를 파악하는 것이 핵심이라고 할 수 있습니다.

판관비의 세부 내용을 파악하기 위해서는 재무제표 주석으로 들어가서 판매비와 관리비 내역을 확인하면 됩니다.

19년 4분기 급증한 판관비 사유를 확인하기 위해 19년 사업보고서를 봅니다. 내역을 쭉 보니 대손상각비 비용이 높게 발생했습니다.

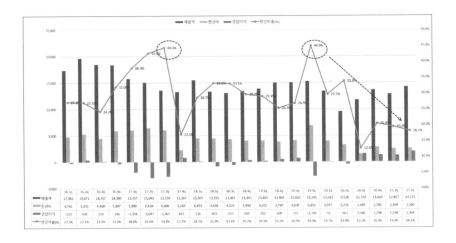

〈Dart 사업보고서 〉 III. 재무에 관한 사항 〉 3. 연결재무제표 주석 〉 판매비 및 관리비〉

이런 식으로 5년 동안 모든 분기보고서 내의 판관비 내역 중 각 분기마다 크게 튀는 항목을 발췌하여 도표로 만듭니다.

예시 기업의 경우, 판관비율이 높았던 사유는,

- 높은 감가상각비

- 대손상각비

- 무형자산상각비

- 높은 경상연구개발비

- 유·무형 자산 처분, 감액 손실 등이었습니다.

그럼 이제 항목별 지속성 여부를 살펴봅니다.

- 높은 감가상각비 → 최근 매우 낮아짐. 그러나 기업의 성장을 위해서는
  반드시 필요

- 대손상각비 → 19년 4분기에 높게 발생했으나 20년 3분기에 환입

- 무형자산상각비 → 지속적으로 낮아짐

- 높은 경상연구개발비 → 지속적으로 낮아짐

- 유·무형 자산 처분, 감액 손실 → 18년까지 손실 처리 완료

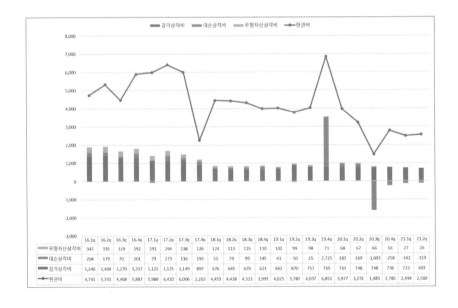

	16.1q	16.2q	16.3q	16.4q	17.1q	17.2q	17.3q	17.4q	18.1q	18.2q	18.3q	18.4q	19.1q	19.2q	19.3q	19.4q	20.1q	20.2q	20.3q	20.4q	21.1q	21.2q
무형자산상각비	347	335	329	292	291	294	238	126	124	113	115	110	102	99	98	71	68	67	66	56	27	26
대손상각비	204	179	70	201	79	273	116	193	55	79	99	145	41	-50	25	2,725	183	169	-1,603	-258	-142	-119
감가상각비	1,346	1,404	1,270	1,317	1,123	1,125	1,149	897	676	645	629	621	662	870	757	765	761	748	748	736	723	693
판관비	4,741	5,331	4,468	5,887	5,989	6,410	6,006	2,263	4,453	4,428	4,323	3,993	4,025	3,787	4,037	6,851	3,977	3,231	1,483	2,785	2,494	2,560

내역 하나하나를 체크하였더니 부실 항목들은 대부분 처리되었고, 판관비율을 높일 요인은 많이 사라진 것이 확인됩니다.

좀 더 정확한 파악을 위하여 상기 내역들을 차트로 만들어 봅니다.

각 내역들을 차트화했더니 좀 더 명확해집니다.

다음으로 판관비 중 급여와 경상연구개발비와 밀접한(경상연구개발비의 대부분은 인건비이며, 사업내용에서 확인 가능) 직원 수 장기 추세도 아래와 같이 확인하여 봅니다.

예시 기업은 최근 기업 체질이 상당히 개선되고 있음이 확인 가능합니다.

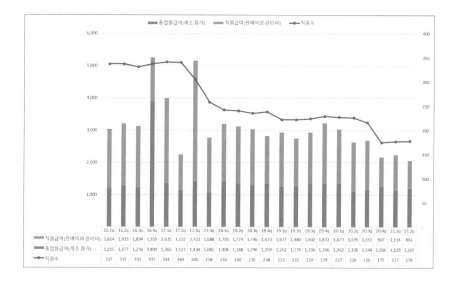

어떤가요?

이제 기업분석을 할 때 어떻게 판관비의 추세를 분석하고 투자 포인트를 잡아야 하는지 감이 잡혔나요? 판관비의 추세적인 하락은 이익의 증가를 가져올 수 있습니다.

물론 판관비 분석은 기업분석 중 극히 일부일 뿐입니다. 더욱 중요한 현금흐름표, 매출채권, 재고자산, 매출원가 등의 추가 분석이 필요합니다. 하지만 이 단락의 서두에서 설명했듯이, 투자 포인트에서 가장 중요할 수도 있는 영업 레버리지 효과는 판관비 추세를 정확히 간파할 수 있어야만 가능하기에 판관비 분석의 중요도는 매우 높다고 할 수 있습니다.

CHAPTER

5 기업분석, 재무제표 분석 실전 투자 노하우

C O M P A N Y   A N A L Y S I S

① 재무제표에서 무엇을 간파해야 하는가?

재무제표에는 크게 3개의 항목이 있다고 했습니다. 재무상태표, 손익계산서, 현금흐름표입니다.

이들은 서로 유기적으로 연결되어 있어서 하나만 이해해서는 전체적인 재무제표에 대한 그림을 머리에 그릴 수 없습니다. 재무제표를 통한 정량적 분석을 철저히 하기 위해서는 사업보고서 내의 재무제표, 재무제표 주석을 반드시 숙지하여 분석에 활용해야 합니다.

현금흐름표는 기업이 현금을 어디에서 창출했고 어떻게 사용했는지를 보여줍니다. 현금흐름표 항목으로는 영업활동 현금흐름, 투자활동 현금흐름, 재무활동 현금흐름이 있으며, 이 중 가장 중요한 항목은 영업활동 현금흐름입니다.

정(+)의 현금흐름을 장기적으로 유지하지 못한 기업에 대한 투자 분석은 의미가 없습니다. 영업활동을 통해 현금이 유입되지 않는 기업이라면 도태될 가능성이 높기 때문입니다.

영업활동 현금흐름에서 정(+)의 수치에 대해서도 좀 더 깊게 파고든다면, 순이익은 적자인데 높은 감가상각비로 인한 정의 수치가 나온 경우 투자 부적합입니다. 단, 영업활동 현금흐름이 단기간 부(-)의 수치를 보여주는 경우라면 절호의 투자 타이밍이 될 수도 있습니다. 이렇듯 정(+)의 현금흐름을 보인다고 해서 투자에 적합한 것은 아니니 수치에 대해 적절한 해석을 할 수 있는 다양한 경험과 재무적 지식을 쌓아야 합니다.

② HIGH QUALITY 현금흐름 보유 기업

(1) 현금흐름 조건의 구분

일반적으로 보편타당한 현금흐름은 아래와 같다고 여겨집니다.

> ▶ **우수한 현금흐름의 조건**
>
>   정(+)의 영업활동 현금흐름
>
>   부(-)의 투자활동 현금흐름
>
>   부(-)의 재무활동 현금흐름
>
>   정(+)의 잉여현금흐름(FCF)

▶ 나쁜 현금흐름의 조건

부(-)의 영업활동 현금흐름

정(+)의 투자활동 현금흐름

정(+)의 재무활동 현금흐름

부(-)의 잉여현금흐름(FCF)

추가로, 낮아지는 매출채권회전율과 재고자산회전율이 결합된 경우는 더 좋지 않다.

위의 조건들은 필자가 개인적으로 판단하는 조건이기에 언제나 정답이라고는 할 수 없습니다. 그러나 최소한 이 정도는 살펴본 후에 투자를 결정해야 합니다.

그렇다면 이제부터 매우 좋은 현금흐름표의 조건을 알아보겠습니다.

전제 조건으로, 과거 장기간 우수한 현금흐름을 보여온 기업만으로 한정하고자 합니다. 왜냐하면 해당 조건을 보여오다가 단기적으로 나쁜 현금흐름을 보여야만 해당 시점에 성장 전략으로 선회했다는 신뢰성이 생기기 때문입니다.

▶ 높은 성장 진입을 예측하게 하는 현금흐름 조건

부(-)의 영업활동 현금흐름

부(-)의 투자활동 현금흐름

정(+)의 재무활동 현금흐름

높은 CAPEX

부(-)의 FCF

이 조건을 해석해 보겠습니다.

부(-)의 영업활동 현금흐름은 해당 기업이 성장 전략으로 선회하면서 과거 대비 높은 재고자산을 확보하게 되었기 때문일 수 있으며

당연히 유형자산 투자 등을 위해 지출이 발생하므로 부(-)의 투자활동 현금흐름이 발생하며

이전과는 다르게 차입금을 통한 정(+)의 재무활동 현금흐름이 발생하며

과거와 다르게 높은 CAPEX가 지속 유지되고

과거와 다르게 부(-)의 FCF가 지속 유지된다는 것을 알 수 있습니다.

그렇다면 이 조건들이 성장 진입을 예측할 수 있는 현금흐름인 이유는 무엇일까요?

부(-)의 영업활동 현금흐름은 해당 기업이 성장 전략을 통해 과거 대비 재고자산 확보를 늘렸기 때문에 발생할 수 있습니다. 그렇다면 유형자산 투자 등을 위한 부(-)의 투자활동 현금흐름도 발생합니다. 또한, 성장 전략을 시행하고자 차입금을 통한 정(+)의 재무활동 현금흐름, 높은 CAPEX가 지속될 것입니다. 그래서 부(-)의 FCF가 지속된 것이라고 해석할 수 있습니다.

이러한 특징적 현금흐름이 몇 분기 지속되고 다음 분기 매출과 이익이 급증하는 모습이 확인될 경우, 해당 기업은 높은 확률로 성장 전략으로 선회했다는 반증이 될 수 있습니다. 그 시점에 주가가 큰 변동 없이 과거 대비 낮은 지점이나 박스권에 머물러 있다면 절호의 투자 기회가 될 수 있습니다. 따라서 위와 같은 현금흐름 특성을 보이는 기업은 당연히 시간을 할애하여 집중적으로 정량적 분석은 물론 정성적 분석까지 해야 합니다.

(2) 성장 전략 선회 시그널 찾기

성장 전략 선회 시그널을 찾는다고 했을 때 재무제표에서 무엇을 봐야 할까요?

이 시그널은 한두 개의 수치만으로는 파악하기 어렵습니다. 그렇기 때문에 현금흐름에 중점을 두면서 재무제표 이면의 흐름을 머릿속에 그려보는 것이 중요하겠습니다.

아래는 예시 기업의 재무제표를 정리한 엑셀 도표입니다.

먼저 매출액, 매출원가, 판매비와 관리비, 영업이익, 순이익을 분기별 사업보고서 내의 별도재무제표(또는 연결재무제표)에서 모두 발췌하여 엑셀로 정리합니다. 예시 기업은 18년 4분기에 자회사 매각이 발생하여 연결재무제표로 나열할 경우 19년 이전 수치들이 왜곡되므로 별도재무제표를 기준으로 기술했습니다.

<<별도 재무제표 손익계산서>>

구 분	17.1q	17.2q	17.3q	17.4q	18.1q	18.2q	18.3q	18.4q	19.1q	19.2q	19.3q	19.4q	20.1q	20.2q	20.3q	20.4q	21.1q	21.2q	21.3q	21.4q	22.1q	22.2q	22.3q
매출액	41,675	42,881	47,133	43,014	50,545	52,814	51,724	58,584	51,340	60,356	58,885	67,342	67,757	70,231	68,206	73,138	79,868	85,048	68,318	91,427	98,578	114,388	110,853
매출원가	35,283	35,858	38,978	36,763	42,698	42,367	41,318	45,251	42,364	44,786	44,401	52,043	53,668	51,752	51,060	58,927	60,174	68,183	54,880	57,368	76,799	84,737	77,830
매출총이익	5,892	7,023	8,157	6,251	7,847	10,447	10,406	10,303	8,976	15,467	14,204	15,299	14,089	18,479	18,116	16,209	19,694	16,863	23,352	23,489	22,780	28,351	32,794
GPM(%)	15.3%	16.4%	17.3%	14.5%	15.5%	19.8%	20.1%	18.3%	17.5%	25.7%	24.2%	22.7%	20.8%	26.3%	26.2%	21.9%	24.7%	19.8%	26.4%	25.7%	23.0%	25.7%	29.6%
판관비	4,525	4,676	4,518	4,650	4,274	4,934	3,987	5,271	4,985	4,924	4,711	7,771	5,332	5,533	5,313	8,359	6,089	5,958	5,795	8,623	5,344	7,296	6,683
판관비율(%)	10.9%	10.9%	9.6%	10.8%	9.5%	9.3%	7.7%	11.3%	9.7%	8.0%	8.0%	11.5%	7.9%	7.9%	7.7%	11.4%	7.6%	7.0%	6.0%	9.4%	6.3%	6.3%	6.0%
영업이익	1,367	2,347	3,639	1,601	3,573	5,513	6,409	4,032	4,287	10,643	9,493	7,528	8,757	12,946	12,803	7,879	13,605	10,945	17,557	14,857	16,334	22,155	26,111
OPM(%)	4.5%	5.5%	7.7%	3.7%	7.1%	10.4%	12.4%	7.3%	8.4%	17.7%	16.2%	11.2%	12.9%	18.4%	19.5%	10.5%	17.0%	12.9%	19.5%	16.2%	16.6%	19.4%	23.6%
계 유자산	32,944	33,999	33,016	37,580	37,375	40,319	41,586	45,026	48,123	52,135	57,928	59,391	55,545	58,949	59,386	60,790	63,412	67,896	70,744	83,727	94,876	93,987	90,890
감가상각비	2,397	2,434	2,547	2,752	2,752	2,752	2,813	2,665	2,671	3,215	3,266	3,669	3,341	3,689	4,392	6,058	5,602	6,068	6,120	6,310	6,484	6,597	7,000

손익계산서를 통해 투자자는 중요한 몇 가지를 확인할 수 있습니다. 현금흐름표 중 영업활동 현금흐름의 장기적이고 지속적인 정(+)의 수치가 중요하며 해가 거듭될수록 해당 항목의 유입 현금흐름은 높아지는 것이 바람직합니다. 따라서 엑셀로 정리한 후에도 매출총이익률(GPM)과 판관비율, 영업이익률(OPM)의 장기 추세를 파악해야 합니다.

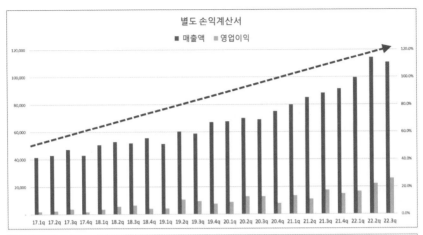

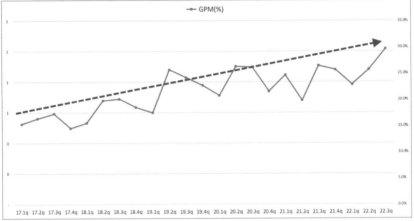

　　장기적인 매출액과 매출총이익률을 비교했을 때 특별히 튀는 시기는 없었는지, 특히 최근 분기들에서 매출총이익률의 추세는 어떤지를 확인합니다. 만약 최근까지 매출총이익률이 상승 추세를 보인다면 해당 기업은 장기적으로 경쟁우위를 가진 우수한 기업으로 판단할 수 있습니다.

　　해당 데이터에서 더욱 중요한 부분은 판관비율입니다.

　　고정비 성격이 강한 판관비는 장기간 일정 범위 내에서 유사하게 움직입

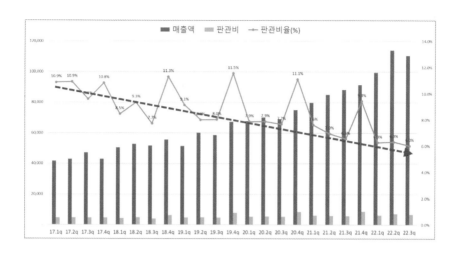

니다. 기업의 매출이 급증할 경우 고정비로 묶여 있는 판매비와 관리비는 일정하게 유지되는 반면 영업이익은 고정비 효과로 인하여 급증하는데, 이를 고정비에 따른 영업 레버리지 효과라고 합니다(영업이익 = 매출총이익 - 판관비).

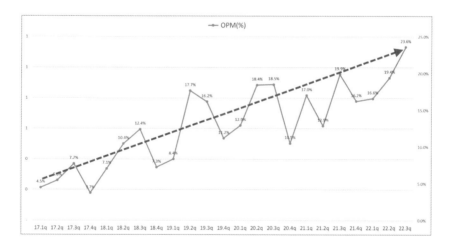

여기서 주의해야 할 사항은 모든 기업이 매출액 증가에 따른 영업 레버리지 효과를 누릴 수 있는 것은 아니라는 사실입니다. 특정 기업들만이 해당

효과를 누릴 수 있는데, 이런 기업들은 동일 섹터 내 타 기업 대비 아래와 같은 특징이 있습니다.

낮은 CAPEX 유지
낮은 감가상각비
낮은 부채비율
⇒ 우수한 현금흐름 유지

 **성장 전략 선회의 시그널 찾기**

주가는 해당 기업의 내재 가치에 수렴합니다. 주가 상승은 곧 장기적인 EPS의 증가로도 정의할 수 있습니다.

EPS가 증가하려면 해당 기업의 매출 증가가 필요하며 이를 통한 매출총이익률 개선, 고정된 판관비로 인한 영업이익 및 순이익 급증에 따른 EPS 증가, 높아지는 멀티플 효과까지 배가되어 주가(= EPS × PER)가 상승하는 순환적 구조를 이룹니다.

따라서 주가의 상승은 매출 성장이라는 가장 기본 명제에서 출발한다고 할 수 있습니다. 아무리 우수한 기업이라도 성장이 정체될 수 있는데 이를 타개하기 위한 성장 전략을 시행할 경우 아래와 같은 특징이 나타납니다.

공장 종업원 인원 증가 → 종업원 급여 증가

CAPEX 증가 및 감가상각비 증가 → 매출원가 및 판관비 증가, 영업이익 감소, 투자활동 현금흐름 마이너스 수치 확대

재고자산 증가, 매출채권 증가 → 영업활동 현금흐름 감소 또는 마이너스 전환

단기차입금 증가(또는 유상증자, 사채 발행) → 재무활동 현금흐름 정(+) 수치 확대

잉여현금흐름(FCF) 감소 또는 마이너스 전환

만약 여러분이 엑셀 데이터와 차트를 통하여 과거부터 현재까지 판관비율이 낮아지는 추세를 발견했다면 매우 우수한 기업을 발견한 것일 수도 있습니다.

마음이 들뜨나요? 바로 투자를 하고 싶나요? 안 됩니다. 그 전에 좀 더 세부적으로 판관비율을 체크해야 합니다.

앞서 서술했듯이 판관비에 들어가는 항목은 매우 많습니다. 이 중에서 높은 비중을 차지하는 임직원 임금의 움직임을 체크하겠습니다. 임직원 수의 증감 여부는 사업보고서에서 파악할 수 있습니다.

분기별 사업보고서를 열람하면 '임원 및 직원의 현황' 카테고리 중 직원 현황에서 분기별 임직원 수를 확인할 수 있습니다. 이를 매 분기별로 체크하여 차트로 만듭니다.

예시 기업은 18년부터 직원이 늘어나고 있음을 확인할 수 있네요.

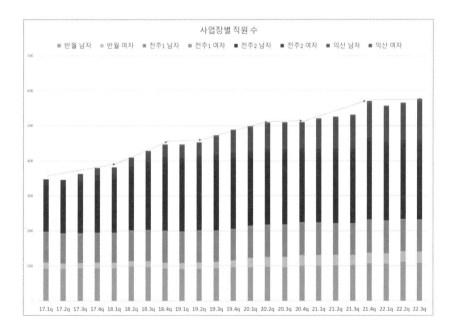

기업의 구체적인 성장 전략에 대해서는 파악할 수 없지만 18년 중반 이후 직원 고용이 늘었다는 점에서 이 기업이 성장 전략을 시행하고 있다는 것을 알 수 있습니다.

이쯤에서 영업 레버리지 효과와 판관비율의 관계에 대해 기억을 떠올려 보세요. 보편적으로 임직원 수가 이렇게 급증한다면 판관비 역시 급속히 늘어날 것이고 아무래도 영업이익 또는 영업이익률은 낮아질 수밖에 없을 것입니다.

이쯤에서 체크할 포인트가 있습니다.

성장 전략을 시행하는 시점부터 판관비율 증가와 그에 따른 영업이익률 감소를 보이고 있다면 해당 기업은 투자 관점에서 그다지 매력적이지 않을 것입니다.

하지만 임직원 수가 급증하는데도 매출액 증가와 판관비율 하락으로 인해 영업 레버리지 효과가 발생하는 기업이라고 판명된다면 해당 기업의 투자 매력도는 매우 높아질 것입니다.

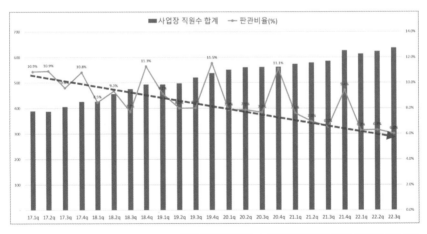

(매해 4분기에 발생하는 높은 판관비율은 연말 상여금 지급으로 인한 것임)

다음 체크할 포인트로 넘어가 봅니다.

기업이 성장 전략을 취한다면 임직원 고용도 늘어나겠지만, 유형자산(토지와 설비) 취득을 해야 하므로 CAPEX 증가가 필수적입니다. 따라서 유형자산 취득을 위한 현금이 필요합니다. 기업이 현금을 마련하여 CAPEX를 집행했다면 해당 설비는 반드시 감가상각비가 발생하게 됩니다.

감가상각비는 재무제표 손익계산서 항목 중에서 일부는 매출원가에 포함되고, 일부는 판관비에 포함됩니다. 이는 매출총이익과 영업이익을 감소시키는 결과를 일으키며 현금흐름 측면에서는 영업활동 현금흐름 항목에서 정(+)의 수치를 증가시킵니다.

손익계산서로 정리한 엑셀 도표로만 체크할 경우, 증가한 CAPEX는 이익률을 감소시키는 효과를 불러일으킵니다.

만약 차트로 본 추세에서 최근 높은 CAPEX를 통한 감가상각비에도 불구하고 이익률이 유지되거나 증가하는 추세라면 해당 기업의 투자 매력도는 매우 높다고 할 수 있습니다.

이를 확인하기 위해 예시 기업의 분기별 수치를 시각화하여 차트로 만듭니다. 다음 페이지의 차트를 보세요. CAPEX는 18년 3분기부터 급증하기 시작했으며 시차를 두고 감가상각비도 19년 4분기부터 급증했습니다. 이 추세를 확실히 체크하기 위하여 CAPEX(파란색 선)와 감가상각비(녹색 막대)만으로 비교 차트를 만듭니다(다음 페이지 차트). 확실히 감가상각비 발생이 래깅(lagging)*되어 19년 2분기부터 높게 발생하는 모습을 볼 수 있습니다.

래깅

래깅(lagging)의 사전적 의미는 '뒤처짐, 느림, 지체' 등이다. 경제 용어로는 시차를 두고 일정 기간이 지연되면서 발생한다는 의미로 쓰인다. 지불하거나 수취해야 할 비용이 일정 기간 후에 발생할 경우에 자주 사용하며, 외환 지급, 경제적 현상 발생 등에 쓰인다.

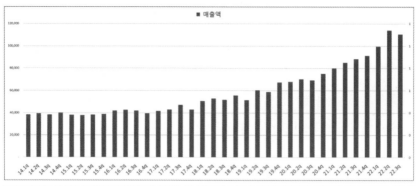

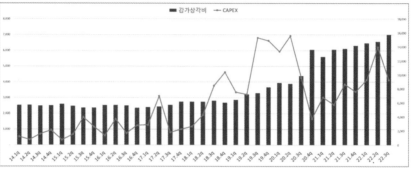

위의 차트를 기간별로 더 자세히 나누어 살펴보겠습니다. 다음은 14년 1분기부터 19년 4분기까지의 매출액(파란색 막대), 영업이익(노란색 막대) 그리고 CAPEX(녹색 선) 조합 차트입니다.

CAPEX 추이를 고려하면 18년 3분기부터 성장 전략으로 선회한 모습이 확인되며 매출액과 영업이익은 19년 2분기부터 급격하게 증가한 것을 확인할 수 있습니다.

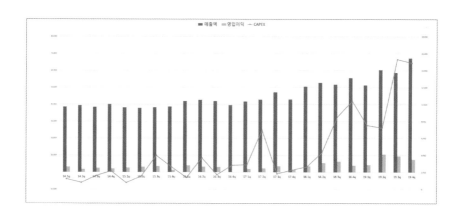

감가상각비는 19년 2분기부터 높게 발생하지만 매출액 급증을 통하여 비용을 상쇄할 수 있었고 영업이익도 급증하기 시작합니다.

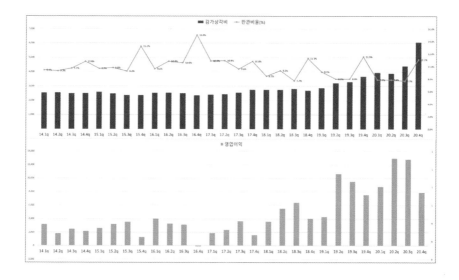

현금흐름을 확인해보면 높은 성장 진입을 예측하게 하는 현금, 즉 높은 CAPEX와 부(-)의 FCF가 18년 4분기부터 발생합니다(부(-)의 OCF는 미발생).

그렇다면 여기에서 확인해야 할 점은 래깅되어 발생할 감가상각비, 인건비 등 비용 증가를 상쇄할 수 있는 매출액의 증가 여부입니다.

우수한 비즈니스 모델을 가진 기업은 장기간 낮은 CAPEX를 유지하면서도 지속적으로 매출 성장이 일어날 것입니다. 이런 명제에 따라 높은 CAPEX를 장기간 지속 집행해야만 하는 기업보다는 필요할 때만, 가령 기업의 성장이 정체될 때에 단기간 CAPEX를 집행하는 히스토리를 보유한 기업이 현금흐름 관점에서 투자하기에 유리한 조건이라고 판단합니다.

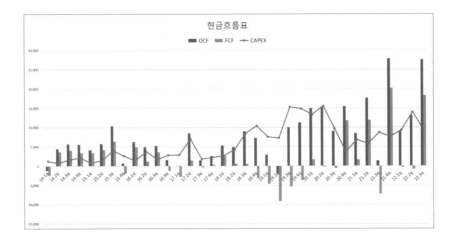

감가상각비는 손익계산서 내의 판관비와 매출원가에 반영되고 있습니다. 또한 현금흐름표 내 영업활동 현금흐름에 정(+)의 흐름으로 포함됩니다. 감가상각은 손익계산서상 매출원가·판관비에서 비용 처리되지만 실질적인 현금 유출이 아니므로 영업활동 현금흐름에는 정(+)의 수치로 계산됩니다.

간혹 장치산업 성격이 강한 섹터의 기업들 중 순이익은 적자이나 영업활동 현금흐름은 정(+)의 수치를 보여주는 곳이 종종 있는데 바로 이것이 높은 CAPEX로 인한 감가상각비 발생 때문에 나타나는 현상입니다. 따라서 이 경우에는 영업활동 현금흐름이 정(+)의 수치를 보여주더라도 이면에 숨겨진 해당 기업의 상황을 더 깊게 파악할 필요가 있습니다. 물론 투자 매력도는 낮아지겠죠.

지금까지 높은 성장 진입이 예측되는 현금흐름 조건에 부합하는지 여부를 파악하기 위해 CAPEX와 감가상각비, 손익계산서에 반영되는 매출원가 감가상각비의 연관 관계를 차트로 만들어 살펴보았습니다. 이제부터는 매출액과 영업이익을 같이 살펴보겠습니다.

기업의 성장 전략 선회의 시그널 찾기와 관련한 설명을 요약하면 아래와 같습니다.

1) 1단계 : 핵심 포인트는 현금흐름이다. 장기적으로 우수한 현금흐름 유입을 보여온 기업만을 집중 분석한다.

2) 2단계 : 손익계산서의 매출, 매출원가, 매출총이익률, 판관비, 판관비율, 영업이익, 영업이익률, 순이익의 최소 5년치의 모든 분기별 데이터를 엑셀 도표로 만든다.

3) 3단계 : 기업 성장 전략 시발점의 초입을 간파해야 한다.
• 주가는 EPS × PER이다. PER은 투자자의 심리 흐름과 깊게 연계되므로 PER의 높고 낮음에 큰 의미를 부여하지 않는다. 핵심은 추세적으로 상승하는 EPS(주당순이익)에 있다. EPS가 추세적으로 상승하면 투자자들의 심리는 무관심 → 관심 → 열광으로 순차적으로 변하며 그렇게 되면 투자 심리와 연계된 PER은 자연적으로 높아진다.

- EPS가 증가하려면 매출의 성장이 필수적이다. 매출 성장이 발생하기 위해서는 해당 기업의 성장 전략 시행이 필요하다.
- 성장 전략 시발점을 간파하기 위해서 알아야 하는 수치는 다음과 같다.
  - 임직원 수의 증가(관리직, 공장직원)
  - CAPEX 급증
  - 재고자산 급증

4) 4단계 : 기업의 성장 전략은 매출과 이익 증가와 연계될 수 있는가?

CAPEX 급증과 이에 래깅되는 감가상각비, 매출원가/판관비를 체크한다. 또한 CAPEX 급증 시점부터 시차를 두고 매출액 및 이익이 증가하는지를 체크한다.

아래의 차트는 성장 전략 선회 시그널 찾기 4단계에 해당합니다.

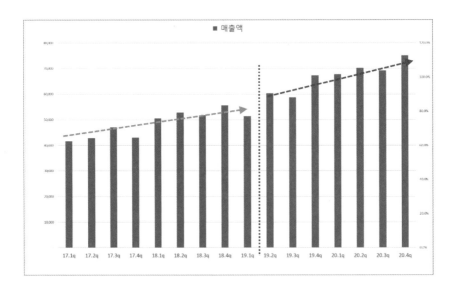

해당 기업에서는 19년 2분기부터 매출과 이익이 점프하는 모습이 확인됩니다. 기간을 좀 더 최근으로 줄여서 체크하면 매출·이익이 큰 폭으로 성장하는 것을 알 수 있습니다.

좀 더 추세를 정확하게 파악하기 위해서 다른 지표는 제거하고 매출액 및 영업이익만을 차트로 만듭니다. 영업이익이 퀀텀 점프하는 모습이 확연하게 확인됩니다.

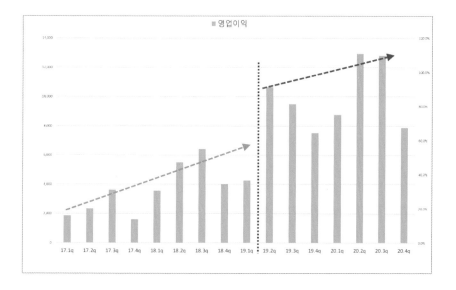

자, 단계별 분석 과정을 모두 이해하셨습니까?

아직 이해가 잘 가지 않는다면 바로 컴퓨터를 켜서 본인이 주력 종목으로 보유 중인 기업의 재무제표를 보고 위의 과정을 그대로 따라서 엑셀화 및 차트화해서 살펴보기를 권합니다.

본론으로 돌아갑니다.

지금까지의 단계는 이해했으리라 생각하며 4단계의 최종 차트를 체크해 보겠습니다.

앞 페이지의 매출액 차트에 CAPEX를 추가해보았습니다.

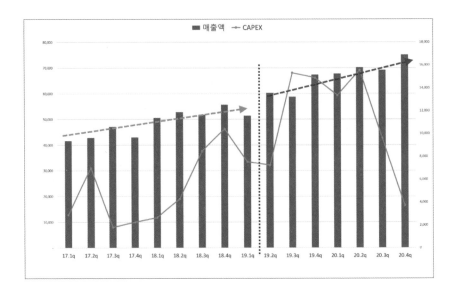

18년 3·4분기의 CAPEX도 퀀텀 점프했네요. 19년 3분기부터 20년 2분기 까지의 CAPEX는 5년 이내 최대치를 보입니다. 현재까지의 추세를 살펴보니 앞으로의 모습이 기대됩니다.

위의 내용과 연계하여 21년 1분기 이후 현재까지의 실적 지표를 다음과 같이 확인합니다.

해당 기업은 시기에 맞는 적정한 자본 배치(CAPEX 집행 등)를 통하여 실적 이 지속적으로 성장하는 좋은 모습을 보여주고 있습니다.

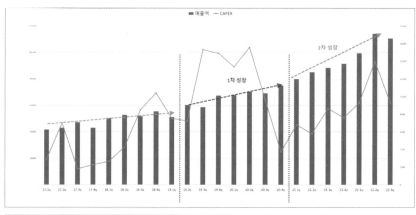

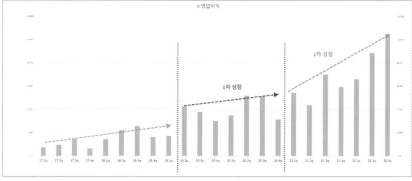

이제 기업의 성장 전략 선회의 시그널을 찾기 위한 5단계로 넘어갑니다.

5) 5단계 : 현금흐름표와 재고자산 추세를 파악하자.
　　재무제표 중 손익계산서, 재무상태표, 현금흐름표는 유기적인 관계이므로 이 세 가지를 모두 제대로 이해해야지만 재무제표에 대한 그림을 머릿속에 뚜렷이 그릴 수 있습니다.

　　지금부터 현금흐름표를 읽는 방법과 이와 연계된 재고자산 추세를 파악하는 방법을 설명하겠습니다.

여기서 잠시, 기업분석의 출발점은 장기적으로 유지되는 우수한 현금흐름입니다. 이는 성장 전략 선회의 시그널 찾기 1단계에 해당됩니다. 사실상 현금흐름표는 현금흐름과 관련된 핵심 항목이자 손익계산서 내면의 진실을 밝히고자 했을 때 가장 중요한 항목입니다. 손익계산서는 선하지 않은 마음을 품으면 쉽게 화장, 즉 분식회계를 할 수 있지만 현금흐름표는 화장하기가 매우 어렵습니다. 따라서 투자자라면 반드시 현금흐름표 이면을 철저히 체크하여야 할 것입니다.

5단계 설명을 시작하겠습니다. 재고자산 급증은 일반적으로 부정적 시그널입니다. 단, 재고자산 증가분 중에서 원재료의 급증은 조금 다르게 생각할 필요성이 있습니다.

몇 가지 경우의 수가 있기 때문입니다.

1. 원재료 가격 급등 추세로 인한 재고 비축

2. 제품 매출 급증 예상에 따른 전략적 증대

위의 2가지가 읽힐 경우 다음 분기 또는 다다음 분기의 매출액이 증가했는지를 확인해보기 바랍니다.

사유가 1인지 2인지에 대한 판단 여부는

1. 분기별 주요 원재료 가격 추세 현황 체크

2. 분기별 GPM 추세 현황 체크

를 통해 파악 가능합니다. 위의 사항에 큰 변동이 없을 경우, 해당 기업의 매출 증가가 예상 가능하다고 판단할 수 있습니다.

또한 재고자산 중 제품 재고액이 급증한 경우도 일반적으로는 부정적 시그널이지만, 다음과 같은 지표들의 조합이 발생할 경우 매출 성장의 긍정적 시그널일 개연성이 있습니다.

1. 최근 분기 매출액 YoY, QoQ 증가(급증이면 더욱 긍정적)
2. 재고자산회전율 장기 박스권 추세 상·하단 범위 내 유지(상승할 경우 더욱 긍정적)
3. 해당 기업의 제품 매출액과 연동되는 강한 외부 수요 조건
4. 시설 투자(시설 증설) 공시 발생 시 긍정적 시그널 배가
5. 동종 섹터 경쟁(Peer) 기업의 업황 호조
6. 해당 기업의 10% 이상 최대 고객사의 업황 호조(3과 연계 가능)

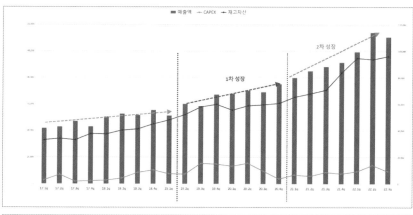

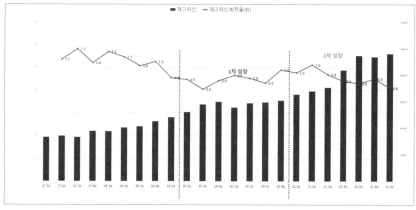

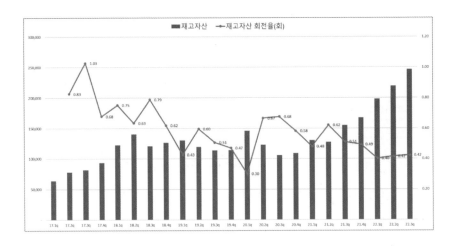

이상과 같이 재무제표에서 실제 투자에 접목하기 위하여 필수적으로 파악해야 할 부분에 대한 설명을 마칩니다. 이제부터 다양한 수치들을 엑셀에 입력하여 도표와 차트로 만드는 단계를 설명하도록 하겠습니다.

③ 엑셀 입력 가이던스

책의 서두에서 던졌던 질문을 다시 드리겠습니다.
'주식 투자를 하기 위해 굳이 왜 이런 복잡한 과정을 거쳐야 할까?'
지금까지 이 책을 읽어온 여러분의 생각은 어떻습니까? 필자는 주식 투자에서 오랫동안 살아남고 성공하기 위해서 투자자는 다음 두 가지 조건을 갖추어야 한다고 생각합니다.
첫 번째, 기업 내면에 감춰진 모습을 판별할 수 있는 시각
두 번째, 주식 투자 과정에 보이는 인내심

여러분이 기업의 정량적 분석을 하지 못한다면 재무제표 내에 감춰진 모습을 파악하기란 애초에 불가능할 것입니다. 최소한의 기업분석 과정 없이 종목을 덜컥 매수한다면 증시가 조금만 출렁여도 기업에 대한 확신이 없기에 손실을 감수하고 매도할 확률이 매우 높아집니다. 그러나 여러분이 투자하려는 기업을 철저히 조사하고 분석했다면 기업 내면을 충분히 파악한 뒤에 투자 결정을 했을 것입니다. 이러한 지식이 바탕이 되어야 증시의 급등락 속에서도 인내할 수 있는 투자자가 됩니다.

주식시장에서 장기간 살아남고 성공하고자 한다면 시장의 온갖 풍파 속에서도 투자한 기업을 믿고 동행할 수 있는 인내심을 가져야 합니다. 기업분석을 하는 과정 하나하나는 사실 지루합니다. 그러나 이는 가치투자자에게 가장 필요한 덕목인 '인내'를 얻기 위한 과정입니다. 즉 여러분은 이 책을 통해서 기업의 내면을 판별할 수 있는 시각과 함께 인내심을 갖추는 첫걸음을 내딛게 되는 것입니다. 그러니 다소 지루하고 어렵더라도 중간에 그만두지 말고 끝까지 완독해주기를 바랍니다.

(1) 엑셀 도표 입력 가이던스

엑셀 도표 만들기의 예시로, SK하이닉스의 5년 분기별 데이터를 취합하여 작성하는 과정을 단계별로 설명하겠습니다. 다음은 손익계산서, 현금흐름표, 품목별 매출액, 지역별 매출액, 재고자산현황, 가동률 등의 수치를 각 분기 보고서에서 일일이 발췌하여 엑셀로 작성한 도표입니다. 각각의 수치들이 왜 필요한지에 대해서는 차트로 변환하는 두 번째 단계에서 설명하겠습니다.

도표 작성 과정을 실제로 거쳤다면 해당 기업의 사업보고서 내용에 대해

ⓘ SK하이닉스

<연결 대손표 손익계산서>

구분	17.1q	17.2q	17.3q	17.4q	18.1q	18.2q	18.3q	18.4q	19.1q	19.2q	19.3q	19.4q	20.1q	20.2q	20.3q	20.4q	21.1q	21.2q	21.3q	21.4q	22.1q	22.2q	22.3q
매출액(SK하이닉스)	6,289,518	6,692,278	8,100,985	9,027,553	8,719,661	10,370,507	11,416,788	9,938,080	6,772,655	6,452,291	6,838,766	6,927,111	7,198,862	8,606,534	8,128,767	7,966,225	8,494,188	11,805,524	12,155,653	13,811,001	10,982,883
매출원가	2,984,822	2,898,804	3,400,000	3,400,080	3,383,214	3,762,243	3,871,624	4,163,757	4,092,465	4,435,389	5,023,127	5,267,843	5,006,819	5,262,329	5,283,294	5,537,347	5,755,640	5,982,227	5,974,270	6,747,914	7,466,822	7,110,221
매출총이익(률)	47.5%	42.7%	42.0%	38.3%	38.8%	36.3%	33.9%	41.9%	60.4%	68.7%	73.5%	76.3%	69.5%	61.1%	65.0%	62.5%	67.9%	58.0%	55.5%	54.1%	58.5%
매출이익	3,304,696	3,833,474	4,701,028	5,567,483	5,336,477	6,608,264	7,545,164	5,774,323	2,680,200	2,016,812	1,815,639	1,659,268	2,192,073	3,344,205	2,845,473	2,428,878	2,738,548	4,359,444	5,831,054	6,053,146	5,407,739	3,872,662
OPM(%)(SK하이닉스)	52.5%	57.3%	58.0%	61.7%	61.2%	63.7%	66.1%	58.1%	39.6%	31.3%	28.5%	24.0%	30.5%	38.9%	35.0%	30.5%	32.1%	42.0%	48.0%	43.9%	44.5%	35.3%
판관비	837,087	782,774	664,738	1,101,839	969,139	1,034,346	1,042,744	1,374,240	1,313,710	1,376,192	1,343,078	1,416,770	1,391,772	1,367,460	1,543,561	1,465,182	1,404,127	1,644,870	1,659,233	1,833,022	2,548,124	2,317,102
판관비(률)	13.3%	11.7%	11.9%	12.2%	11.1%	10.0%	9.1%	14.6%	19.4%	21.4%	19.6%	20.5%	19.3%	15.2%	19.0%	18.4%	16.5%	15.9%	14.8%	21.0%	15.6%	20.2%
영업이익	2,467,509	3,050,700	3,727,193	4,465,834	4,367,338	5,573,918	6,502,420	4,400,074	1,365,490	637,630	472,561	242,648	800,301	1,946,715	1,301,912	963,696	1,324,421	2,694,574	4,216,524	3,659,615	4,182,617	1,655,560
OPM(%)(SK하이닉스)	39.2%	45.6%	46.1%	49.5%	50.1%	53.7%	57.0%	44.3%	20.2%	9.9%	6.9%	3.5%	11.1%	22.6%	16.0%	12.1%	15.6%	25.1%	35.3%	23.5%	30.4%	15.1%

<연결 대손표 현금흐름표>

구분	17.1q	17.2q	17.3q	17.4q	18.1q	18.2q	18.3q	18.4q	19.1q	19.2q	19.3q	19.4q	20.1q	20.2q	20.3q	20.4q	21.1q	21.2q	21.3q	21.4q	22.1q	22.2q	22.3q
OCF	2,820,020	3,284,102	3,766,958	4,786,534	4,533,576	3,944,687	7,048,254	6,970,682	2,690,762	-1,228,291	2,497,084	2,650,121	2,331,543	3,354,484	3,428,090	3,200,762	3,206,649	5,774,224	6,266,899	5,774,665	3,141,228	3,880,827
CAPEX(SK하이닉스)	2,216,842	2,891,780	2,150,393	2,412,273	4,503,478	4,350,748	3,361,532	4,588,241	4,467,920	4,284,298	3,050,985	2,707,225	2,621,287	2,394,330	2,745,003	2,778,947	4,231,836	2,878,875	2,960,541	4,790,347	5,410,684	4,908,830
FCF	606,378	392,342	1,646,565	2,374,261	20,098	-766,081	3,686,722	2,381,441	-1,866,739	-5,912,467	-553,531	-57,104	-589,732	960,154	683,363	421,169	-1,025,674	1,342,410	3,306,146	2,795,649	-259,405	-1,078,083
밸드 기준 순 현금(순부채)																	-1,025,674	1,342,410	34,053,830	35,870,163	37,941,362	40,159,913	41,234,195

원재료 매입액/사업의 내용

구분	17.1q	17.2q	17.3q	17.4q	18.1q	18.2q	18.3q	18.4q	19.1q	19.2q	19.3q	19.4q	20.1q	20.2q	20.3q	20.4q	21.1q	21.2q	21.3q	21.4q	22.1q	22.2q	22.3q
원재료 매입액	1,029,236	2,254,304	214,203	1,385,791	1,371,854	1,502,353	1,551,828	1,882,375	1,699,207	1,838,439	1,768,590	2,021,259	1,861,210	2,137,685	2,007,547	2,184,409	2,068,356	2,581,953	2,185,059	2,566,100	2,463,806	4,852,051

생산능력 및 생산실적(반도체)

구분	17.1q	17.2q	17.3q	17.4q	18.1q	18.2q	18.3q	18.4q	19.1q	19.2q	19.3q	19.4q	20.1q	20.2q	20.3q	20.4q	21.1q	21.2q	21.3q	21.4q	22.1q	22.2q	22.3q
생산능력	3,180,562	3,269,150	3,762,218	3,851,881	3,943,165	4,470,419	4,631,860	5,084,790	5,104,813	5,861,137	5,656,618	5,916,882	5,734,338	6,222,583	6,127,978	6,319,585	6,231,622	6,031,738	6,464,216	6,898,671	6,983,212	9,197,556	5,715,784
생산량	3,180,562	3,269,150	3,762,218	3,851,881	3,943,165	4,470,419	4,631,860	5,084,790	5,104,813	5,861,137	5,656,618	5,916,882	5,734,338	6,222,583	6,127,978	6,319,585	6,231,622	6,031,738	6,464,216	6,898,671	6,983,212	9,197,556	5,715,784
가동률	100%	100%	100%	100%	100%	100%	100%	100%	100%	100%	100%	100%	100%	100%	100%	100%	100%	100%	100%	100%	100%	100%	100%

제품별 매출액, 판매대비금액 조서

구분	17.1q	17.2q	17.3q	17.4q	18.1q	18.2q	18.3q	18.4q	19.1q	19.2q	19.3q	19.4q	20.1q	20.2q	20.3q	20.4q	21.1q	21.2q	21.3q	21.4q	22.1q	22.2q	22.3q
DRAM	4,654,570	5,079,453	6,262,013	6,891,214	6,860,516	8,321,201	9,201,152	7,960,067	5,353,137	4,904,462	5,106,750	5,028,368	5,079,882	6,106,543	5,714,710	5,635,469	6,062,469	7,505,783	8,312,980	8,718,469	7,857,576	8,791,735	6,654,336
NAND Flash	1,501,592	1,493,963	1,683,190	1,970,003	1,669,838	1,869,713	2,045,502	1,811,604	1,155,316	1,255,088	1,313,200	1,415,959	1,798,723	2,020,052	1,930,391	1,794,076	2,007,523	2,305,581	3,044,004	3,170,239	3,913,365	4,517,859	3,388,185
기타	133,347	118,862	154,882	166,336	145,337	179,593	170,134	303,546	264,202	292,621	418,806	462,854	382,487	483,666	546,680	545,860	424,196	510,207	448,360	485,871	384,682	511,407	640,372
제품별 매출액 계	6,289,518	6,692,278	8,100,985	9,027,553	8,719,661	10,370,507	11,416,788	10,083,417	6,772,655	6,452,291	6,838,766	6,927,111	7,198,862	8,606,534	8,128,767	7,966,225	8,494,188	11,805,524	12,155,653	13,811,001	10,982,883

제품가/제품용역(생산능력)

구분	17.1q	17.2q	17.3q	17.4q	18.1q	18.2q	18.3q	18.4q	19.1q	19.2q	19.3q	19.4q	20.1q	20.2q	20.3q	20.4q	21.1q	21.2q	21.3q	21.4q	22.1q	22.2q	22.3q
DRAM/NAND Flash 제품가	1,936,561	2,010,742	2,111,840	2,300,491	2,174,485	2,276,633	2,428,092	1,923,358	1,274,964	1,033,857	1,134,946	1,088,570	1,188,700	1,305,984	1,247,573	1,174,099	1,294,905	1,626,640	1,768,897	1,723,337	1,445,662	1,781,275	1,809,465

어느 정도 파악할 수 있을 것입니다. 그러나 직접 수치를 발췌하고 입력하고 도표를 만드느라 시간을 소요했더라도 이것은 겨우 기업분석 과정의 첫걸음일 뿐입니다.

첫 번째 단계로 17년 1분기부터 22년 3분기까지 SK하이닉스의 분기·반기 사업보고서를 보고, 200~201쪽의 도표를 참조하여서 수치 부분을 빈칸이라 생각하고 스스로 채워 보십시오(실제 입력은 책을 끝까지 읽은 후에 하시기 바랍니다).

다음에 제시한 가이던스를 활용하여 찾아보시기를 바랍니다.

[손익계산서] 문서 목차 : 연결재무제표

연결대상 종속기업이 있는 경우 : 2. 연결재무제표 적용

연결대상 종속기업이 없는 경우 : 4. (개별)재무제표 적용

이하 공통입니다.

[현금흐름표] 문서 목차 : 연결재무제표

- 영업활동 현금흐름 : OCF(Operation Activity Cash Flow)

- CAPEX : (유형자산의 취득 + 무형자산의 취득) - (유형자산의 처분 + 무
  형자산의 처분)

- FCF(Free Cash Flow) = OCF - CAPEX

- CAPEX를 엑셀에 입력 시 - 단위를 + 단위로 변환하여 입력합니다.

(예) 22년 3분기 CAPEX 산출 결과값이 -4,958,830원일 경우 입력은 +
4,958,830으로 입력

<<연결 재무제표 현금흐름표>>

현금흐름표	22.3q
OCF	3,880,827
CAPEX (SK하이닉스)	4,958,830
FCF	-1,078,003

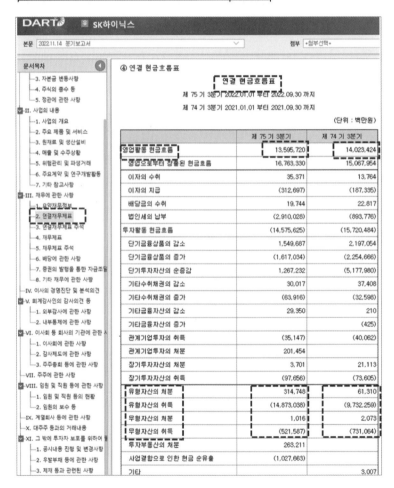

④ 연결 현금흐름표

연결 현금흐름표

제 75 기 3분기 2022.01.01 부터 2022.09.30 까지

제 74 기 3분기 2021.01.01 부터 2021.09.30 까지

(단위 : 백만원)

	제 75 기 3분기	제 74 기 3분기
영업활동 현금흐름	13,595,720	14,023,424
영업으로부터 창출된 현금흐름	16,763,330	15,067,954
이자의 수취	35,371	13,764
이자의 지급	(312,697)	(187,335)
배당금의 수취	19,744	22,817
법인세의 납부	(2,910,028)	(893,776)
투자활동 현금흐름	(14,575,625)	(15,720,484)
단기금융상품의 감소	1,549,687	2,197,054
단기금융상품의 증가	(1,617,034)	(2,254,666)
단기투자자산의 순증감	1,267,232	(5,177,980)
기타수취채권의 감소	30,017	37,408
기타수취채권의 증가	(63,916)	(32,598)
기타금융자산의 감소	29,350	210
기타금융자산의 증가		(425)
관계기업투자의 취득	(35,147)	(40,062)
관계기업투자의 처분	201,454	
장기투자자산의 처분	3,701	21,113
장기투자자산의 취득	(97,656)	(73,605)
유형자산의 처분	314,748	61,310
유형자산의 취득	(14,873,038)	(9,732,259)
무형자산의 처분	1,016	2,073
무형자산의 취득	(521,587)	(731,064)
투자부동산의 처분	263,211	
사업결합으로 인한 현금 순유출	(1,027,663)	
기타		3,007

( ) : 현금 유출, 부(-)

[원재료 매입액] 문서 목차 : 원재료 및 생산설비

주요 원재료 구성 비중 및 매입액 현황 파악 가능

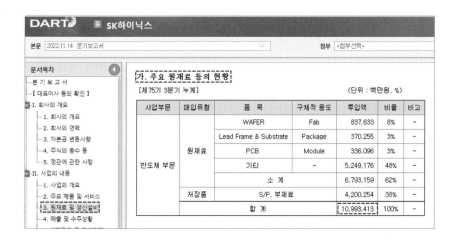

[생산능력, 생산실적, 가동률] 문서 목차 : 원재료 및 생산설비

생산능력(Capacity), 생산실적, 가동률 파악 가능

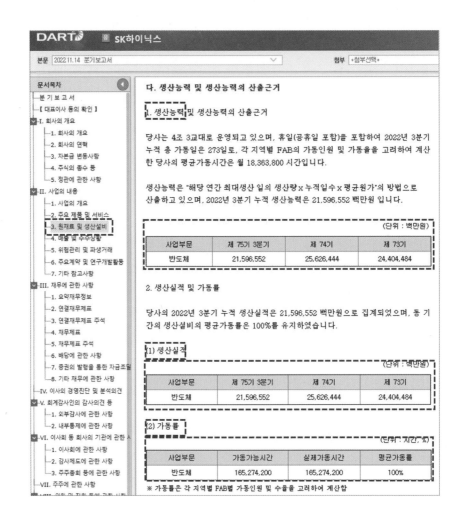

다. 생산능력 및 생산능력의 산출근거

1. 생산능력 및 생산능력의 산출근거

당사는 4조 3교대로 운영되고 있으며, 휴일(공휴일 포함)을 포함하여 2022년 3분기 누적 총 가동일은 273일로, 각 지역별 FAB의 가동인원 및 가동율을 고려하여 계산한 당사의 평균가동시간은 월 18,363,800 시간입니다.

생산능력은 "해당 연간 최대생산 일의 생산량 × 누적일수 × 평균원가"의 방법으로 산출하고 있으며, 2022년 3분기 누적 생산능력은 21,596,552 백만원 입니다.

(단위 : 백만원)

사업부문	제 75기 3분기	제 74기	제 73기
반도체	21,596,552	25,626,444	24,404,484

2. 생산실적 및 가동률

당사의 2022년 3분기 누적 생산실적은 21,596,552 백만원으로 집계되었으며, 동 기간의 생산설비의 평균가동률은 100%를 유지하였습니다.

(1) 생산실적

(단위 : 백만원)

사업부문	제 75기 3분기	제 74기	제 73기
반도체	21,596,552	25,626,444	24,404,484

(2) 가동률

(단위 : 시간, %)

사업부문	가동가능시간	실제가동시간	평균가동률
반도체	165,274,200	165,274,200	100%

※ 가동률은 각 지역별 FAB별 가동인원 및 수율을 고려하여 계산함

[종속기업 요약 재무 상태] 문서 목차 : 연결재무제표 주석

주요 종속기업의 자산, 매출액, 순손익 파악 가능

[주요 제품별 매출액 및 지역별 매출액] 문서 목차 : 연결재무제표 주석

주요 제품별 매출액 및 지역별 매출액(수출액) 파악 가능

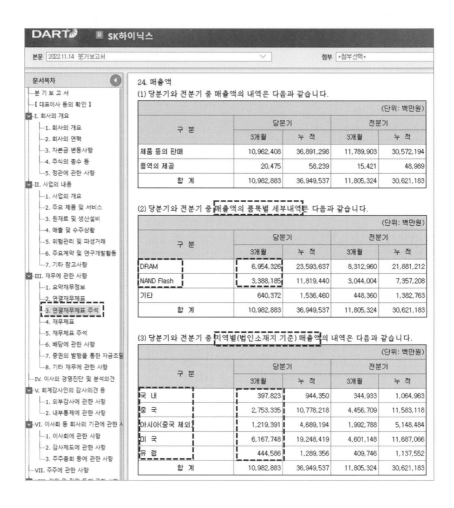

[판매비와 관리비 세부 비용] 문서 목차 : 연결재무제표 주석

판관비 세부 내역 파악 가능

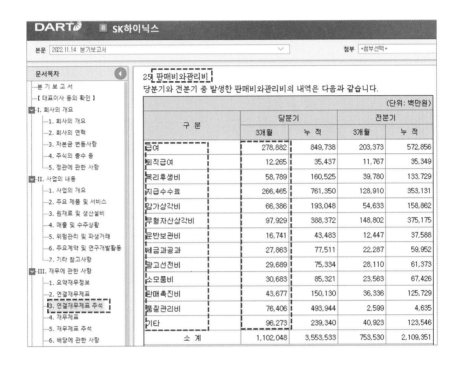

[비용의 성격별 분류] 문서 목차 : 연결재무제표 주석

매출원가 및 판관비 세부 내역 파악 가능

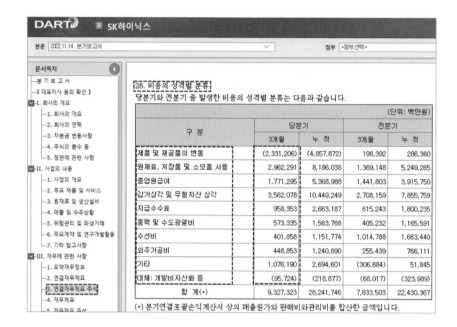

구 분	당분기		전분기	
	3개월	누 적	3개월	누 적
제품 및 재공품의 변동	(2,331,206)	(4,857,872)	198,392	286,360
원재료, 저장품 및 소모품 사용	2,962,291	8,186,038	1,369,148	5,249,265
종업원급여	1,771,295	5,368,988	1,441,803	3,915,750
감가상각 및 무형자산 상각	3,562,078	10,449,249	2,708,159	7,855,759
지급수수료	958,353	2,663,187	615,243	1,800,235
동력 및 수도광열비	573,335	1,563,768	405,232	1,165,591
수선비	401,858	1,151,774	1,014,788	1,663,440
외주가공비	448,853	1,240,890	255,439	766,111
기타	1,076,190	2,694,601	(306,684)	51,845
대체: 개발비자산화 등	(95,724)	(218,877)	(68,017)	(323,989)
합 계(*)	9,327,323	28,241,746	7,633,503	22,430,367

(*) 분기연결포괄손익계산서 상의 매출원가와 판매비와관리비를 합산한 금액입니다.

[매출채권] 문서 목차 : 기타 재무에 관한 사항

매출채권, 대손충당금 및 설정률 파악 가능

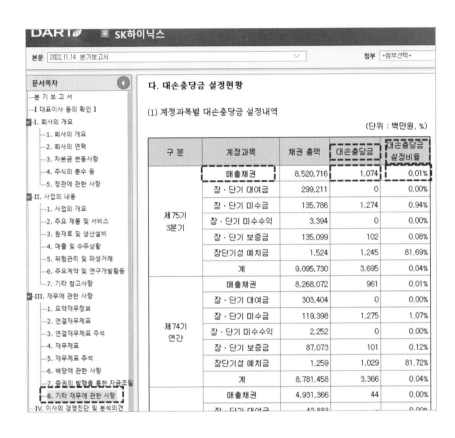

[재고자산] 문서 목차 : 기타 재무에 관한 사항

재고자산, 회전율 파악 가능

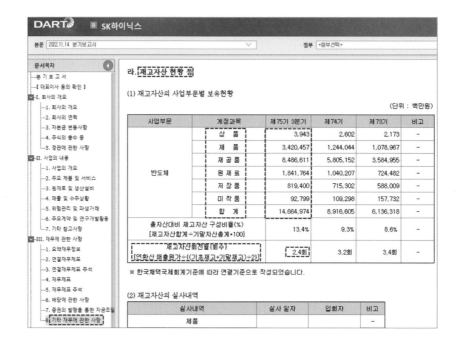

(2) 엑셀 조합 차트 작성 가이던스

가이던스를 참조하여 엑셀에 입력했다면 이제 도표의 수치들을 이용하여 차트를 만들 수 있습니다. 엑셀 도표에 정리한 데이터를 이용하여 차트화하는 방법은 다음과 같습니다.

① 삽입 → 표식이 있는 꺾은 선형 클릭

② 차트 위에서 오른쪽 마우스 키 클릭 → 데이터 선택

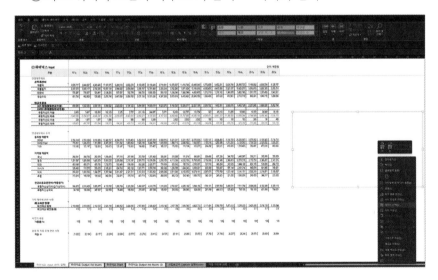

③ '추가' 클릭

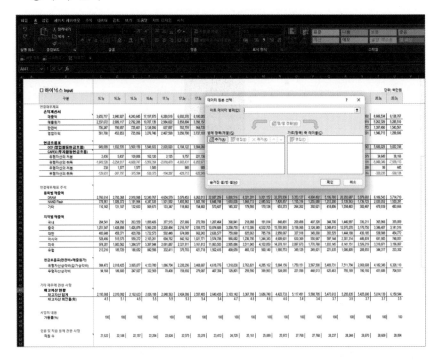

④ 계열 이름 → '매출액' 지정

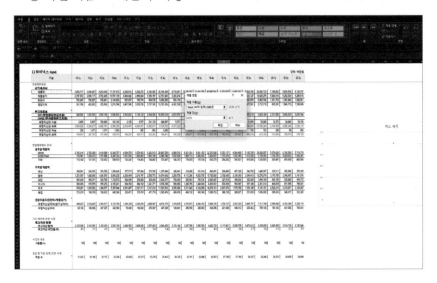

⑤ 계열값 → '16년 1분기~ 20년 3분기' 드래그 지정

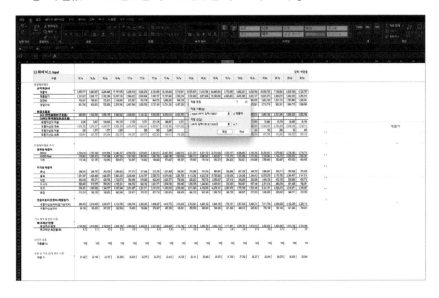

⑥ 가로(항목)축 레이블 → 편집 클릭

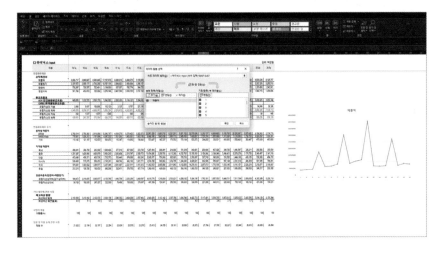

⑦ 축 레이블 범위(A) → '16년 1분기~ 20년 3분기' 드래그 지정

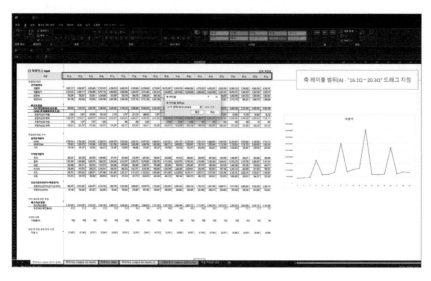

⑧ 매출액 차트 완성

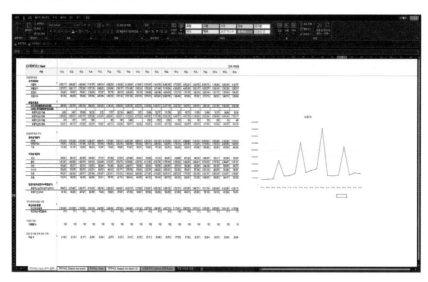

⑨ 매출액 차트 위에서 오른쪽 마우스 키 클릭 → 데이터 선택 클릭

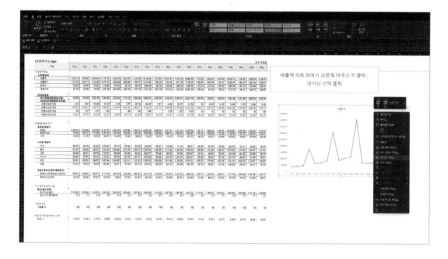

⑩ 위의 과정을 반복하여 매출총이익률 추가(주황색)

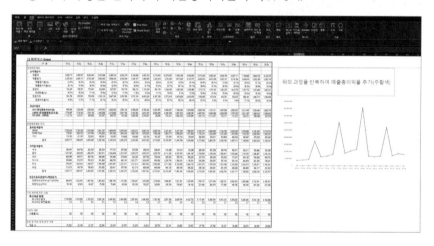

⑪ 범례 → '위쪽' 추가

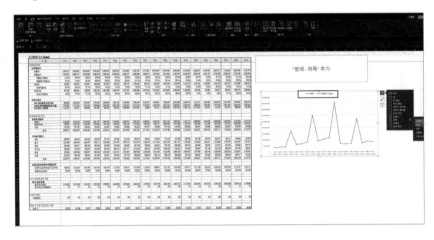

⑫ '데이터 테이블' 추가

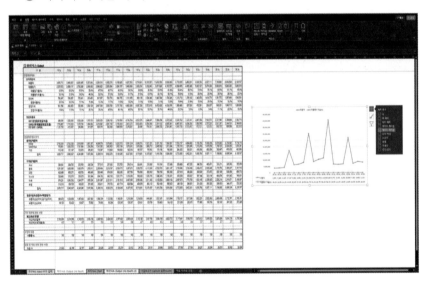

⑬ 차트 위에서 오른쪽 마우스 키 클릭 → 차트 종류 변경 클릭

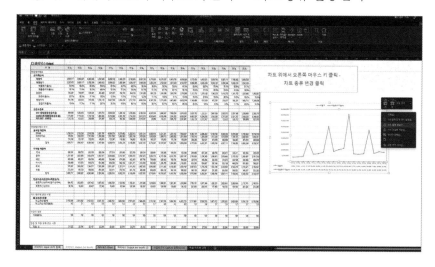

⑭ '혼합' 클릭

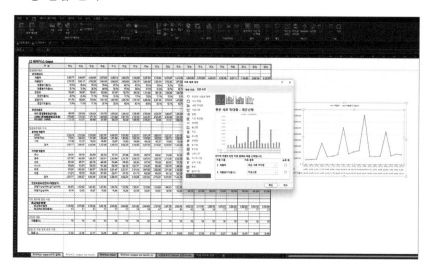

⑮ 매출액 → 묶은 세로 막대형, 매출총이익률(%) → 표식이 있는 꺾은 선
형 보조축(클릭)

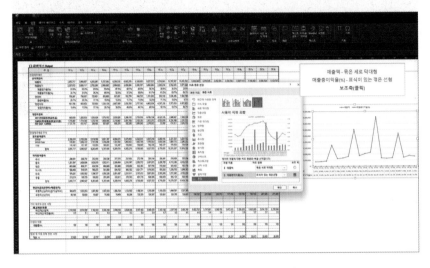

⑯ 조합 차트 완성

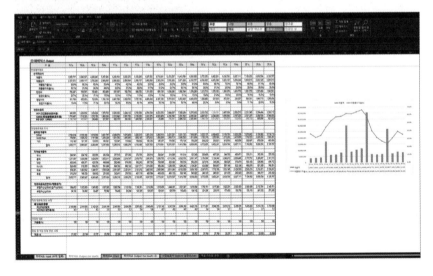

이상과 같이 엑셀 도표를 이용하여 기업별 성격에 맞는 여러 가지 조합의 차트를 만들 수 있습니다.

직접 수치를 입력하여 표와 차트를 만들어 보면서 분석을 해봐야만 좋은 기업을 분별할 수 있는 눈을 가질 수 있습니다. 지금까지 많은 분의 정량적 분석 입문 과정을 지켜본 바에 따르면 최소 5개 기업의 정량적 분석을 하고, 최소 3개월간 시간과 노력을 기울여야만 기업분석에 대해 어느 정도 감을 잡을 수 있습니다. 첫술에 배부를 수는 없습니다. 조급한 마음을 버리고 공부하는 마음으로 최소 3개월간 되도록 많은 기업의 사업보고서를 읽고, 엑셀로 도표를 완성하고, 기업별 성격에 맞는 정량적 차트를 만들어서 분석해보세요. 어느새 재무제표의 각종 수치들을 자유롭게 투자 관점에서 조합시켜서 분석할 수 있게 될 것입니다.

6 개별 기업분석 실전 사례

COMPANY ANALYSIS

실제 기업의 자료를 통해 기업분석을 하는 과정을 보여드리겠습니다. 앞에서도 말씀드렸듯이, 예시로 든 기업들은 단지 사례를 보여드리기 위해 임의로 신청했을 뿐이며 추천 종목이 아님을 명심해 주십시오.

(1) 코텍

코텍의 22년 2분기 매출액은 YoY가 134% 증가했으며 이는 17년 이후 역대 분기 최대 매출액입니다. 영업이익은 62억 원으로, 22년에 적자에서 흑자로 전환했습니다. 코로나로 인해 20년 2분기 이후 21년 4분기까지 7개 분기 연속 영업이익 적자를 보인 코텍은 22년 1분기에 6.5억 원의 소폭 흑자 전환을 하더니 22년 2분기부터 흑자가 점차 증가하는 긍정적인 모습을 보여줍니다.

다만, OPM 측면으로는 코로나 시기 직전인 19년도에 기록했던 10% 중후반대에 못 미치는 10% 초반대여서 앞으로 이익률의 개선 여부가 관건입니다.

조합 차트를 통하여 최근 코텍의 매출액이 급증했음에도 불구하고 이익률이 과거 대비 낮은 추세인 이유를 살펴보겠습니다.

아래는 GPM 및 판관비율 조합 차트인데 GPM은 21년 1분기에 바닥을 찍은 후 22년 2분기에 가장 높은 수치를 기록했고, 판관비율은 20년 4분기에 고점을 기록한 후 22년 2분기에 가장 낮은 수치를 보여주고 있어 양호한 모습입니다.

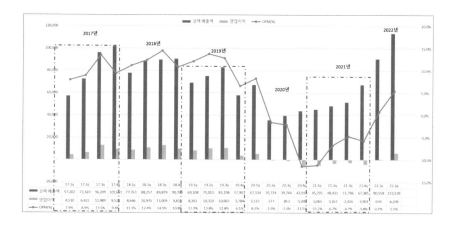

GPM의 장기 추세를 기반으로 추론할 수 있는 점은 코텍이라는 기업은 원재료가 주요 비용인 변동비형 기업이라는 것이며 이에 관해서는 비용의 성격별 분류 현황에서 다시 확인하여 보겠습니다.

투자 관점에서 중요한 포인트인 미래 실적 추정을 위하여 GPM 및 판관비율의 개선 가능성을 확인하기 위해 비용 내역의 과거 데이터를 살펴보겠습니다.

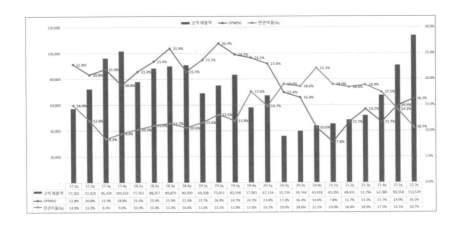

▶ **GPM : 매출총이익률**

GPM을 결정하는 주요 인자는 아래 3가지로 판단합니다.

• 첫 번째는 제품 가격-원재료 가격 스프레드

• 두 번째는 매출원가를 구성하는 각 항목별 비용의 총합

• 세 번째는 기말재고자산 총금액(매출원가 = 기초 재고자산 + 원재료 당기 매

  입액 - 기말 재고자산)

먼저, 첫 번째 요인인 제품가-원재료가 스프레드 및 GPM 조합 차트를 보

겠습니다.

21년 1분기 이후 제품가의 상승·하락과 GPM의 움직임은 동일한 추세성

을 보여주고 있으나 22년 2분기에는 추세성이 다른 특이점이 발견됩니다.

사유는 QoQ로, 원재료 가격은 유지 중이나 제품 가격은 하락한 모습이며 이

경우 GPM은 하락해야 정상적인데 오히려 상승하고 있어 이례적이라고 판

단됩니다.

두 번째와 세 번째 조건을 대입하여 추가로 살펴보겠습니다.

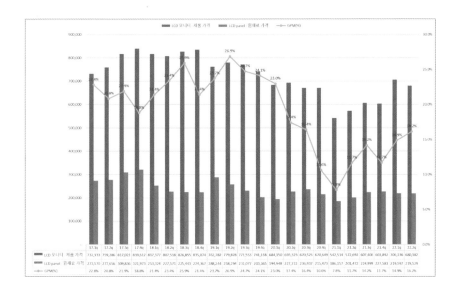

두 번째로 매출원가를 구성하는 각 항목별 비용의 총계와 GPM을 비교하여 봅니다.

22년 2분기에 비용의 대폭 감소(특히 원재료 매입액)로 인하여 제품 가격이 낮아졌음에도 불구하고 GPM이 QoQ로 상승한 모습은 적정하다 판단됩니다.

세 번째로 재고자산 현황을 봅니다. 22년 2분기 재고자산 금액은 역대 분기 최대입니다. 22년 2분기 GPM의 이전 분기 대비 상승이 이해가 됩니다. 이는 매출액 현황과 제품가-원재료가 스프레드와 종합적으로 조합해야 판단이 가능하겠습니다.

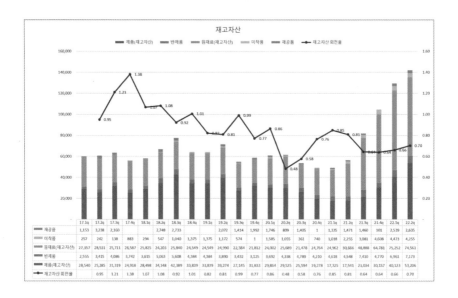

이렇게 GPM 관련 현황을 확인해보았습니다.

코텍은 원재료 비용에 의해 이익률이 좌우되는 변동비형 기업으로 확인되었으며, GPM 측면에서 이익 개선 가능성은 제품 가격 상승 여부가 핵심으로 여겨집니다. 이는 판매량, 원재료 가격 동향 추이, 전방 산업 여건을 종합적으로 조합하여 판단 가능할 것입니다.

▶ 판관비율
판관비율과 관련하여 비용의 개선 가능성 여부를 추론하겠습니다.

아래는 판관비 항목에 포함되는 주요 비용들의 5년간 데이터 차트입니다. 비용 항목들 중 21년 4분기 이후 급격히 증가한 비용은 운반비(노란색 막대)로 확인되네요. 운반비를 좀 더 자세히 살펴보겠습니다.

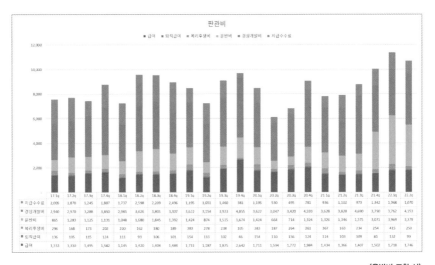

	17.1q	17.2q	17.3q	17.4q	18.1q	18.2q	18.3q	18.4q	19.1q	19.2q	19.3q	19.4q	20.1q	20.2q	20.3q	20.4q	21.1q	21.2q	21.3q	21.4q	22.1q	22.2q
지급수수료	2,005	1,870	1,245	1,887	1,737	2,598	2,209	2,496	1,195	1,651	1,460	381	1,195	530	495	781	936	1,102	973	1,342	1,368	1,070
경상개발비	2,940	2,970	3,288	3,850	2,981	3,626	3,801	3,307	3,622	3,154	3,923	4,855	3,622	3,047	3,420	4,593	3,628	3,828	4,690	3,790	3,762	4,153
운반비	865	1,280	1,125	1,131	1,048	1,680	1,845	1,392	1,424	874	1,515	1,674	1,424	664	714	1,324	1,326	1,346	1,375	3,071	3,969	3,379
복리후생비	296	168	173	202	220	162	180	189	383	278	238	105	383	187	264	261	367	163	234	254	415	250
퇴직급여	136	105	115	124	111	93	106	101	154	113	102	46	154	110	156	124	114	103	109	81	132	99
급여	1,333	1,310	1,495	1,582	1,145	1,420	1,404	1,484	1,711	1,187	1,875	2,642	1,711	1,594	1,772	1,984	1,434	1,366	1,407	1,502	1,718	1,746

〈운반비 포함 시〉

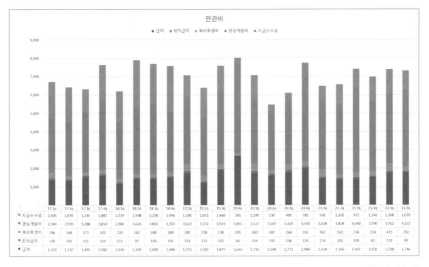

	17.1q	17.2q	17.3q	17.4q	18.1q	18.2q	18.3q	18.4q	19.1q	19.2q	19.3q	19.4q	20.1q	20.2q	20.3q	20.4q	21.1q	21.2q	21.3q	21.4q	22.1q	22.2q
지급수수료	2,005	1,870	1,245	1,887	1,737	2,598	2,209	2,496	1,195	1,651	1,460	381	1,195	530	495	781	936	1,102	973	1,342	1,368	1,070
경상개발비	2,940	2,970	3,288	3,850	2,981	3,626	3,801	3,307	3,622	3,154	3,923	4,855	3,622	3,047	3,420	4,593	3,628	3,828	4,690	3,790	3,762	4,153
복리후생비	296	168	173	202	220	162	180	189	383	278	238	105	383	187	264	261	367	163	234	254	415	250
퇴직급여	136	105	115	124	111	93	106	101	154	113	102	46	154	110	156	124	114	103	109	81	132	99
급여	1,333	1,310	1,495	1,582	1,145	1,420	1,404	1,484	1,711	1,187	1,875	2,642	1,711	1,594	1,772	1,984	1,434	1,366	1,407	1,502	1,718	1,746

〈운반비 제외 시〉

아래는 운반비를 매출액 기준으로 나눈 데이터입니다. 매출액 대비 운반비 비중은 어느 정도였는지를 확인할 수 있습니다. 급증한 운반비는 수출 시 사용하는 해상 컨테이너 운임으로 확인되었으며 주요 해상운임지수 중 상하이컨테이너운임지수(SCFI)에 연동되는 것으로 추론 가능합니다.

장기 추세는 유사합니다. 최근 급격히 증가한 운반비는 3분기에는 감소할 개연성이 높다고 추론 가능합니다. 따라서 유사한 매출액을 기준으로 향후 분기의 판관비율은 하락할 개연성이 높다고 판단됩니다. 이는 OPM의 상승을 가능하게 할 것입니다.

서두에서 현재 코텍의 투자 관점에서 중요한 부분은 과거 대비 하락한 이익률의 회복(상승)이라고 했는데, 이와 관련하여 GPM 및 판관비율이 개선 가능할지를 확인해보았습니다.

이제 GPM 측면에서 개선 여부를 결정할 수 있는 판매량 추이, 원재료 가격 현황, 전방 산업 여건에 관해서 좀 더 자세히 살펴보겠습니다.

코텍의 판매량 현황을 봅니다. 주요 제품의 판매량을 산출하려면 제품별 매출액을 제품 가격으로 나눠야 합니다. 사업보고서에서 5년 데이터를 발췌하여 아래와 같이 차트로 정리해보았습니다.

　아래는 코틱의 주요 제품 매출액 현황이며 22년 2분기 역대 분기 최대 매출액을 기록하고 있습니다.

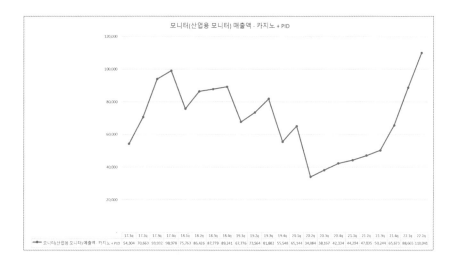

다음은 제품 가격 차트입니다.

매출액 관점에서는 22년 2분기에 역대 최대를 기록했지만 P 관점에서는 QoQ가 하락하는 아쉬운 모습입니다. 매출액 = P × Q이므로 22년 2분기의 역대급 분기 매출액이 나온 것은 Q의 급증 때문이라는 것이 추론 가능합니다.

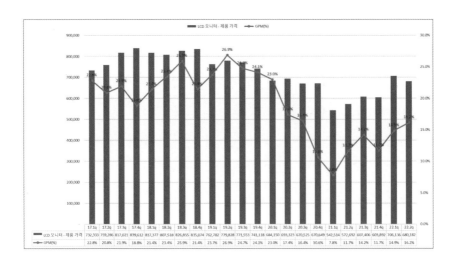

	17.1q	17.2q	17.3q	17.4q	18.1q	18.2q	18.3q	18.4q	19.1q	19.2q	19.3q	19.4q	20.1q	20.2q	20.3q	20.4q	21.1q	21.2q	21.3q	21.4q	22.1q	22.2q
LCD 모니터 - 제품 가격	732,333	759,286	817,021	839,612	817,377	807,518	826,855	835,074	762,782	779,828	771,553	743,118	684,150	693,123	670,525	670,649	542,514	572,692	607,406	603,892	706,136	680,182
GPM(%)	22.8%	20.8%	21.9%	18.8%	21.4%	23.4%	25.9%	21.4%	23.7%	26.9%	24.7%	24.1%	23.0%	17.4%	16.4%	10.6%	7.8%	11.7%	14.2%	11.7%	14.9%	16.2%

위의 2개 데이터(P와 매출액)를 조합하여 아래와 같이 코텍 주요 제품의 Q를 산출하여 차트로 변환시킵니다(단위 : 천 대).

차트로 보니 22년 2분기에 역대 최대 판매량이라는 것을 바로 확인할 수 있네요.

이쯤에서 코텍의 주요 제품으로 명기된 카지노 모니터와 PID 모니터가 대체 무엇일까? 하는 궁금증이 생길 겁니다. 사업보고서에서 '사업의 내용' 항목을 통하여 확인해보겠습니다.

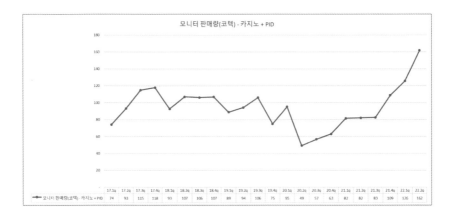

	17.1q	17.2q	17.3q	17.4q	18.1q	18.2q	18.3q	18.4q	19.1q	19.2q	19.3q	19.4q	20.1q	20.2q	20.3q	20.4q	21.1q	21.2q	21.3q	21.4q	22.1q	22.2q
모니터 판매량(코텍) - 카지노 + PID	74	93	115	118	93	107	106	107	89	94	106	75	95	49	57	63	82	82	83	109	126	162

코텍의 주요 제품은 카지노용 모니터와 PID 전자 칠판으로 확인됩니다. 아래 내용에서 주요 포인트는 코텍이 카지노 모니터 시장점유율 1위라는 것, 더욱 중요한 것은 주요 고객사의 리스트입니다. 카지노 모니터의 주요 고객사는 IGT, ARISTOCRAT, 22년부터 주요 고객사로 새롭게 떠오른 SCIENTIFIC GAMES(현재 LNW)이며 전자칠판 주요 고객사는 SMART TECHNOLOGIES입니다.

코텍의 전방 산업 여건은 주요 고객사들의 매출 및 재고자산 현황을 통하여 추론이 가능할 수 있기에 더 자세히 살펴보겠습니다.

우선 코텍의 주요 제품군인 카지노 및 PID 모니터 관련 현황을 자세히 파악할 필요가 있습니다.

II. 사업의 내용

1. 사업의 개요

당사의 사업은 크게 카지노용 모니터, PID(Public Information Display), 의료용, 특수모니터(항공/군사용)로 구성됩니다.

카지노용 모니터는 슬롯머신에 주로 공급되며, 당사는 동 시장에서 20년 연속으로 점유율 1위를 이어오고 있습니다. 올해부터는 세계 3위 업체인 Scientific Games(現 LNW)社에도 본격적으로 납품을 개시했으며, IGT, Aristocrat, Konami社 등 당사가 기존에 거래 중인 업체에 대해서도 지속적으로 시장우위를 강화해나갈 계획입니다.

PID 분야에서, 당사는 전자칠판과 Digital Signage 등을 공급하고 있습니다. 전자칠판은 세계 Top3 기업인 Smart Technologies社에 2011년부터 공급을 시작하여 현재 다수의 모델을 생산 중에 있으며, Digital Signage, Video Wall, Kiosk Display는 미국 Christie Digital社 등에 납품 중입니다. 당사의 PID 제품은 리오프닝과 무인매장의 확산에 힘입어 점진적인 공급 물량 증가가 기대됩니다.

의료용 모니터는 용도에 따라 초음파, 수술, 임상, 판독 등으로 나뉘는데, 당사는 그 중에서 초음파 진단기용 모니터를 공급하고 있습니다. GE와 Siemens社 등이 당사의 주요 고객사이며, 제품경쟁력 향상과 신제품 개발을 통해 세계 경쟁력 확보에 주력하고 있습니다.

특수모니터 분야에서, 당사는 ATC(Air Traffic Control) 모니터, TCD(Tower Control Display)를 글로벌 업체에 공급 중입니다. 향후 항공관련 수요의 회복과 모니터 라인업 확대로 점진적인 물량 확대를 예상하고 있습니다.

당사는 대부분 주문생산방식(MTO: make-to-order)으로 제품을 생산하고 있으며, 인천 송도와 베트남 하남산업단지에 생산라인을 갖추었습니다. 송도 공장은 연간 약 46만대 수준의 생산 Capa를 확보하고 있으며, 반기기준 평균 가동률은 97.9%입니다.

1) 카지노용 모니터 사업 부문 현황

아래는 카지노(GAMING)와 PID 제품군의 매출액 조합 차트이며 22년 2분기 매출액 기준, 카지노 모니터가 55.8%, PID 모니터가 42.8% 비중을 각각 차지하고 있습니다.

코텍을 떠올리면 카지노용 모니터 관련 기업이라는 인식이 강했는데 PID 모니터 매출액 비중도 42%로 높았습니다. 따라서 해당 제품군에 대한 확인도 필요하겠습니다. PID 모니터는 전자칠판 용도의 제품군이 대부분이며 학교 등 교육 시설에 최종 납품되는 것으로 확인됩니다.

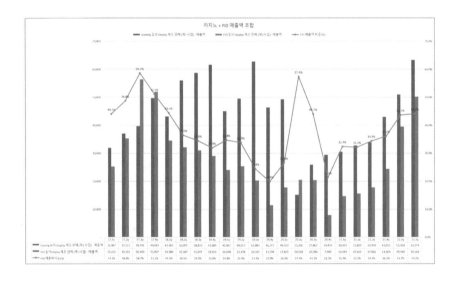

다음은 코텍의 제품 가격과 원재료 가격 조합 차트입니다.

차트에서 코텍 제품의 가격이 장기간 원재료 가격의 등락에 연동되었다는 점을 확인할 수 있습니다. 좀 더 자세히 살펴보겠습니다.

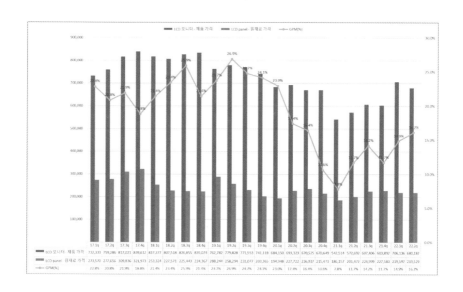

다음 페이지 차트는 제품 가격과 원재료 가격의 스프레드를 표시한 것입니다. 전방 섹터의 업황이 안 좋았던 20년 2분기 코로나 시기를 기점으로 스프레드 하락 추세가 21년 4분기까지 이어지다가 리오프닝이 본격화된 22년 1분기부터 개선되는 모습이 확인됩니다.

코텍의 제품 가격과 마진은 원재료 가격 동향 및 전방 섹터 업황 여건, 이두 가지 조건에 높게 연동되네요. 최근 뉴스를 통해 원재료인 LCD 패널 가격 하락 추세가 심화된다는 기사를 자주 접했습니다. 따라서 코텍의 제품 가격 또한 단기적으로 하락할 개연성이 있다고 판단됩니다. 이익률과 관련된 스프레드의 확대 여부는 전방 산업인 카지노와 교육 시설의 업황에 좌우될 것으로 판단할 수 있겠습니다. 관련해서 좀 더 자세히 살펴보겠습니다.

전방 산업인 카지노와 교육 각각의 업황을 확인할 수 있는 가장 좋은 방법은 코텍의 주요 고객사의 매출액·재고자산 현황을 확인하고 데이터화하여 코텍 제품군의 실적과 비교·검토하여 추론하는 것이라고 생각합니다.

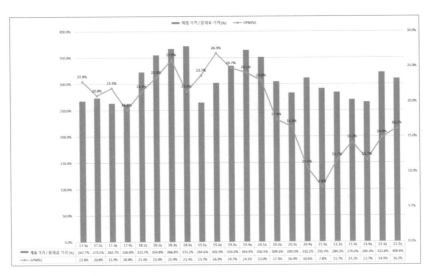

	17.1q	17.2q	17.3q	17.4q	18.1q	18.2q	18.3q	18.4q	19.1q	19.2q	19.3q	19.4q	20.1q	20.2q	20.3q	20.4q	21.1q	21.2q	21.3q	21.4q	22.1q	22.2q
제품 가격 / 원재료 가격 (%)	267.7%	273.5%	261.7%	260.8%	322.7%	354.8%	366.8%	372.2%	264.6%	301.9%	284.3%	374.0%	350.9%	304.5%	283.0%	291.4%	284.3%	270.0%	265.4%	321.6%	309.9%	
OPM(%)	22.8%	20.8%	21.9%	18.8%	21.4%	23.4%	25.9%	21.4%	23.7%	26.9%	24.7%	24.1%	23.0%	17.4%	16.4%	10.6%	7.8%	11.7%	14.2%	11.7%	14.9%	16.2%

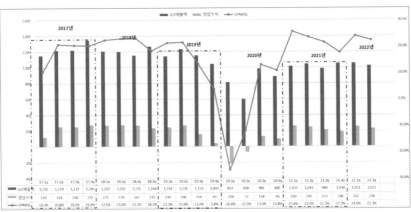

	17.1q	17.2q	17.3q	17.4q	18.1q	18.2q	18.3q	18.4q	19.1q	19.2q	19.3q	19.4q	20.1q	20.2q	20.3q	20.4q	21.1q	21.2q	21.3q	21.4q	22.1q	22.2q
IGT매출액	1,152	1,219	1,221	1,345	1,207	1,202	1,155	1,266	1,144	1,234	1,153	1,043	814	600	981	885	1,015	1,041	984	1,050	1,051	1,021
영업이익	119	254	250	274	271	276	262	232	244	266	154	40	-218	72	128	96	260	245	212	186	252	228
OPM(%)	10.3%	20.8%	20.5%	20.4%	22.5%	23.0%	23.1%	18.3%	21.3%	21.6%	13.4%	3.8%	-26.8%	-12.0%	13.0%	10.8%	25.6%	23.5%	21.5%	17.7%	24.0%	22.3%

카지노 모니터 주요 고객사인 IGT와 SCIENTIFIC GAMES(이하 LNW : 사명 변경)와 PID 제품 주요 고객사인 SMART TECHNOLOGIES의 실적 현황을 확인하여 데이터화하겠습니다.

IGT와 LNW의 실적을 조사하여 차트를 만들어 봅니다. 해당 차트의 수치는 각각 기업의 IR 자료 및 미국 전자공시 시스템인 EDGAR의 10-Q, 10-K

Report 열람을 통하여 직접 발췌하여 작성했습니다.

먼저, IGT 매출액/영업이익/OPM 조합 차트를 보겠습니다. IGT의 최근 매출액 추이는 큰 변동이 없는 모습입니다.

에드가(EDGAR)

국내 주식 정보를 확인할 수 있는 전자공시 사이트인 다트(https://dart.or.kr)와 마찬가지로 미국 주식에도 전자공시 사이트가 있다. 미국증권거래위원회(SEC)에서 운영하는 EDGAR(https://www.sec.gov/edgar/searchedgar/companysearch)이다. 홈페이지에 들어가면 카테고리 메뉴 및 검색으로 공시 정보를 확인할 수 있다. 첫 번째 카테고리인 Latest Filings에서 최근 공시 정보를 볼 수 있고, 두 번째 카테고리 Company Filings에서는 기업명 또는 티커 검색을 통해 기업의 전자공시를 확인할 수 있다.

• EDGAR Form Type

  – 10-K : 연간보고서(Annual report). 회계연도가 끝난 후 90일 이내에 공시

  – 10-Q : 감사를 거치지 않은 분기보고서

  – 8-K : 수시보고서. 기업설명회 등 비정기적 이벤트나 이슈에 대한 내용을 공시

  – 3, 4, 5 : 내부자 거래 보고서로 최대주주나 임원 등의 주식 매매 공시

    3은 임원이 최초 주식을 보유할 때 올리는 신고서

    4는 주식 변경 시 공시한 신고서

    5는 4로 해당 연도 주식 변경을 신고하지 못한 경우

  – S-1 : 주식 발행 등록신고서. 증권신고서와 같은 것으로 투자설명서 등이 포함되어 있어 유용한 자료일 수 있음

  – M14A : 인수합병에 관련된 공시

IGT 재고자산 차트를 보겠습니다. IGT는 최근 분기로 갈수록 재고자산이 증가하는 모습이네요. IGT의 주요 납품 기업 중의 하나인 코텍에게는 긍정적인 여건으로 판단 가능합니다.

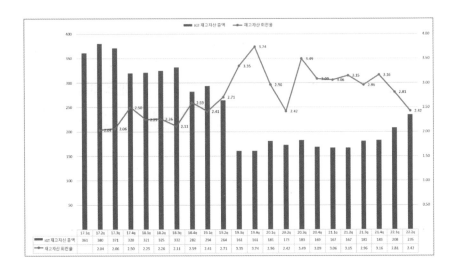

	17.1q	17.2q	17.3q	17.4q	18.1q	18.2q	18.3q	18.4q	19.1q	19.2q	19.3q	19.4q	20.1q	20.2q	20.3q	20.4q	21.1q	21.2q	21.3q	21.4q	22.1q	22.2q
IGT 재고자산 총액	361	380	371	320	321	325	332	282	294	264	161	161	181	173	183	169	167	167	183	183	208	235
재고자산 회전율	2.04	2.06	2.50	2.25	2.26	2.11	2.59	2.41	2.71	3.35	3.74	2.96	2.42	3.49	3.09	3.06	3.15	2.96	3.16	2.81	2.42	

다음으로 LNW 매출액/영업이익/OPM 조합 차트를 보겠습니다. 21년 4분기가 실적 저점이었고, 최근 분기 매출액이 살아나고 있습니다.

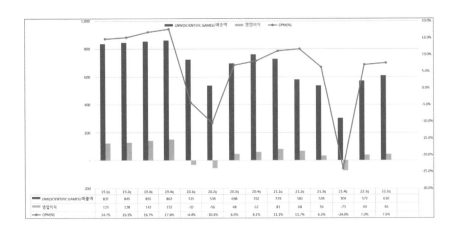

	19.1q	19.2q	19.3q	19.4q	20.1q	20.2q	20.3q	20.4q	21.1q	21.2q	21.3q	21.4q	22.1q	22.2q
LNW(SCIENTIFIC GAMES) 매출액	837	845	855	863	725	539	698	762	729	581	539	304	572	610
영업이익	123	128	143	152	-32	-56	48	62	81	68	34	-73	40	46
OPM(%)	14.7%	15.1%	16.7%	17.6%	-4.4%	-10.4%	6.9%	8.1%	11.1%	11.7%	6.3%	-24.0%	7.0%	7.5%

이상 IGT와 LNW의 매출액 및 재고자산 현황을 살펴보았습니다. 다시 이를 코텍의 카지노 모니터 매출액/판매량과 조합하여 확인하겠습니다.

아래는 코텍 카지노 모니터 매출액(노란색 선)과 IGT 재고자산(파란색 막대) 조합 차트입니다. 오른쪽 빨간색 박스 부분을 보면 매출액-재고자산 사이의 차이(ROOM)가 확인되는데, 최근에 신규 고객이 추가된 것으로 가정할 수 있습니다.

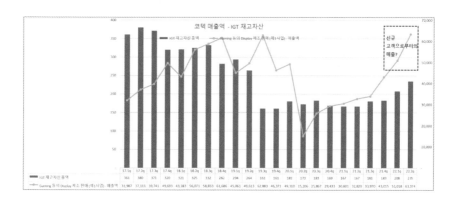

앞서 '사업의 내용'에서 살펴본 내용을 가져와 볼까요?

카지노 모니터의 주요 고객사는 IGT, ARISTOCRAT

22년부터 주요 고객사로 새롭게 떠오른 SCIENTIFIC GAMES(현재 LNW)

그렇습니다. LNW였네요.

따라서 매출액과 재고자산의 차이가 확인된 22년 1분기와 2분기에 LNW의 재고자산 금액을 추가하여 조합 차트를 다시 확인합니다.

LNW의 재고자산(노란색 막대)을 추가한 결과, 코텍의 카지노 모니터 매출액 추이와 비슷해졌습니다. 현재 IGT와 LNW는 각각 재고자산 증가 추세를 유지하고 있기에 코텍의 카지노용 모니터 매출액 역시 증가할 개연성이 있다고 판단할 수 있습니다.

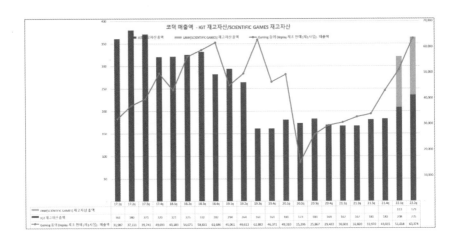

추가로 코텍 카지노 모니터 판매량과 IGT/LNW 재고자산 조합 차트를 통하여 위의 가설을 재확인해보겠습니다. 아래 조합에서도 최근의 유사한 추이가 확인됩니다.

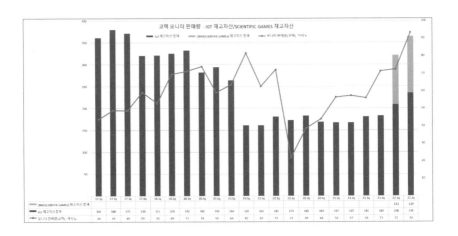

이쯤에서 한 가지 떠오르는 의문점이 있을 것입니다.

코텍 카지노 모니터의 기존 주요 고객사 중 하나인 ARISTOCRAT은 왜 분석에 포함하지 않았을까요? ARISTOCRAT은 호주 기업으로, IR 자료를 확인하니 반기 및 연말 보고서만 공시하고 있어서 아쉽게도 위의 데이터에 포함시킬 수 없었습니다.

아래는 코텍의 지역별 판매 현황입니다. 전체 판매 중 수출 비중이 94%인 수출형 기업이며 특히 미국으로의 수출 비중이 압도적으로 높습니다. 또한 IGT는 영국 기업이지만 주요 매출은 미국에서 발생하기에 북미 매출로 감안할 수 있으며 ARISTOCRAT 역시 호주 기업이지만 주요 매출이 미국에서 발생합니다.

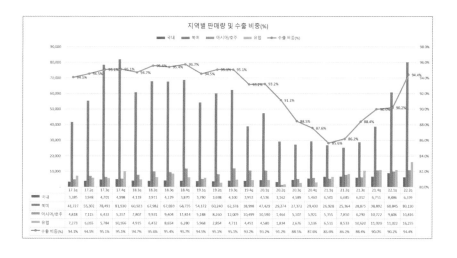

	17.1q	17.2q	17.3q	17.4q	18.1q	18.2q	18.3q	18.4q	19.1q	19.2q	19.3q	19.4q	20.1q	20.2q	20.3q	20.4q	21.1q	21.2q	21.3q	21.4q	22.1q	22.2q
국내	3,385	3,948	4,701	4,998	4,119	3,911	4,129	3,870	3,780	3,698	4,100	3,953	4,536	3,162	4,589	5,460	6,501	6,685	6,012	6,751	8,886	6,339
북미	41,727	55,302	78,491	81,930	60,923	67,982	67,693	64,735	54,172	60,240	62,878	38,998	47,429	29,274	17,372	29,430	26,928	25,364	28,875	38,892	60,845	90,130
아시아/호주	4,618	7,115	6,433	5,357	7,807	9,931	9,404	11,834	5,188	8,260	12,009	10,499	10,590	1,464	5,107	5,921	5,355	7,850	6,290	10,722	9,806	10,816
유럽	7,273	6,055	5,784	10,366	4,915	6,432	8,654	6,280	5,948	2,854	4,711	4,451	4,580	1,834	2,676	3,106	6,511	8,533	10,620	11,020	11,022	16,255
수출비중(%)	94.1%	94.5%	95.1%	95.1%	94.7%	95.6%	95.4%	95.7%	94.5%	95.1%	95.3%	93.2%	93.2%	91.2%	88.5%	87.6%	85.6%	86.2%	88.4%	90.0%	90.2%	94.4%

마지막으로, 카지노 모니터 분야에서 국내 유사기업인 토비스의 카지노 모니터 관련 실적을 확인하여 교차 검증해보겠습니다.

다음은 토비스의 카지노 모니터 매출액 현황입니다. 22년 2분기 매출액은

QoQ가 감소했지만 20년이 바닥이었고 22년 1분기까지의 매출액 성장은 코텍의 매출 성장과 추세를 같이하고 있습니다. 카지노 모니터 관련 업황에 대한 강한 긍정적 시그널로 판단할 수 있겠습니다.

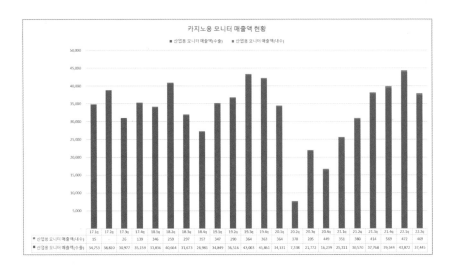

카지노용 모니터 매출액 현황

	17.1q	17.2q	17.3q	17.4q	18.1q	18.2q	18.3q	18.4q	19.1q	19.2q	19.3q	19.4q	20.1q	20.2q	20.3q	20.4q	21.1q	21.2q	21.3q	21.4q	22.1q	22.3q
산업용 모니터 매출액(내수)	15	-	26	139	346	259	297	357	347	290	364	363	364	378	205	449	351	380	414	569	472	469
산업용 모니터 매출액(수출)	34,753	38,820	30,977	35,159	33,836	40,664	31,673	26,981	34,849	36,516	43,003	41,861	34,131	7,338	21,772	16,239	25,311	30,570	37,768	39,344	43,872	37,445

위와 같이 코텍의 카지노 모니터 관련 주요 3개 고객사들의 매출 및 재고자산 현황 등을 종합적으로 고려했을 때 코텍의 하반기 매출액의 YoY 증가 가능성이 높다고 판단할 수 있습니다.

2) PID 사업 부문 현황

다음으로 코텍 매출의 42% 비중을 차지하고 있는 PID 제품 현황을 살펴보겠습니다.

다음은 PID 제품군의 매출액/영업이익/OPM 조합 차트입니다. 19년 3분기부터 매출액 감소 및 영업이익 적자 발생이 시작되어 22년 1분기까지 지속됩니다. 그러나 22년 2분기 매출액이 증가하면서 10개 분기 만에 3.6억 원의 영업이익이 발생한 긍정적인 모습입니다.

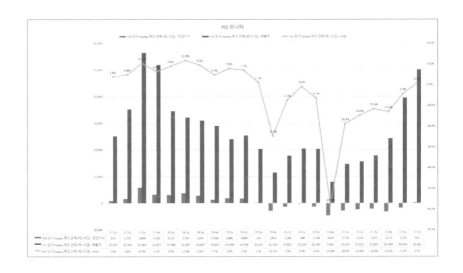

PID 제품군에서 대부분의 매출은 전자칠판용 모니터에서 발생 중이며 기타 디지털 사이니지(Digital signage), 키오스크용 디스플레이 매출도 있습니다.

카지노용 모니터는 국내 송도에서 생산하고 PID 모니터는 각각 국내와 베트남에서 생산하고 있는데, 전자칠판은 베트남 공장에서만 생산 중입니다. 그렇다면 베트남 자회사의 데이터를 살펴봐야겠네요.

다음 페이지는 베트남 자회사의 매출액/손익 차트입니다.

PID 제품의 매출 대부분을 차지하는 베트남 자회사의 22년 2분기 매출액은 고작 74억 원입니다. PID 22년 2분기 매출액 501억 원과 차이가 많이 납니다. 이런 매출액 차이는 어디서, 왜 발생하는 것일까요?

확인해보니 베트남 자회사는 전자칠판 생산과 관련된 실적만을 반영하고 있었으며 전자칠판 판매 실적은 코텍 본사 실적에 반영되고 있었습니다.

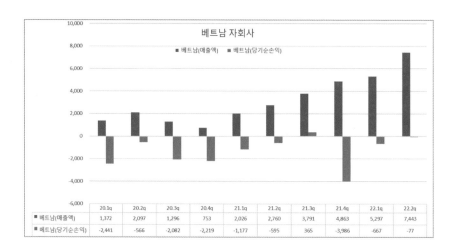

	20.1q	20.2q	20.3q	20.4q	21.1q	21.2q	21.3q	21.4q	22.1q	22.2q
■ 베트남(매출액)	1,372	2,097	1,296	753	2,026	2,760	3,791	4,863	5,297	7,443
■ 베트남(당기순손익)	-2,441	-566	-2,082	-2,219	-1,177	-595	365	-3,986	-667	-77

추가로 전자칠판의 전방 섹터의 업황을 추론하고자 주요 고객사인 SMART TECHNOLOGIES의 실적을 확인하려고 했으나 해당 기업은 2016년 대만의 폭스콘으로 인수·합병되어 실적 파악이 불가능했습니다.

전자칠판은 주로 학교에 납품되며 20년부터 수요 증가의 개연성이 높았으나 코로나로 인하여 수요 발생이 지연되었고, 22년 전 세계 학교들이 대면수업을 재개하면서 이연되었던 전자칠판의 수요가 높아진 추세가 확인되었습니다.

코텍의 주요 제품들의 업황은 코로나 리오프닝의 수혜주 성격이 강하다고 판단되며 아직까지 정상화까지의 여력이 남아 있는 카지노 업황을 감안할 경우 향후 매출 성장 여력이 있다고 조심스럽게 판단할 수 있습니다.

지금까지 GPM의 향후 개선 여부를 판가름할 수 있는 3가지 사항인 ① 판매량 추이, ② 원재료 가격 현황, ③ 전방 산업 여건에 대해서 확인해보았으며 그 결과는 아래와 같이 요약할 수 있습니다.

① 판매량 추이 – 긍정적(Q 관점)

② 원재료 가격 현황 – 부정적(P 관점)

③ 전방 산업 여건 – 긍정적(Q 관점)

3가지 조건을 종합적으로 고려한다면 P 관점에서는 부정적이나 전방 산업 여건의 호조와 신규 매출처 확보를 감안할 때 Q 관점에서 긍정적 포인트가 우세하다 여겨집니다. 원재료 가격(C)의 하락과 연동되는 P의 하락을 일정 부분 제한시키는 역할을 해줌으로써 마진 측면에서도 개선될 가능성이 보인다는 판단이 가능합니다.

따라서 코텍의 22년 하반기 실적은 매출액 상승, 매출총이익률 증가, 판관비율 하락의 삼박자가 동시 발생할 가능성이 있으며 OPM의 QoQ 상승을 조심스레 예측할 수 있습니다.

3) 현금흐름/재고자산/매출채권 검토

이제 코텍의 현금흐름을 확인해보겠습니다.

차트를 확인하니 21년 2분기부터 좋지 않은 현금흐름을 보이고 있네요. 해당 상황을 리스크 관점에서 살펴보겠습니다.

	17.1q	17.2q	17.3q	17.4q	18.1q	18.2q	18.3q	18.4q	19.1q	19.2q	19.3q	19.4q	20.1q	20.2q	20.3q	20.4q	21.1q	21.2q	21.3q	21.4q	22.1q	22.2q
OCF	14,448	10,304	-36,303	15,137	6,781	1,199	-7,577	26,512	12,875	23,827	6,339	31,570	-14,534	21,667	7,367	481	767	-5,108	-24,801	-42,826	-36,263	-22,168
FCF	13,460	9,640	16,665	14,301	6,370	522	8,088	26,043	12,453	13,087	5,187	16,697	22,066	11,998	828	-2,154	7,951	-7,143	-26,050	-43,326	36,978	32,620
CAPEX	988	664	362	836	413	677	511	469	424	10,740	11,326	14,873	7,532	9,689	3,195	2,635	8,718	2,035	1,240	500	715	452

지속적인 부(-)의 OCF/FCF 원인을 '연결재무제표 주석 > 현금흐름표'에서 확인한 결과, 역시 재고자산 및 매출채권 급증으로 인한 것이었으며 관련 리스크 여부를 재고자산/매출채권 현황을 통하여 파악해보겠습니다.

먼저 재고자산 관련 현황입니다.

아래는 재고자산 금액 및 회전율(파란색 선) 조합 차트입니다. 재고자산은 21년 3분기를 기점으로 급증 추세이며, 22년 2분기에 역대 분기 최대 재고자산을 기록했습니다. 그럼에도 회전율은 장기 추세 박스권 내에 위치하고 있습니다. 회전율의 QoQ 상승 추이를 고려할 경우 리스크가 높지 않다고 판단됩니다.

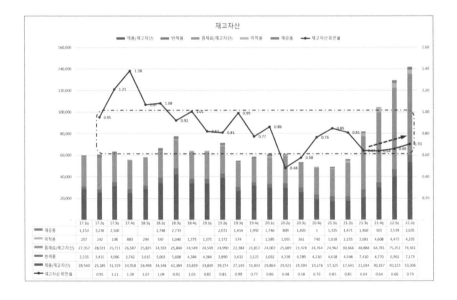

다음으로, 매출채권 관련 현황을 확인해보겠습니다.

코텍의 대손충당금 설정률 현황을 살펴봅니다. 5% 미만으로 안정적인 모습이 확인되네요.

8. 기타 재무에 관한 사항

가. 대손충당금 설정 현황

(1) 최근3사업연도의 계정과목별 대손충당금 설정 내역

(단위 : 백만원)

구분	계정과목	채권금액	대손충당금	대손충당금 설정율
2022년 반기 (2022.06.30)	매출채권 및 기타채권	117,597	1,432	1.22%
	기타금융자산(유동)	14	–	–
	기타수취채권(비유동)	2,706	–	–
	합계	120,317	1,432	1.19%
2021년	매출채권 및 기타채권	74,263	2,209	2.97%
	기타금융자산(유동)	13	–	–
	기타수취채권(비유동)	2,686	–	–
	합계	76,962	2,209	2.87%
2020년	매출채권 및 기타채권	41,441	1,465	3.53%
	기타금융자산(유동)	384	–	–
	기타수취채권(비유동)	1,948	–	–
	합계	43,773	1,465	3.34%

또한, 아래의 매출채권 잔액 현황에서 볼 수 있듯이 대부분의 매출채권은 6개월 이내 현금으로 회수 가능한 상황입니다. 매출채권과 관련해서도 리스크가 높지 않다고 판단됩니다.

(3) 매출채권관련 대손충당금 설정방침

당사의 주 거래선의 경우 대형 우량 업체로써 과거 대손률은 미미한 상황입니다. 매월 미회수 채권에 대한 고객으로부터의 회수일정 확인, 경과채권 업체에 대한 제품 출하 제한(시스템 설정)을 통해 Risk관리를 하고 있으며, 연말기준 12개월 경과채권에 대해서 100% 대손충당금을 설정하고 있습니다. 단, 상계대상 채무가 있거나, 회수일정이 구체화된 업체의 경우 경과채권금액, 최근매출추이 및 회수율등을 고려하여 설정대상 채권에서 제외하고 있습니다.

(4) 경과 기간별 매출채권 잔액 현황

(단위 : 백만 원)

경과기간 구분		6월 이하	6월 초과 1년 이하	1년 초과 3년 이하	3년 초과	계
금액	일반	109,073	149	1	1,363	110,586
	특수관계자	128	–	–		128
	계	109,201	149	1	1,363	110,714
구성비율(%)		98.63%	0.13%	0.00%	1.23%	100.00%

추가로, 매출채권 회전율 및 대손충당금 설정률의 조합 차트를 통하여 매출채권 관련 리스크를 점검해보겠습니다.

아래 차트와 같이 22년 2분기 매출채권은 역대 분기 최대임에도 불구하고 매출채권 회전율(회색 선)은 장기 박스권 추세의 상단 범위에 놓여 있는 점, 장기간의 대손충당금 설정률 또한 1% 내외를 유지하고 있음을 감안하면 리스크가 높지 않다고 판단됩니다.

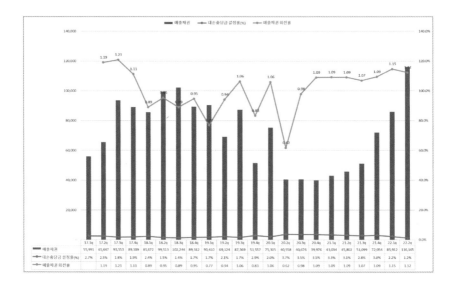

(2) 효성첨단소재

실전 기업분석의 두 번째 사례로 효성첨단소재를 살펴보겠습니다.

효성첨단소재의 주요 제품은 산업자재에 포함된 타이어 보강재 관련, 섬유 관련, 최근 신사업으로 성장 전략의 축으로 삼고 있는 탄소섬유와 아라미드로 구분됩니다(현재 탄소섬유와 아라미드는 산업 자재 사업 부문의 매출에 포함).

아래는 효성첨단소재 홈페이지(http ://www.hyosungadvancedmaterials.com/kr/main.do)에서 볼 수 있는 2022년 홍보 브로슈어 중 일부입니다. 사업 내용을 참조하기 바랍니다.

〈참조 : 효성첨단소재 2022년 홍보용 브로슈어〉

1) 정량적 지표 검토

정량적 분석을 진행하겠습니다. 아래는 19년 1분기부터 22년 3분기까지의 손익 조합 차트이며 18년 4분기 이후 공시 내용만 있기에 부득이하게 과거 4년 자료로만 정리했습니다.

22년 2분기에 역대 분기 최대 매출액을 기록했으나 3분기에 이르러 매출액은 QoQ가 다소 감소한 것에 그친 반면 OPM 측면에서 비교적 높은 하락률이 발생했습니다.

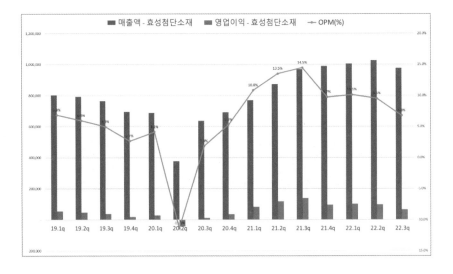

다음은 GPM과 판관비율의 조합 차트입니다.

OPM의 하락이 GPM의 하락과 연계되는 점, 판관비율은 장기간 우하향하는 우수한 모습이 확인됩니다.

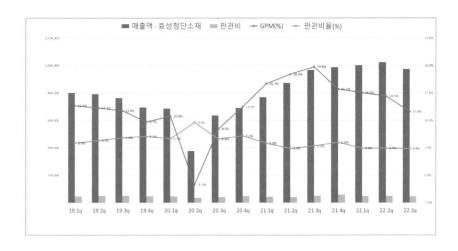

효성첨단소재는 비용과 관련해 분기별 세부 내역은 공개하지 않고 연 단위로만 공개하고 있습니다.

매출원가와 판관비 등 모든 비용이 포함된 아래 차트를 통해 원재료 비용 (회색 막대)이 가장 높은 비중을 차지하고 있는 변동비형 기업으로 확인할 수 있습니다. 원재료 가격에 따라 이익률이 대체로 연동되고 있으므로 이 부분을 자세히 살펴보겠습니다.

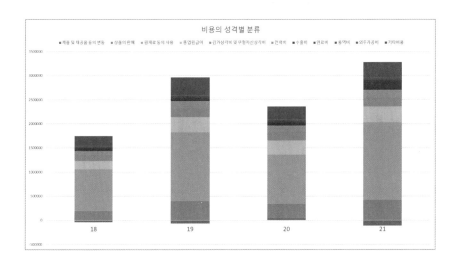

아래는 판매비와 관리비를 구성하는 주요 비용들의 조합 차트입니다. 급여와 지급수수료가 가장 높은 비율을 장기간 차지하고 있습니다.

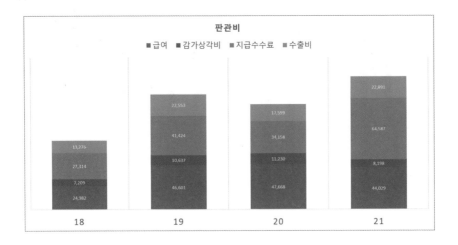

효성첨단소재는 2개의 사업부로 구성되어 있습니다. 먼저 타이어 보강재 등의 제품이 포함된 산업자재 사업부의 손익 조합 차트를 보겠습니다. 22년 3분기 역대 분기 최대 매출액을 기록했으며 OPM은 QoQ가 다소 하락했고 영업이익도 다소 감소했습니다.

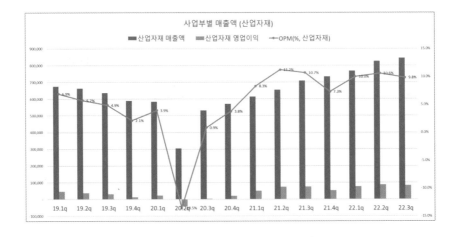

두 번째 섬유·기타 사업부의 손익 조합 차트를 보겠습니다. 21년 3분기에 최대 실적을 기록 후 지속적인 매출액 감소 추이를 보이며 급기야 22년 3분기에는 영업이익 적자 전환이 발생했습니다.

따라서 22년 3분기에 발생한 효성첨단소재의 매출액 및 이익 감소는 섬유·기타 사업부에 속한 섬유 제품들의 판매 저조 때문으로 확인됩니다.

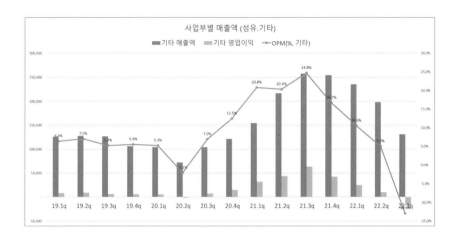

다음은 전체 실적 대비 섬유·기타 사업부의 매출액(노란색 막대) 및 영업이익(회색 선)을 분기별로 나타낸 차트입니다. 매출액 비중은 장기간 13~26% 범위의 낮은 비중을 유지하고 있으나 영업이익 측면에서는 20년 하반기 이후 21년까지 40~61%의 높은 비중을 유지한 모습이 확인됩니다. 이것은 섬유·기타 사업부의 주요 제품은 해당 업황 호조 시 높은 이익률을 기록하는 반면 업황 불황 시에는 이익률의 마이너스 전환이 급격히 발생하는 특징을 보여준다는 의미이며 경기에 상당히 민감하게(높게) 연동되는 제품군으로 해석할 수 있습니다.

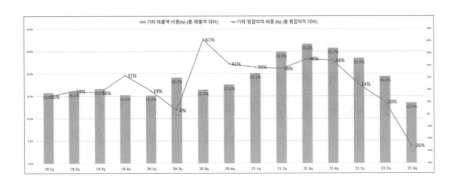

사업부별 장기간 OPM 추이를 아래와 같이 조합 차트로 작성했습니다. 효성첨단소재의 산업자재 사업부와 섬유·기타 사업부 모두 이익률 측면에서 높은 변동 추세를 장기간 보이고 있습니다. 해당 기업은 원재료 가격의 변동에 이익 구조가 연동되는 변동비형 기업의 특징을 뚜렷하게 보여준다는 의미입니다. 주요 원재료의 구성 현황 및 원재료 가격 변동 사유 확인을 통하여 향후 이익을 추론하는 근거로 적용할 수 있겠습니다.

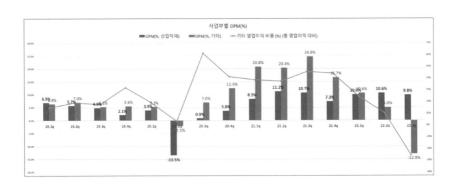

분기보고서의 사업의 내용 중에서 주요 원재료의 가격 변동 요인을 통하여 주로 유가와 철강 가격에 연동되는 것으로 확인됩니다.

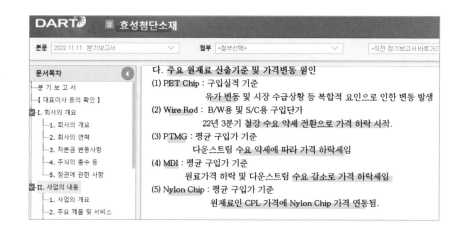

주요 원재료 현황을 더 자세히 파악하기 위하여 매입 비중이 높은 원재료들을 전체 매입액을 기준으로 파악합니다.

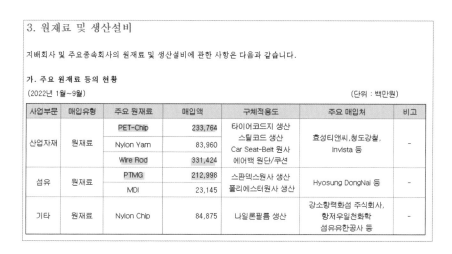

주요 원재료로 파악된 3개 원재료들의 장기간 가격 추이를 각 분기 보고서에서 발췌하여 조합 차트로 작성하여 확인해봅니다.

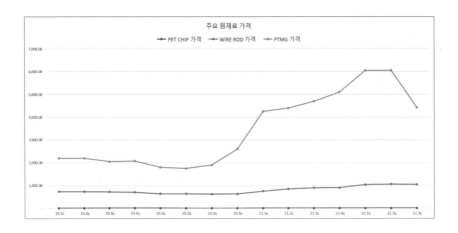

보고서에서 확인한 바와 같이 유가에 연동되는 원재료인 페트칩(PET Chip)과 유가(WTI)의 조합 차트를 아래와 같이 작성하여 과거 장기간 추이를 확인해봅니다. 확인 결과, 페트칩 가격은 유가와의 연동성이 높아 보이며 이 경우 유가의 하락 발생 시 페트칩 가격 또한 하락할 개연성이 높을 것으로 추론이 가능합니다.

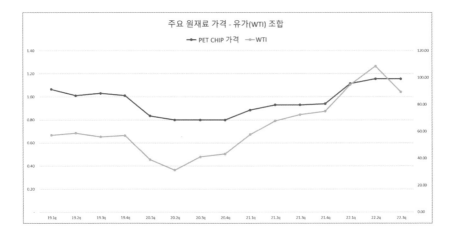

다음으로 페트칩(PET Chip)을 이용하여 생산하는 제품인 타이어 코드 가격과의 연동성을 아래와 같이 확인합니다.

타이어 코드 가격은 장기간 페트칩 가격에 매우 높게 연동되었음을 확인할 수 있습니다. 이것은 효성첨단소재의 매출액과 이익 측면에서 유가 하락이 부정적 영향을 줄 수도 있다는 의미로 해석할 수 있겠습니다. 좀 더 자세히 살펴보겠습니다.

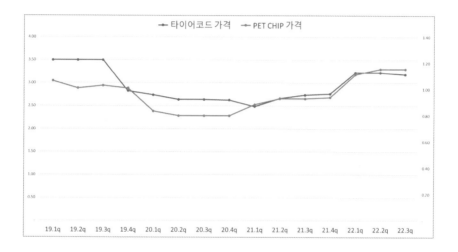

우선, 제품 가격과 원재료 가격의 스프레드와 유가를 조합한 차트를 통하여 이익률의 연동 구조를 확인해보겠습니다. 다음 페이지는 조합 차트이며 유가와 스프레드는 장기간 낮은 상관관계를 보여주고 있습니다.

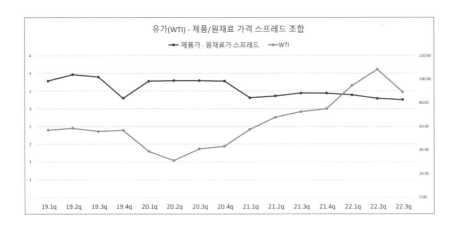

유가(WTI) - 제품/원재료 가격 스프레드 조합

이익률과 유가와의 상관관계를 더 자세히 보기 위해 아래 조합 차트로 확인하면 매출총이익률과 유가와의 상관관계는 장기간 56%대를 유지하고 있습니다. 연동성은 그다지 높지 않습니다.

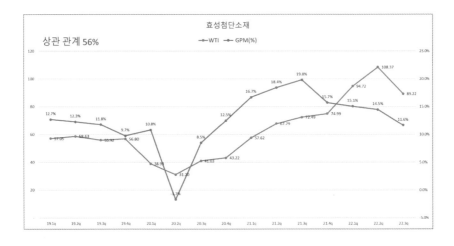

효성첨단소재

상관 관계 56%

그렇다면 효성첨단소재의 이익률은 어떤 지표와 가장 높은 연관성이 있을까요?

높은 연계성을 보이는 여러 지표들을 확인함으로써 해당 지표들과 관련된 정보를 취득하여 이를 해당 기업의 미래 실적을 추론하는 근거 자료로 활용할 수 있습니다. 이를 정성적 분석의 관건인 업황 추론으로 연계할 수 있기 때문입니다.

여러 가지 지표들과 GPM의 조합을 시도한 결과, 경기 민감주라는 특성을 떠올려 OECD 경기선행지수(CLI, Composite Leading Indicators)와의 조합을 했더니 97%의 상관관계로 매우 높은 연동성을 보여줬습니다. 매달 발표하는 OECD CLI를 실적 추론의 선행지표로 활용할 수 있다는 의미입니다.

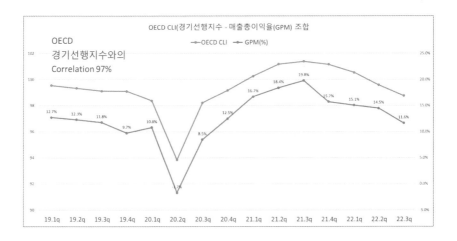

OECD CLI와의 연동성을 사업부별 매출액과 OPM과 조합하여 확인한 결과, 타이어 보강재가 주력 제품인 산업자재 사업부의 매출액은 어느 정도의 상관관계는 있으나 매우 높은 연동성은 아니라는 것을 확인할 수 있습니다.

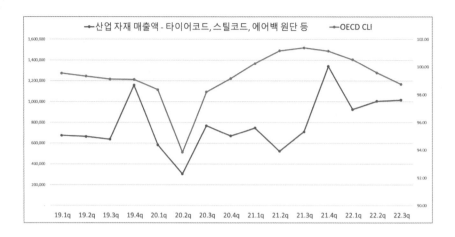

단, 산업자재 사업부의 OPM은 OECD CLI와 96%의 상관관계를 보이며 매우 높은 연동성을 확인할 수 있습니다.

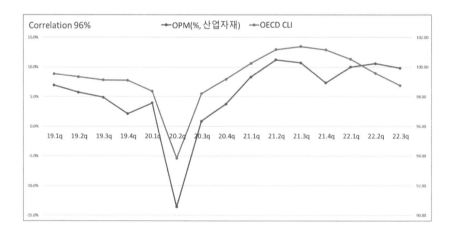

그렇다면, 매출액의 조합 함수인 P와 Q 관점에서 하나는 경기선행지수에 높게 연동되며 다른 하나는 또 다른 지표에 높게 연동된다는 의미로 해석할 수 있습니다.

그래서 산업자재 사업부의 주요 제품인 Q(타이어 코드의 판매량)와 OECD CLI를 조합했을 때 높은 상관관계가 확인된 반면 P(타이어 코드 가격)는 OECD CLI와 낮은 상관관계가 확인됩니다.

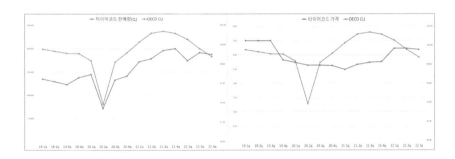

요약하면, 타이어 보강재의 판매량과 이익률은 글로벌 경기에 좌우되며 판매 가격은 또 다른 지표들과 복합적으로 연동된다는 것입니다.

차이신 PMI

중국 민간 경제매체 차이신(財新)이 발표하는 제조업 분야 경기지표지수이다. PMI(Purchasing Managers' Index)는 제조업 동향에 대해 구매 담당자들에게 설문을 실시해 집계한다. PMI 지수가 50이 넘으면 경기 확장, 50을 하회할 때는 경기 축소를 의미한다. 중국 PMI는 국유 대기업 중심인 데 반해, 차이신 PMI는 중소기업과 수출기업까지 포함한다.

또 다른 사업부인 섬유·기타 사업부의 매출액 및 영업이익과 비교적 연동성이 높은 지표는 차이신 제조업 구매관리자지수*(PMI, 1개월 래깅)였습니다. 이를 효성첨단소재의 22년 3분기 실적 IR 자료 중 섬유 사업부 관련 내용인 '중국 지역 수요 부진'과 연계하여 조합하여 보았습니다.

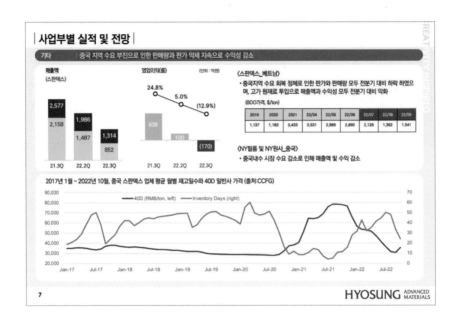

조합 결과, 아래와 같이 섬유·기타 사업부의 매출액과 중국 차이신 PMI의 상관관계는 어느 정도 있는 것으로 확인됩니다.

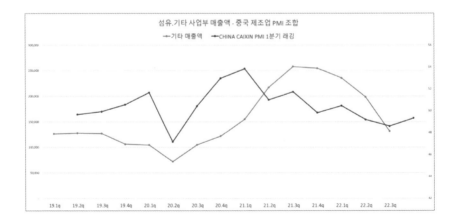

또한 섬유·기타 사업부의 OPM과 중국 차이신 PMI의 상관관계는 67%로 높았습니다.

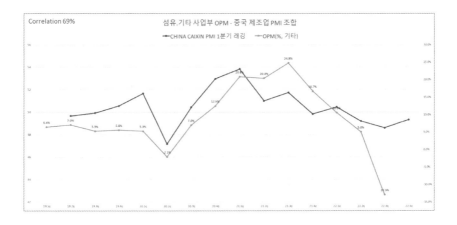

따라서 섬유·기타 사업부의 주요 제품인 나일론 등의 제품 실적은 중국 내수 경기에 높게 좌우되는 것으로 확인되며 해당 사업부의 미래 실적 추론 시 중국 내수 경기 정보를 취합하여 객관적인 근거 자료로 활용해야 합니다.

2) 종속기업 현황

다음은 효성첨단소재의 주요 종속기업 관련 내용입니다. 종속기업들의 분기별 자산의 장기간 추이를 파악하여 어떤 종속기업을 주력 사업장으로 간주하는지를 살펴보고, 과거 대비 최근 자산이 급증한 종속기업이 파악될 경우 해당 종속기업의 매출액 추이와 조합하여 집중 분석을 시행하겠습니다.

다음 페이지 조합 차트를 통하여 확인할 수 있는 점은 주력 종속기업이 '효성 베트남'이며 전체 종속기업들의 유형자산 총액 대비 효성 베트남 비중이 최근에 43%를 차지한다는 부분입니다.

분기보고서의 연결재무제표 주석에 기재된 종속기업 현황을 참조하면 효성 베트남의 생산 품목은 타이어 보강재와 스판덱스입니다. 이것은 효성첨단소재의 주요 제품으로서 숨겨진 스토리, 즉 스토리텔링과 연계하기에는 유용성이 낮다고 판단됩니다.

이렇듯 세부적인 자료들을 분류하고 파악하는 이유는 P, Q, C와 연계되는 주요 사유를 파악하여 미래 실적 추론의 객관적 근거로 확보하기 위한 목적

가. 종속기업 현황

당분기말 현재 종속기업 현황은 다음과 같습니다.

회사명	지배지분율		설립국가	결산월	업종
	당분기말	전기말			
Hyosung Chemical Fiber (Jiaxing) Co., Ltd.	90.83%	90.83%	중국	12월	폴리에스터원사 및 T/C제조
Hyosung Steel Cord (Qingdao) Co., Ltd.	100%	100%	중국	12월	스틸코드 제조 및 판매업
GST Global GmbH	100%	100%	독일	12월	독일지주회사
Global Safety Textiles GmbH(주1)	100%	100%	독일	12월	에어백 쿠션 및 원단 제조, 판매
GST Safety Textiles RO S.R.L.(주1)	100%	100%	루마니아	12월	에어백 쿠션 및 원단 제조, 판매
GST Automotive Safety Components International LLC(주1,2)	100%	100%	미국	12월	에어백 쿠션 및 원단 판매
Global Safety Textiles U.S. Holdings, Inc.(주1,2)	-	100%	미국	12월	미국지주회사
Global Safety Textiles LLC(주1,2)	-	100%	미국	12월	에어백 쿠션 및 원단 제조, 판매
GST Automotive Safety Components International LLC S.A.de C.V(주1)	100%	100%	멕시코	12월	에어백 쿠션 및 원단 제조, 판매
GST China Investment Limited(주1)	100%	100%	홍콩	12월	홍콩지주회사
GST Automotive Safety South Africa(Proprietary) Limited(주1)	100%	100%	남아공	12월	에어백 쿠션 및 원단 제조, 판매
GST Automotive Safety(Changshu) Co. Ltd(주1)	100%	100%	중국	12월	에어백 쿠션 및 원단 제조, 판매
GST Automotive Safety Poland Sp.z.oo(주1,3)	-	100%	폴란드	12월	에어백 쿠션 및 원단 제조, 판매
Hyosung Luxembourg S.A	100%	100%	룩셈부르크	12월	타이어보강재 생산 및 판매업
Hyosung Vietnam Co., Ltd.	71.43%	71.43%	베트남	12월	타이어보강재 및 스판덱스 제조
Hyosung Quang Nam Co., Ltd	100%	100%	베트남	12월	타이어보강재 생산 및 판매업

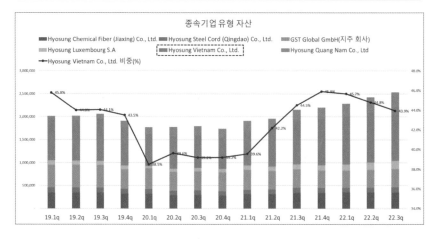

종속기업 유형 자산

■Hyosung Chemical Fiber (Jiaxing) Co., Ltd. ■Hyosung Steel Cord (Qingdao) Co., Ltd. ■GST Global GmbH(지주 회사)
■Hyosung Luxembourg S.A ■Hyosung Vietnam Co., Ltd. ■Hyosung Quang Nam Co., Ltd
●─Hyosung Vietnam Co., Ltd. 비중(%)

이기도 하지만 남들이 모르는 숨겨진 스토리를 찾아내어 주가 상승 촉매를 발굴하기 위한 목적이기도 합니다.

아래는 종속기업들의 매출액 조합 차트입니다. 종속기업들의 합산 총매출액(모기업 매출액 제외)의 장기 추이는 유가(WTI)와 높은 연동성을 나타내고 있음이 확인됩니다. 효성첨단소재의 매출액은 유가(WTI)와 높은 상관관계를 보여준다는 점이 재확인됩니다.

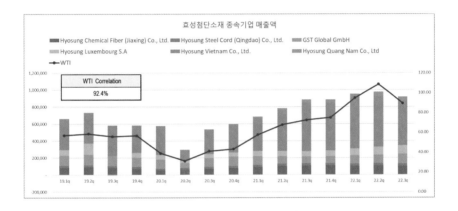

아래는 종속기업 순손익의 분기별 추이를 나타낸 조합 차트입니다. 이익은 글로벌 경기와 높은 연동성을 보이고 있습니다.

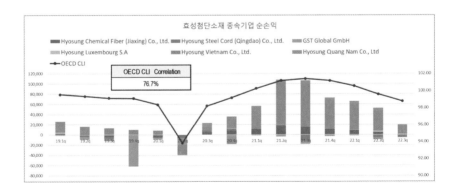

아래는 효성첨단소재의 지역별 매출액 차트입니다. 장기간 아시아 매출액 비중이 높습니다. 이를 이익률(GPM)과 연동하여 확인한 결과, 아시아 매출 비중과 이익률의 상관관계는 60%로 아시아 매출 비중이 높아질수록 이익률이 높아질 개연성이 있습니다. 이는 중국과의 연동성으로 판단할 수 있을 것 같습니다.

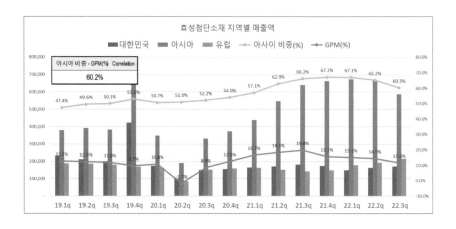

다음은 IR 자료 중 일부인데 산업자재의 실적 관련 내용 중 '아라미드'와 '탄소섬유' 내용이 특징적입니다. 해당 제품 관련 효성첨단소재의 최근 공시 내용과 실적 현황 등을 살펴보겠습니다.

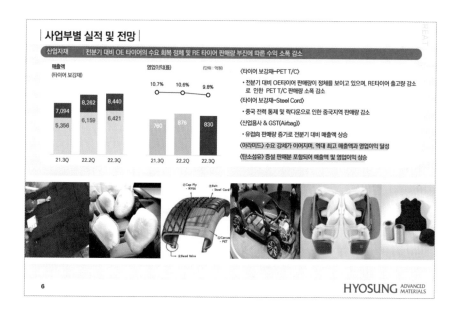

아래는 탄소섬유와 아라미드 제품이 포함된 산업자재 사업부의 주요 제품별 매출액 현황입니다. 탄소섬유와 아라미드의 매출은 21년 1분기(산업자재 사업부 총매출 중 4.2% 비중)부터 발생하기 시작하여 22년 3분기에는 8.4% 매출 비중을 차지하며 높은 성장을 지속하고 있습니다. 22년 3분기에 산업자재 사업부의 매출액이 역대 분기 최대를 기록한 점을 감안하면 더욱 유의미합니다.

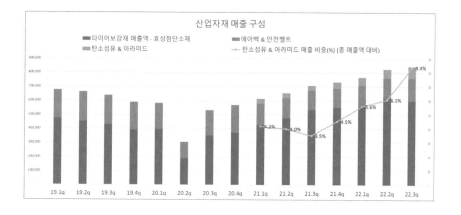

아래는 20년 이후 효성첨단소재의 시설투자 관련 공시 내용입니다. 아라미드 관련 1건, 탄소섬유 관련 3건의 대규모 시설투자 공시를 했습니다. 효성첨단소재는 해당 제품을 성장 전략의 축으로 삼고 있다는 점을 확인할 수 있습니다. 또한 Q의 확장에서 가장 중요한 근거 자료인 '수요 증가'에 대한 대처가 공시에 시설투자 목적으로 명기된 사실이 확인됩니다. 이것은 스토리텔링으로의 연계가 가능한 유의미한 내용이며 탄소섬유와 아라미드 관련 정보를 집중 조사하고 분석할 필요성이 생깁니다.

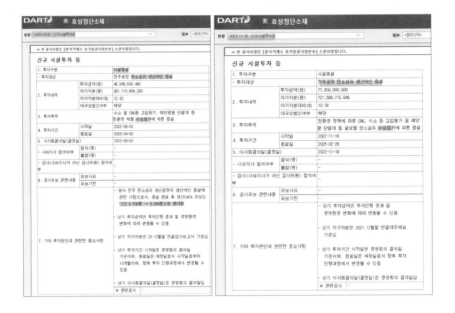

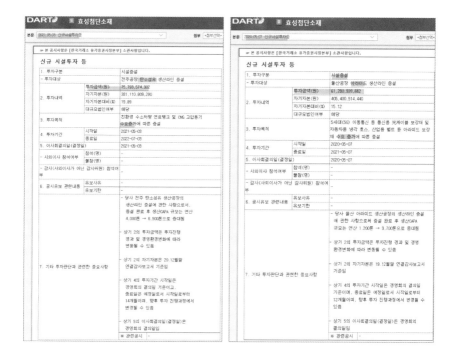

3) 주요 고객사 실적 지표 검토

다음으로는 분기보고서 > 사업의 내용 > 경쟁우위요소 내용 중 명기된 주요고객을 참조하여 고객사의 실적 지표를 분석한 후 이를 효성첨단소재의 연관 지표와 조합하여 비교하겠습니다. 높은 상관관계를 보일 경우 이를 업황 추론의 근거 자료로 활용하겠습니다.

효성첨단소재의 제품 중 매출액 비중이 가장 높은 타이어 보강재를 감안하여 주요 고객사인 한국타이어와 금호타이어의 실적 자료 분석이 유의미하다 판단했습니다. 이를 자세히 살펴보겠습니다.

[경쟁우위요소]
중국 시장의 오랜 경험을 통한 영업력 및 생산 기술 축적을 바탕으로 안정적인 품질
을 유지하고 있으며, 지속적인 연구 개발을 통한 다양한 제품군 공급으로 소비자 요
구를 만족시키고 있습니다.

지배회사 및 주요종속회사의 사업부문별 현황을 요약하면 아래와 같습니다.

사업부문	법인명	주요 재화 및 용역	주요 고객	사업의 내용	비고
산업자재	효성첨단소재㈜	타이어코드, 스틸코드산업용원사, 카페트 등	한국타이어금호타이어 등	타이어코드 및 스틸코드 제조 및 판매	-
	Hyosung Vietnam Co., Ltd.	타이어코드, 스틸코드 등	굿이어, 미쉐린 등	타이어코드, 스틸코드 제조 및 판매,	-
	Hyosung Steel Cord (Qingdao) Co., Ltd.	스틸코드, 카매트	한국타이어(중국), 금호타이어(중국) 등	스틸코드, 카매트 제조 및 판매	-
	Hyosung Chemical Fiber (Jiaxing) Co., Ltd.	타이어코드, 산업용원사 등	한국타이어(중국), 금호타이어(중국), Jinda, shenda 등	타이어코드, 산업용원사 제조 및 판매	-
	Global Safety Textiles GmbH	에어백 원단 및 쿠션	TRW, Autoliv, KSS 등	에어백 원단 제조 및 판매, 에어백 쿠션 판매	-
	GST Global GmbH	지주회사	-	에어백 원단/쿠션 제조 및 판매 회사 지분 Holding Company	-
	GST Automotive Safety(Changshu) Co. Ltd	에어백 원단 및 쿠션	TRW, Autoliv, KSS 등	에어백 원단 제조 및 판매, 에어백 쿠션 판매	-
	GST Safety Textiles RO S.R.L.	에어백 원단 및 쿠션	TRW, Autoliv, KSS 등	에어백 원단 제조 및 판매, 에어백 쿠션 판매	-
	Hyosung Luxembourg S.A	타이어코드	굿이어, 미쉐린 등	타이어코드 제조 및 판매	-
	Hyosung Quang Nam Co., Ltd	타이어코드, 에어백 등	Hyundai, Toyoda Gosei	타이어코드, 에어백 제조 및 판매	-
섬유	Hyosung Vietnam Co., Ltd	스판덱스	Sunray macao 등	스판덱스 제조 및 판매	-
	Hyosung Chemical Fiber (Jiaxing) Co., Ltd.	폴리에스터원사	huachun, shuhua 등	폴리에스터 원사 제조 및 판매	-
기타	Hyosung Chemical Fiber (Jiaxing) Co., Ltd.	나일론필름	yongshen yongxin 등	필름 제조 및 판매	-

아래는 금호타이어의 지역별 매출액 조합 차트입니다. 22년 3분기 역대
최대 매출액을 기록했는데 북미 지역으로 수출이 급증(회색 막대, 회색 선)했
기 때문으로 확인됩니다.

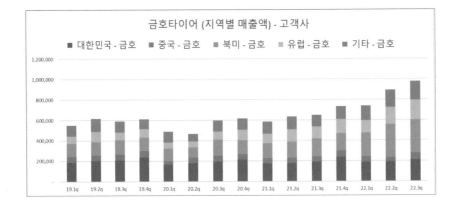

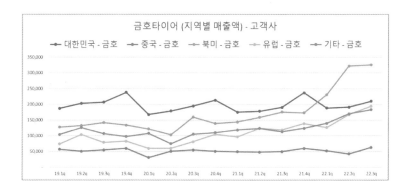

다른 주요 고객사인 한국타이어의 지역별 매출액 조합 차트도 보겠습니다. 금호타이어와 동일하게 22년 3분기 역대 최대 매출액을 기록했으며 유럽(노란색), 북미 지역(회색)으로 수출했기 때문으로 확인됩니다.

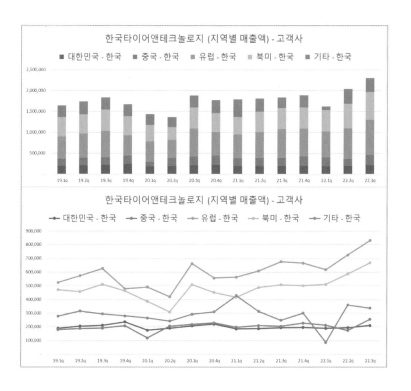

좀 더 명확하게 파악하기 위하여 아래와 같이 한국타이어와 금호타이어의 지역별 매출액을 합산하여 조합 차트를 작성했습니다. 합산 결과, 최근 분기의 높은 매출액은 북미와 유럽 수출 증가 사유로 확인 가능합니다.

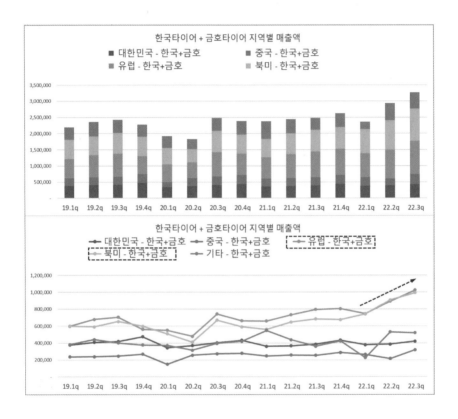

따라서 효성첨단소재의 주력 제품인 타이어 보강재는 최근 미국 및 유럽 자동차 업황과 높게 연계되며 이에 대한 집중적인 정보 취합·분석을 통하여 미래 실적의 객관적인 자료로 활용하겠습니다.

또한 한국타이어와 금호타이어의 분기별 재고자산 중 원재료 금액만을 별도로 발췌·합산하여 한국타이어와 금호타이어의 매출액 추이와 조합한 결과, 최근 매출액 증가에 따른 원재료 비축 추이는 동행 추세를 보이는 점을 확인했습니다.

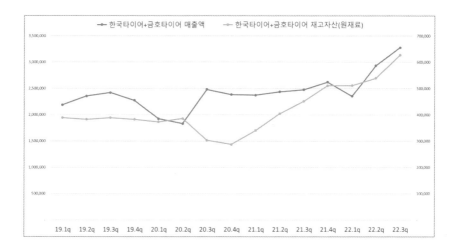

다음 페이지의 차트는 한국타이어·금호타이어의 원재료 재고자산 금액과 효성첨단소재의 타이어 보강재 매출액을 조합한 것인데, 장기간의 상관관계가 76%로 높습니다. 따라서 효성첨단소재의 타이어 보강재 매출액에 관한 추론은 자동차 업황과 연계된 한국타이어·금호타이어의 매출과 연동된다는 것을 확인할 수 있습니다.

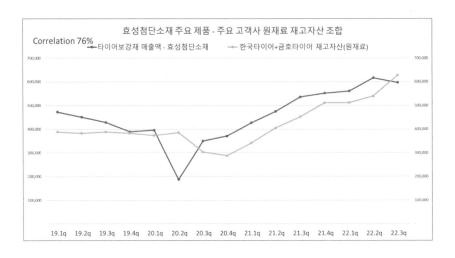

효성첨단소재 주요 제품 - 주요 고객사 원재료 재고자산 조합

Correlation 76%

━━ 타이어보강재 매출액 - 효성첨단소재   ─○─ 한국타이어+금호타이어 재고자산(원재료)

여기서 더 확장하여 한국타이어와 금호타이어의 주요 고객인 현대기아차의 차량 판매량과 조합하여 상관관계를 확인한 결과, 연동성이 높았습니다. 마지막으로, 효성첨단소재의 주요 제품인 타이어 보강재의 미래 실적 추론을 위해 현대기아차의 차량 판매량 추이를 실적 추론의 객관적 근거 자료로 활용하겠습니다. 현대기아차는 매달 차량 판매량을 업데이트하고 있으므로 이를 모니터링하여 지속적으로 자료를 만들고 조합 차트를 이용하여 미래 실적을 추론합니다. 또 실적 발표 후 업데이트를 반복하면서 추론의 가설을 보강하는 것이 좋겠습니다.

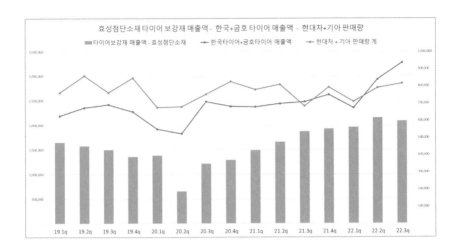

효성첨단소재 타이어 보강재 매출액 - 한국+금호 타이어 매출액 - 현대차+기아 판매량

4) 현금흐름/매출채권/재고자산 검토

리스크 헤지를 위해 과거 장기간의 현금흐름 추이를 확인해보겠습니다.
아래 추이를 확인한 결과 효성첨단소재는 장기간 우수한 현금흐름을 지속하
고 있습니다.

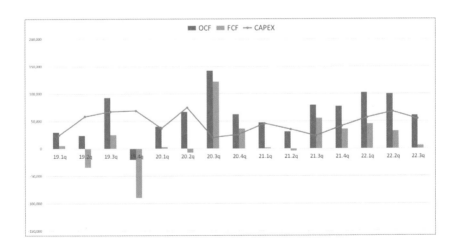

여기에 그치지 않고 매출채권과 재고자산 관련 지표들과의 조합 검토를 통하여 현금흐름의 적정성 여부를 재검토합니다.

매출채권과 관련하여 회전율은 과거 장기간 추세 대비 지속적으로 낮아지고 있으나 리스크 관점에서 매 분기 업데이트하여 확인할 필요성이 있습니다. 반면 대손충당금 설정률과 매출채권 잔액 연령은 적정하게 유지되고 있어 전반적인 리스크는 높지 않다고 판단됩니다.

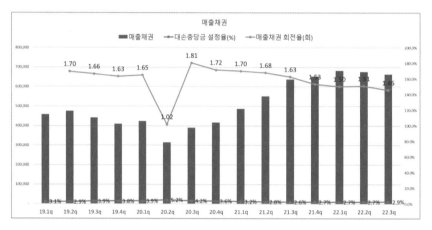

(4) 경과기간별 매출채권 및 기타채권 잔액 현황

(2022년 9월 30일 현재)

(단위 : 백만원)

구분		만기미경과 채권	만기가 경과된 채권				손상채권	합계
			3개월 이하	4~6개월	7~12개월	12개월초과		
금액	일반	608,565	93,191	8,310	4,219	14,267	18,709	747,261
구성비율		81.44%	12.47%	1.11%	0.57%	1.91%	2.50%	100.00%

※ 매출채권 및 기타채권의 연령별 금액에는 현재가치할인차금이 미반영되었습니다.

다음으로 재고자산 관련 현황입니다. 매출채권 회전율과 마찬가지로 회전율은 과거 장기간 추세 대비 낮아지고 있으며 리스크 관점에서 매 분기 업데이트하여 확인할 필요성이 있습니다.

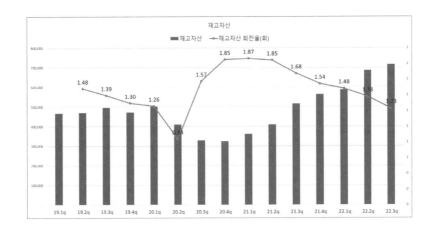

마지막으로 재고자산, CAPEX 등 성장 전략과 연계 가능한 주요 지표들의 조합을 통하여 현재 효성첨단소재의 전략을 간접적으로 파악하겠습니다.

아래는 CAPEX와 감가상각비 조합 차트입니다. 21년까지 CAPEX 집행을 줄여오던 추세에서 벗어나 다시 증가시키며 성장 전략으로 선회한 것으로 추론됩니다. 감가상각비 또한 과거 대비 낮게 발생 중입니다. 경영진이 대규모 자금 집행을 통한 성장 전략 시행에 대한 부담감이 감소될 수 있는 여건을 제공한다는 간접적 추론이 가능합니다.

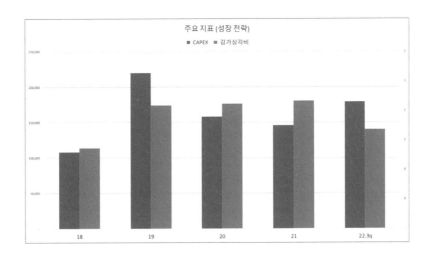

또 다른 연계 가능한 지표들인 임직원 수와 재고자산 추이를 확인해보겠습니다. 재고자산은 22년 3분기에 역대 최대 매출액을 기록했고, 재고자산 회전율을 조합하면 적정한 추이를 유지하는 것으로 판단됩니다. 단, 임직원 수는 급감하고 있어, 현재 효성첨단소재는 급격한 성장 전략을 추진하기보다는 탄소섬유 및 아라미드의 특정 제품군에 한정하여 안정적으로 성장을 추구하고 있다는 추론이 가능합니다.

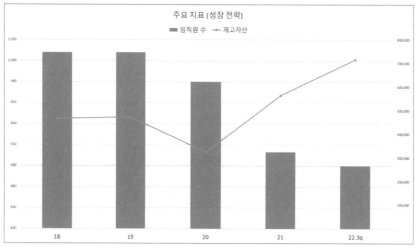

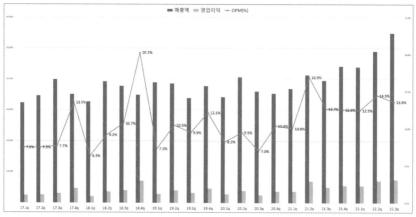

(3) 피엔티, 제우스: 장비주 투자 시 고려 사항

장비주로 분류되는 기업인 피엔티와 제우스의 실전 기업분석을 통하여 장비주를 분석할 때 어떤 항목과 수치를 중점적으로 검토해야 할지 알아보겠습니다.

1) 피엔티 매출채권/계약자산 검토

먼저 피엔티의 손익 차트를 보겠습니다.

22년 4분기 기준 YoY 매출액(파란색 막대)은 감소했으나 영업이익(주황색 막대)은 증가한 모습입니다.

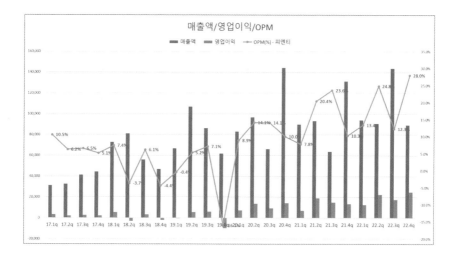

다음은 피엔티의 제품별 매출액 현황으로 가장 매출액이 큰 제품은 2차전지 수출(주황색 막대)로 확인되며 해당 품목은 전체 매출액 중 22년 4분기 기준 77.3%를 차지하고 있습니다.

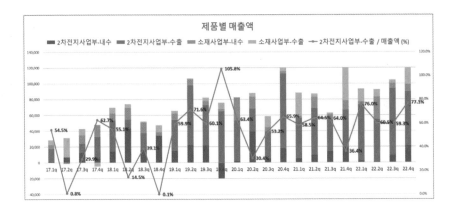

아래는 피엔티의 지역별 매출액 현황입니다. 19년 이후 중국(주황색 막대) 매출액 비중이 전체 매출액 대비 가장 높게 발생했으며 22년 4분기 기준 51.1%를 차지하고 있습니다.

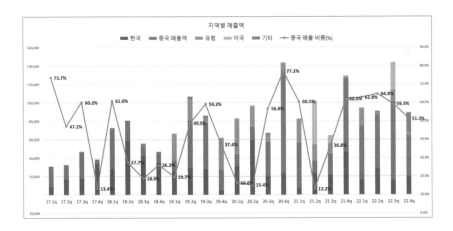

일반적으로 중국 기업에 대한 매출 비중이 높을 경우 매출채권 회수가 지연되는 등의 문제가 발생하곤 합니다. 따라서 중국 수출 비중이 높은 경우에는 반드시 매출채권 관련 지표들을 확인하여 리스크 경중을 확인해야 합니다.

매출채권과 관련해 매출채권회전율 추이, 대손충당금 설정률 추이, 매출채권 경과기간별 잔액 연령 추이를 종합해서 검토하는 것이 필요합니다.

첫 번째로, 대손충당금 설정률 추이를 봅니다. 20년 3분기부터 22년 4분
기까지 지속적으로 높아지는 비교적 좋지 않은 모습입니다.

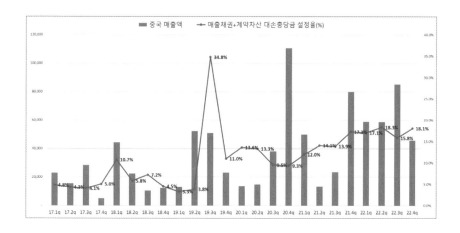

계약자산이란?

계약자산을 간단히 정의하자면 청구권이 없는 매출채권입니다. 장비 제조 및 설치와 관련
계약 내역에 포함되지 않았으나 설계 변경이나 원재료 가격 인상 등 계약 이후 여러 가지
변수에 의해 추가 발생한 제조원가를 추후에 청구할 미청구 공사 대금입니다.

계약자산은 매출채권과 달리 고객사에게 청구할 수 있는 권리가 없는 반면 재무상태표의
유동 자산에는 포함됩니다. 따라서 추후 계약자산을 청구 시 고객사와의 의견 차이로 청
구 금액을 받지 못할 경우 대손상각비로 손실 처리해야 합니다.

따라서 장비주를 분석할 때 어느 정도의 계약자산이 매출채권과 함께 분기별로 고려되었
는지를 반드시 확인하는 과정이 필요합니다.

아래는 피엔티의 22년 사업보고서 > 연결재무제표 주석에 명기된 계약
자산 금액입니다.

구 분		당기말	전기말
유동자산			
	매출채권	29,373,445	49,265,131
	손실충당금	(3,328,964)	(2,475,120)
	소계	26,044,481	46,790,011
계약자산		58,998,742	–
	손실충당금	(647,946)	–
	소계	58,350,796	–
	합계	84,395,277	46,790,011

(DART 화면: 코 피엔티 / 본문 2019.04.01 [정정] 사업보고서 / 첨부 +첨부선택+ / 단위:천원)

문서목차
- 정 정 신 고 (보고)
- 【 대표이사 등의 확인 】
- 사 업 보 고 서
- 【 대표이사 등의 확인 】
- I. 회사의 개요
  - 1. 회사의 개요
  - 2. 회사의 연혁
  - 3. 자본금 변동사항
  - 4. 주식의 총수 등
  - 5. 의결권 현황
  - 6. 배당에 관한 사항 등
- II. 사업의 내용

아래는 피엔티의 계약자산 관련 현황을 각 연도의 사업보고서 > 연결재
무제표 주석에서 발췌하여 정리한 차트입니다. 계약자산은 2018년부터 재
무상태표 자산에 포함되기 시작했으며 22년 계약자산 금액은 자산 총계 대
비 8.3% 비중입니다.

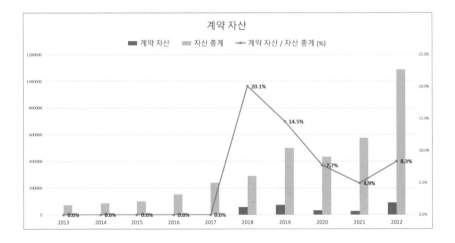

계약 자산
■ 계약 자산 ■ 자산 총계 ─●─ 계약 자산 / 자산 총계 (%)

아래는 피엔티의 2013년부터 2022년까지의 계약자산 포함 부채비율입니다. 2022년 부채비율은 366%로 확인됩니다. 계약자산을 제외할 경우 발생 가능한 부채비율을 계산함으로써 계약자산 규모가 적정한지를 판단해야 합니다.

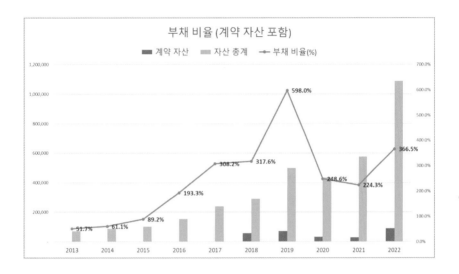

다음으로 매출채권 회전율과 대손충당금 설정률의 장기간 추이 확인이 필요합니다. 차트를 작성하여 리스크 여부를 확인하겠습니다.

매출채권회전율은 22년 4분기 기준 장기간 박스권 내에 위치하고 있습니다. 따라서 리스크는 낮아 보이나 대손충당금 설정률은 지속 증가 추세여서 리스크 관점에서 꾸준한 모니터링이 필요합니다.

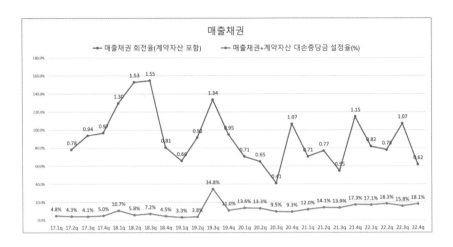

마지막으로, 아래와 같이 매출채권의 경과 기간별 잔액현황 중 1년 초과
(주황색 및 회색 막대) 매출채권 잔액은 22년 4분기 기준 재차 증가하는 모습이
확인됩니다. 리스크 관점에서 꾸준한 모니터링이 필요해보입니다.

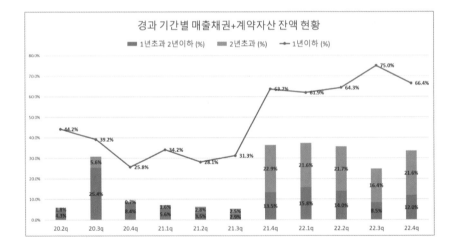

지금까지 매출채권과 관련한 3가지 사항을 통하여 리스크 경중 유무를 확
인하는 방법을 알아보았습니다.

2) 피엔티 재고자산 검토

다음으로 재고자산 현황을 확인하겠습니다.

아래는 피엔티의 22년 4분기까지 재고자산 현황입니다. 22년 4분기 기준 재고자산회전율은 0.09회로 17년 1분기 이후 역대 분기 가장 낮은 회전율입니다. 역시 리스크 관점에서 지속 모니터링이 필요해보입니다.

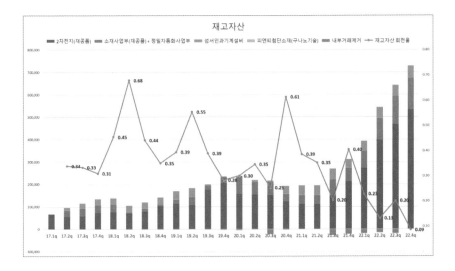

위와 같이 운전자본인 재고자산과 매출채권이 증가할 경우 영업활동 현금흐름은 마이너스(-)로 전환됩니다. 따라서 현금흐름을 확인하여 적절하게 현금 유입이 되고 있는지를 확인해보겠습니다.

다음 페이지는 현금흐름표로 22년 4분기 OCF(영업활동 현금흐름)는 재고자산의 급증에도 불구하고 플러스(+), 즉 현금 유입이 확인됩니다.

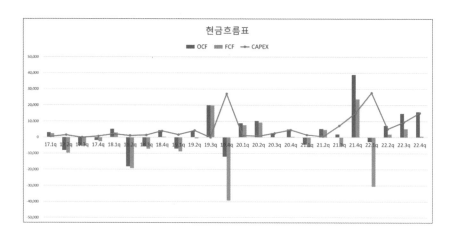

현금흐름표

■ OCF ■ FCF —— CAPEX

정확한 사유를 확인하기 위해서 연결재무제표 주석에 명기된 영업활동 현금흐름으로부터 창출된 현금흐름 내역을 확인해봅니다.

다음 페이지의 좌측 내역을 보면 재고자산의 증가로 인해 유출된 현금 441억 원은 계약부채의 증가로 유입된 현금 338억 원으로 상쇄되고 있습니다. 또한 우측의 연결재무제표에는 각각 자산 항목에 계약자산, 부채 항목에 계약부채가 기재되어 있습니다. 계약자산은 자산을 증가시키는 반면 계약부채는 부채를 증가시키는 역할을 합니다.

장비주를 분석할 때 반드시 확인할 두 가지 지표는 바로 계약자산과 계약부채(또는 기타유동부채)입니다. 계약부채는 선수금으로 해석 가능한데, 장비 제작에 들어가기 전에 받는 일종의 착수금입니다. 제품의 인도 전 선수금은 부채 항목에 기재되며 제품 인도 시 매출로 인식되어 계약부채가 소멸됩니다.

(1) 당기와 전기 중 영업활동으로부터 창출된 현금흐름의 내역은 다음과 같습니다.

(단위: 천원)

구 분	당 기	전 기
세전이익	72,458,937	70,865,551
조정:		
감가상각비	3,382,230	3,503,412
무형자산상각비	197,813	172,408
대손상각비	7,727,523	10,497,637
기타외대손상각비	-	108,587
유형자산손상차손	-	252,672
외화환산손익	1,882,374	(5,676,527)
순이자(수익)비용	1,420,405	1,263,477
하자보수충당부채전입	1,140,402	86,980
유형자산처분손익	(8,770)	(390,582)
배당금수익	(20,250)	(20,250)
전기오류수정이익	-	(4,946,308)
재고자산평가손실	658,607	-
당기손익-공정가치측정금융자산평가손실	79,457	-
장기금융자산평가손실	56,722	194,490
관계기업투자평가손실	4,499,999	-
잡손실	-	83,745
매출채권의 증감	(15,676,598)	(9,847,326)
기타유동금융자산의 증감	(3,235,727)	(147,906)
기타유동자산의 증감	(2,499,707)	(16,161,339)
재고자산의 증감	(441,546,128)	(92,891,118)
계약자산의 증감	(17,544,772)	21,587,270
매입채무의 증감	104,891,124	22,081,028
기타유동금융부채의 증감	691,477	(699,066)
계약부채의 증감	338,045,743	52,958,910
기타유동부채의 증감	953,967	1,002,596
기타비유동부채의 증감	643,047	-
장기종업원급여채무의 증감	5,248	(710,295)
확정급여부채의 증감	-	121,798
영업활동으로부터 창출된 현금흐름	58,203,123	52,689,864

2. 연결재무제표

연결 재무상태표

제 20 기　2022.12.31 현재
제 19 기　2021.12.31 현재
제 18 기　2020.12.31 현재

(단위 : 원)

	제 20 기	제 19 기	제 18 기
자산			
유동자산	915,394,201,910	437,391,814,296	295,121,126,443
현금및현금성자산	16,223,567,040	30,854,036,425	14,679,090,449
단기금융상품	4,581,125,250	5,407,563,286	3,780,157,643
매출채권	44,475,408,529	60,240,415,788	46,824,021,711
기타유동금융자산	3,619,357,536	2,259,435,192	2,175,257,373
당기손익-공정가치 측정 금융자산(유동성)	5,120,542,732		
계약자산	90,403,823,824	28,334,764,839	33,530,327,088
기타유동자산	22,662,326,995	20,157,860,843	3,798,670,451
재고자산	728,308,050,006	290,157,737,823	188,333,601,728
비유동자산	172,498,261,782	138,967,500,862	140,307,001,244
장기금융상품	2,146,464,274	1,653,448,341	956,057,210
기타포괄손익-공정가치 금융자산	1,204,950,000	1,455,000,000	3,818,905,000
당기손익-공정가치 금융 자산	2,410,000,000	2,410,000,000	
투자부동산	5,292,475,854		1,926,042,112
유형자산	149,771,650,286	101,674,866,930	82,867,699,747
무형자산	3,719,409,951	3,306,708,505	2,998,232,939
기타비유동금융자산	1,685,819,199	236,183,896	350,463,265
장기계약자산		22,771,010,580	44,816,052,041
이연법인세자산	6,067,492,218	5,458,264,608	2,573,548,930
자산총계	1,087,892,463,692	576,359,315,158	435,428,127,687
부채			
유동부채	809,004,959,612	363,026,068,556	277,591,302,855
매입채무	172,510,246,350	68,600,136,089	52,850,766,250
단기차입금	27,419,360,000	22,449,100,000	24,210,424,000
기타유동금융부채	4,649,003,264	3,472,727,349	8,138,440,791
계약부채	580,146,571,234	243,151,377,559	178,800,688,452
기타유동부채	5,972,860,694	4,799,293,428	3,709,727,041
당기법인세부채	9,856,918,050	18,053,434,131	6,368,363,339

따라서 투자 관점에서 장비주를 검토할 경우 계약자산과 계약부채(기타유동부채)의 성격을 정확히 파악하여 이와 연계된 부채비율을 살펴 해당 기업의 리스크를 검토해야만 합니다.

가령 직전 분기까지 부채비율이 70%로 안정적인 부채 관리를 해오던 기업이 해당 분기에 계약부채(비유동부채)의 급증으로 인해 부채비율이 170%를 보였을 때 이를 부채의 급증으로 인한 리스크 상황으로 오판해서는 안 될 것입니다.

아래는 피엔티의 계약부채(선수금)와 재고자산 총액 추이를 조합한 차트입니다.

선수금의 수취액만큼 재고자산을 매입한 모습을 확인할 수 있습니다.

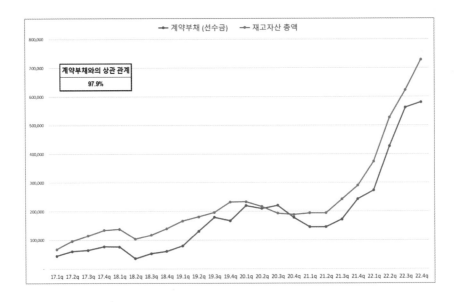

아래는 수주잔고 - 계약부채(선수금) - 재고자산 등 수주와 관련된 지표들의 분기별 조합 차트이며 높은 유사성을 보여줍니다.

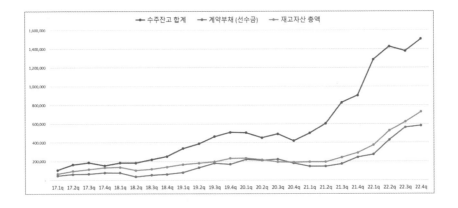

2차전지, 디스플레이, 반도체 장비주를 분석할 때 지금까지 설명한 것과 같이 중국 기업의 매출 비중이 높을 경우에는 반드시 매출채권 관련 리스크 파악이 필요합니다. 과다한 계약자산이 산정되지 않았는지 살피고, 계약부채(또는 기타유동부채)를 오판해 투자 기회를 놓치지 말아야 합니다.

3) 제우스 매출채권/계약자산 검토

이제 반도체 장비주인 제우스를 살펴보겠습니다.

아래는 제우스의 손익 차트입니다. 22년 4분기 기준 역대 분기 최대 매출액을 기록했으나 이익률의 하락으로 영업이익은 QoQ 감소한 모습을 보입니다.

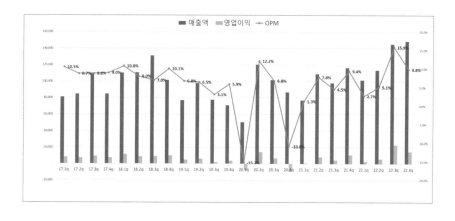

다음 페이지는 제우스의 지역별 매출액 현황입니다. 22년부터 중국 기업 수주가 증가하면서 최근 분기(22년 4분기) 중국 매출(주황색 선)이 높게 발생한 모습이 확인됩니다. 이런 경우 피엔티와 마찬가지로 매출채권 관련 리스크 여부를 검토해야 합니다.

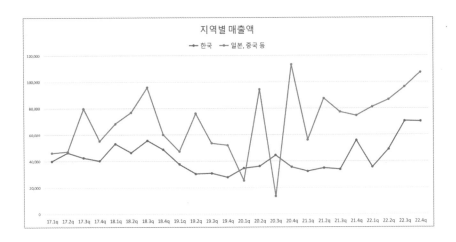

우선 아래와 같이 5년 이내 발생한 분기별 대손상각비 현황을 사업보고서
를 통하여 확인한 후 차트화합니다. 차트 확인 결과, 대손상각비 발생 금액
은 과거 17년과 18년 대비 22년에는 감소한 모습이 확인 가능됩니다.

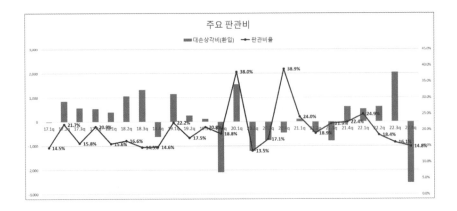

매출채권 회전율과 대손충당금 설정률의 장기간 추이를 통하여 리스크
유무를 확인한 결과, 22년 4분기 기준 회전율은 장기간 박스권 내에 위치하
여 양호하다고 판단되며 대손충당금 설정률도 22년 4분기 기준 4%대를 유

지하는 양호한 모습입니다.

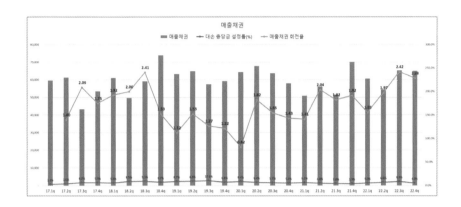

대손충당금 설정률과 관련하여 아래와 같이 별도의 차트를 작성하여 좀 더 확인했을 때 22년 3분기까지 설정률이 지속적으로 증가하여 좋지 않은 모습이지만 22년 4분기에는 대손충당금 설정률이 감소하고 있습니다. 하지만 1개 분기에서만 발생했으므로 다음 분기에서도 감소 추이를 보이는지를 모니터링할 필요가 있습니다.

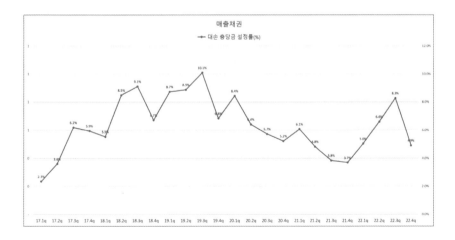

다음으로는 6개월 이상 만기 경과한 매출채권 현황 추이를 검토합니다. 22년 4분기 기준 정상 채권 금액(파란색 선)은 증가 추세이고 6개월 이상 만기 경과 매출채권 합계 금액(주황색 막대)의 추이는 22년 4분기까지 지속적으로 감소하는 양호한 모습입니다.

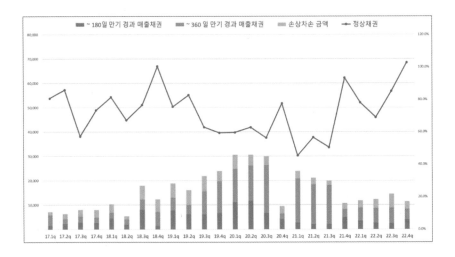

위와 같이 매출채권 관련 리스크 여부를 확인한 결과, 제우스는 양호한 모습이라고 판단할 수 있습니다.

장비주에서 필수적으로 검토해야 할 계약자산의 적정성 여부, 선수금과 연관된 비유동부채(또는 계약부채) 추이를 수주잔고 및 재고자산과 연계하여 확인하겠습니다.

제우스는 다음과 같이 선수금과 계약자산을 각각 기타유동부채와 매출채권 금액 내에 포함시켰습니다.

18. 기타부채

보고기간종료일 현재 연결기업의 기타유동부채의 내역은 다음과 같습니다.

(단위: 천원)

구분	당기말		전기말	
	유동	비유동	유동	비유동
계약부채	101,914,342	-	73,406,728	-
예수금	1,185,065	-	1,026,219	-
선수수익	72,586	632,250	-	-
기타	18,497,286	2,088,132	9,541,152	995,216
합계	121,669,279	2,720,382	83,974,099	995,216

이를 연결 재무상태표에서 매출채권과 기타유동부채에 포함시킨 부분 또한 확인 가능합니다.

2. 연결재무제표

연결 재무상태표

제 35 기   2022.12.31 현재
제 34 기   2021.12.31 현재
제 33 기   2020.12.31 현재

(단위 : 원)

	제 35 기	제 34 기	제 33 기
자산			
유동자산	419,997,516,124	328,348,628,386	244,204,199,528
현금및현금성자산	89,621,049,818	70,359,858,888	56,503,901,599
매출채권 및 기타채권	64,206,807,687	63,565,977,748	50,680,485,751
기타금융자산	24,669,099,483	19,006,379,397	15,906,599,687
재고자산	229,768,451,503	166,401,328,003	109,045,615,900
기타유동자산	11,732,107,633	9,015,084,350	6,575,982,457
매각예정자산	0	0	5,491,614,134
비유동자산	192,259,807,120	201,389,983,884	198,368,939,216
유형자산	141,331,645,751	149,081,068,797	149,277,217,450
사용권자산	1,896,356,368	1,479,667,448	798,968,835
투자부동산	5,606,778,656	4,569,447,797	0
무형자산	8,959,552,378	9,374,523,510	12,171,346,564
장기매출채권 및 기타채권	19,026,194,649	22,303,034,163	19,076,882,808
기타장기금융자산	5,888,151,903	5,426,432,063	4,451,031,132
관계기업투자	1,420,443,970	1,246,083,014	1,080,085,512
이연법인세자산	6,852,350,322	6,913,344,684	11,379,495,600
기타비유동자산	1,278,333,123	996,382,408	133,911,315
자산총계	612,257,323,244	529,738,612,270	442,573,138,744
부채			
유동부채	252,189,365,519	226,693,792,542	152,552,249,744
매입채무 및 기타채무	46,859,780,755	56,506,127,467	57,366,907,749
단기차입금	47,990,788,191	63,580,240,681	62,966,385,600
유동성장기차입금	13,540,675,577	9,202,522,117	12,050,312,239
유동성교환사채	9,111,353,105	0	0
기타금융부채	28,387,632	139,573,749	3,448,789
충당부채	6,329,851,690	5,355,955,923	4,708,844,332
유동성리스부채	591,269,104	470,353,223	352,698,819
기타유동부채	121,669,278,846	83,974,098,720	11,776,304,454
당기법인세부채	6,067,980,619	7,464,920,662	3,327,347,762

계약자산과 선수금이 포함된 제우스의 분기별 부채비율은 22년 4분기 119%를 유지하고 있으며 부채비율과 연관된 리스크는 높지 않은 것으로 판단됩니다.

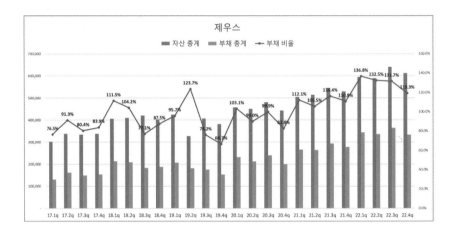

마지막으로, 계약자산 현황으로 계약자산의 적정성 여부를 검토하겠습니다. 계약자산을 자산총계 대비 나눠 해당 비율의 장기간 추이를 확인해봅니다. 결과는 20년 4분기에 정점을 기록한 후 22년 4분기까지 하향 추세를 보이며 양호한 모습입니다.

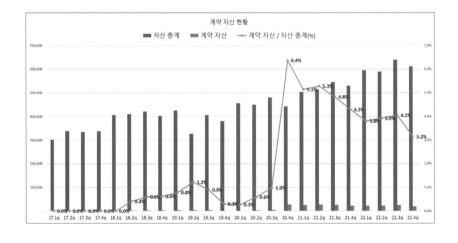

지금까지 장비주들을 분석할 때 어떻게 접근해야 하는지에 대해서 기술해보았습니다. 실제로 기업을 분석할 때 6장에서 설명한 대로 차근차근 따라 하면 초보자라도 기업분석의 핵심과 리스크를 파악할 수 있을 것입니다.

증시 여건은 매우 다양합니다. 대세 상승장이 있기도 하고, 2020년 3월처럼 코로나 팬데믹으로 인한 폭락장도 있습니다. 만일 여러분이 기업분석을 철저히 하지 않고 매수를 한 상황에서 코로나 팬데믹 폭락장과 같은 상황을 맞이한다면 마음이 어떨까요? 아마도 대부분의 투자자는 기업에 대한 확신이 없기 때문에 공포감에 휩싸여서 큰 손실을 감수하고서라도 매도하고 싶어질 것입니다. 그렇다면 반대로 기업분석을 철저히 했다면 무엇이 다를까요? 아무리 주가가 외부 여건으로 폭락해도 해당 기업을 믿고 버틸 수 있는 심리가 갖춰질 겁니다. '언젠가는 오를 거야!'라는 믿음이 심어지는 것이죠.

국내 대부분의 주요 산업은 시클리컬한 성격이 강하고 수출 의존도가 높습니다. 이런 산업의 특성으로 인하여 국내 증시는 글로벌 매크로 여건 변화에 민감한 연동성을 보여 왔으며, 지수의 변동성 또한 글로벌 중시 대비 높다는 특성을 가지고 있습니다. 따라서 소수의 우수한 비즈니스 모델을 보유한 기업을 제외하고는 장기간 우상향하는 종목을 찾기 힘든 여건입니다. 장기 투자를 지속하기에는 어려운 실정입니다.

이러한 국내 증시 여건으로 인하여 개별 종목의 매도 시점 선정은 상당한 난이도가 있습니다. 종목별로 대응 방안이 다를 수밖에 없습니다. 또한 투자 주체, 해당 종목에 대한 투자 비중 등의 여건에 따라서도 매도 시점은 달라질 수 있기에, 저는 매도 공식을 일반화하지도, 심지어 존재할 수도 없다고 생각합니다. 그래서 매도는 신의 영역이며 예술이라는 증시 속언이 있는 듯합니다.

그럼에도 매도와 관련하여 조심스럽게 한 가지를 첨언하자면 주가의 기본적인 작동 원리를 항상 되새기고, 투자 심리의 변화를 매도 시점과 연계시켜 볼 것을 권유드립니다. 주가는 실적과 멀티플의 조합 함수로, 어떤 종목이든 일정 기간 내 주가의 고점은 멀티플에 영향을 미치는, 과도한 낙관적인 기대 상황에서 발생합니다. 즉 투자자들이 어떤 심리적 탐욕의 영역으로 진입했는지 여부를 냉정하게 판단할 줄 아는 시각을 키우기를 권유드립니다. 만일 탐욕의 끝자락에 다다랐다는 판단이 섰다면 매도를 고민해 볼 수 있습니다.

이와 관련해서 하워드 막스의 시계추 이론을 떠올려 봅니다.

"시계추 같은 시장의 움직임은 대부분 시장 참가자들의 심리가 맹목적으로 무리를 따라가는 성향을 가지고 같은 방향으로 움직인다는 단순한 이유로 일어난다."

주식 투자는 장기간의 레이스로, 가장 중요한 원칙은 잃지 않는 투자입니다. 잃지 않고 수익을 거둬야 시장에서 살아남을 수 있습니다.

기업분석은 분명 모든 투자자에게 하락장에서 버틸 수 있는 힘이 되어줄 것입니다. 이 책을 통해 정량적 분석을 배웠을 여러분의 성공적인 투자를 기원하겠습니다.